JN122891

活動する地理の授業
①
シナリオ・プリント・方法

田中 龍彦

地歴社

授業案の読み方について

　本書はサブタイトルを『討論する歴史の授業』と同じ「シナリオ・プリント・方法」としている。シナリオとは「映画やテレビの脚本」のことで「場面の構成や人物の動き、セリフなどを書き込んだ本」である。だから厳密に言えば、本書はシナリオとは少し異なる（ほとんどがセリフで、場面の構成などは書いていないからである）。そのため、私自身は「授業案」と呼んでいる。しかし、「授業案」とは私個人が勝手に呼んでいるだけで、一般化された言葉ではない。それでは内容が伝わりにくいため、一般的に通用している言葉で内容が似ている「シナリオ」という表現をサブタイトルに使うことにした。

　授業案は、実際に授業をおこなうことを想定して書いている。ただし、私自身がわかるように書いているため、他の人が使う場合には多少の説明が必要になる。その説明は『討論する歴史の授業①』に詳しく書いているため、ここでは最初の授業案を例に簡単に紹介しておく。

---

［１］世界地図はウソつき

◎世界地図と地球儀を使い、平面の世界地図には面積・形・方位・距離にウソがあることをつかませる。また、時差が生じる理由を理解させ、例題を基に時差をもとめることができるようにする。

1　世界には、どんな国があるのか？

　①・現在、世界には、どれくらいの数の国があるのか？
　　→196・・・
　②・【地図帳（帝国書院）Ｐ１～３】を開くと、（数えてみると）どれくらいありそう？
　　→50・100・200・・・〈地図帳Ｐ１～３を開かせて答えさせていく！〉
　③・世界には、約190もの国がある［2015年現在、日本は196ヵ国を承認している］。
　　・ではその中で、いちばん大きい国はどこ（だと思う）？
　　→ ロシア （連邦）＝1,710万㎢

　一番上の「［１］世界地図はウソつき」が、授業のタイトルである。

　その下の四角囲みの文章「◎世界地図と地球儀を使い・・・」は、この授業のめあて。

　次の小見出し 1　世界には、どんな国があるのか？ は、提言（授業の骨格となる柱）となっている。そして、①から始まる文章が助言（骨格を肉付けするものとして生徒に提示されるもの）である。助言の中で（　　）内に書かれている文章、たとえば②の「数えてみると」は、説明や発問を丁寧におこなう場合に発する言葉や提示内容である。

　助言の中で［　　］内に書かれている文章、たとえば③の「2015年現在、日本は196ヵ国を承認している」は、補足説明的な内容であるため省いてもかまわない。

　授業案中に〈　　　〉の中に書かれている文章、たとえば②の「地図帳Ｐ１～３を開かせて答えさせていく！」は、教師や生徒の活動内容（＝具体的な行動）を示している。

　「→」は、生徒の発言を示す。「→50・100・150・・・」などは、具体的に出てきそうな発言内容。「→・・・」「→・・・？」は、生徒の発言内容が予想できない、発言がないなどを示している。そのため、この発言がない場合には、すぐに先に進めてかまわない。

　授業案中の□□□で囲んだ言葉や文章は、事前に準備した貼りもの資料として提示することを示している。詳しくは『討論する歴史の授業』を参照いただきたい。

　なお、授業案に載せている「貼りもの資料」の画像データは、巻末奥付に記載された著者の住所に連絡をいただければ、いつでもお送りできる。

［目次］

まえがき

地理の授業はどうやっているのか

　私の『討論する歴史の授業①〜⑤』（地歴社、2014〜15）を読まれた方から、「歴史の授業についてはわかりましたが、地理の授業は、どうやっているのですか?」「地理の授業でも、歴史と同じように討論をさせているのですか?」などの質問を受けることがある。確かに、中学校の社会科では歴史の授業だけをやっているわけではないため、これは当然の質問であろう。歴史の授業を紹介した中学校社会科の教師としては、「地理の授業はどうやっているのか」に答えなければならなくなった。

　1・2年生の社会科の授業は、地理と歴史の2つの分野があり、この2つの分野の授業を2年間でおこなっている。ところで、その2つの分野の授業（公民まで含めると3分野になる）が、どちらも得意な教師はどれくらいいるのだろうか。ちなみに私は、歴史に比べると地理や公民の授業は苦手なのである。社会科の教師だからといって、社会科全ての分野が得意であるとは限らない。とは言っても、社会科の教師であるからには、得意・不得意があっても地理・歴史・公民の3分野は教えなければならない。そのため、私の場合、地理の授業は、歴史の授業で興味を持たせておいて、その勢いでもって引っ張ってやっているという感じになっている。

　苦手であるため、地理の分野については自分自身で教材を探し出して、新しい授業を開発してきたわけではない（新しい授業を開拓してきたチャレンジャーではない）。どちらかといえば、これまで雑誌や書籍で紹介されてきた先行実践を寄せ集め、それらをもとに1つの授業として実践してきた。つまり、いくつかの実践をつなぎ合わせて授業をしてきたアレンジャーのようなものにすぎない。

　ただ、そんな授業であっても、1年間が終わり、年度末に年間の授業をふり返ってのアンケートを取ってみると、私の想いとは裏腹に、地理の授業が「おもしろかった」とか「たのしかった」という生徒の感想を目にすることになる。そうした感想を読むと、「アレンジャーとしてなら、地理の授業を紹介してもいいのではないだろうか」「そうした授業だと割り切って読んでもらえれば、私の拙い実践であっても紹介する意味はあるかもしれない」とも思えてくる。そんな思いもあり、今回あえて地理の授業の紹介に踏み切ってみた。また、いよいよ定年を迎え、中学校の現役社会科教師としての生活も終わりになることも、拙い実践を紹介する気持ちになった理由の1つである（現在は再任用で、短時間勤務での社会科教師として勤めている）。それが『討論する歴史の授業』を読んでいただいた先生方へのお礼にもなるのではないだろうかとも考えている。

生徒に社会科という教科を好きになってもらいたい

　読者からの質問にもあるように、中学校の社会科の教師は、歴史のみを教えているわけではなく地理も教えているのだから、社会科としての授業を考える場合には、歴史と地理の授業の兼ね合いも考えなければならない。社会科の授業はπ型でおこなわれているため、地理と歴史はセットのような形で1年間の計画を考えるからである。そうなると、歴史だけではなく地理においても、「社会科っておもしろい」と生徒に感じてもらえるような授業をしたいと思うのは、教師としては当然である（このことは公民の授業についても同じである）。

　歴史の授業はたのしくできても、地理の授業がおもしろくなくては、生徒に社会科という教科を好きにさせることは難しくなる。だからと言って、地理の授業を歴史の授業と全く同じようにやれるもので

もない。実際、地理の授業では、歴史の授業のようにほぼ毎回、討論をおこなっているわけではない。それは、地理では歴史の授業と違い、討論の論題を上手くつくれないという私の能力上の問題に理由がある。ただし、それだけではなく、作業（ 活動 ）を取り入れることにより話し合い活動の時間が取りにくくなるなどの物理的な理由もある。そんな地理の授業だとわかって読んでいただき、少しでも先生方の授業の参考にしていただければ幸いである。

とは言っても、地理と歴史の授業を全く別々の方法でおこなっているわけではない。地理と歴史は分野は違っても同じ社会科であるため、基本的な授業方法は同じである。たとえば、授業は予習を前提にしておこない、班活動を取り入れ、問答で進めている。

教科書をどう使うか

地理であれ歴史であれ、生徒には授業の前には教科書を読ませるようにしている。つまり、予習用として教科書を活用させている。教科書を読ませるためには、「（ 教科書をもとにして作っている ）問題プリントを解いてきなさい」との指示で課題を出している。「読みなさい」では、教科書を読んできたのかどうかは判断できないが、「問題プリントを解いてきなさい」との指示で課題を出せば、生徒の問題プリントを見て、解いてきたのかどうか（ 教科書を読んできたのかどうか ）の判断ができるからだ（ もっとも、なかには他の生徒が解いた答えを写してくる生徒もいるのだが・・・ ）。

生徒は教科書を持っているため、持っている教科書を「見ないように（ 読まないように ）」と指示することは難しい。「難しい」と言うよりは、生徒は勉強のための道具として教科書を持っているわけだから、「見ないように」「読まないように」させるのではなく、むしろ積極的に読ませるべきなのである。持っている教科書を活用する（ 積極的に読ませる ）ことを前提に授業をおこなった方が現実的であり、授業での生徒の活動も仕組みやすくなる。

生徒に教科書を読ませるのは、教科書に書かれている内容を事前につかませるためである。ただし、内容のつかみ方には個人差があるため、「教科書を読ませる」行為は、書かれている内容を授業前に理解させるためではない。教科書を読ませることにより、理解させるところまではいかなくても、授業で扱う内容についてある程度は事前に知識を持たせることができる。そして、そのことにより生徒の個人差や経験の違いを超えて、全員で授業に参加できるようになる。そのため、授業の始まりは、問題プリントの答えの確認からおこなう。

教科書の使い方には、教師により予習派と復習派の２つがあるようだ。学習内容の定着という点では「復習」の方が向いているようにも思える。それでも「予習」をさせる方を選んでいるのは、前述のように予習をさせておく方が生徒の授業参加を可能にするからである。

予習をさせることで事前に授業内容に関する基礎的知識について読ませておくと、授業中に発言させることができる。そして、この「発言させる」ことにより、授業に参加させることができる。「発言」は受け身のままではできない。生徒の「発言」は授業に主体的に参加する活動として（ 特に日本では ）非常に重要なのである。このことは復習ではできにくい（ 次の時間の授業で活かすことはできるが、その日の授業そのものに活かすことはできにくい ）。参加型の授業づくりを進めるためには、やはり教科書は予習用に使わせることが有効になる。

地理の問題プリントをつくる

以上のような考えで問題プリントつくり、課題として生徒に出しているが、問題プリントのつくり方には、地理と歴史とで少し違いがある。

歴史の授業用に問題プリントを作る場合には、ほぼ教科書の記述の順番に沿って問題をつくっている。それに対して、地理の授業では、教科書に書かれている１つの単元の中で、内容的にまとめることができるものはまとめて（記述の順番に関係なく）問題をつくっている。つまり、教科書記述の順番や書かれている場所（ページ）などは無視して、１つの単元の中に書かれている内容をまとめるような形で、あちこちのページから拾い集めて問題をつくっている。そうした問題プリントのつくり方は大した違いではないように思われるが、これは授業づくりに大きく関係している。

　大学では、「見開き２ページを１時間の授業として考えなさい」と学生は教えられるらしい（そのことは私自身の記憶にはなく、大学生から聞いた話であるが・・・）。そのため、新採の先生たちは、「見開き２ページ」を基準に授業づくりを進めることが多いらしい。しかし、現実的には「見開き２ページで１時間の授業」を実践していくと、授業は１年間では終わらない（終われない）。そこで、少しの工夫が必要になる。その工夫とは、授業内容の組み直しである。地理の授業では、この授業内容の組み直しが歴史に比べてやりやすいのである。

　その授業内容の組み直しは、教科書記述をまとめる形でつくっていく問題プリントの内容を基におこなっていく。そのときに２ページ１時間の授業ではなく（たとえば１単元が８ページあっても４時間の授業とするのではなく）、単元内の授業を（２〜３時間程の計画に）組み直していくことができる。歴史は連続性があるため、授業づくりにおいて、こうした思い切った組み直しをおこなうことは難しい。

　そうした違いを意識しながら、地理の授業をおこなっている。

『活動する地理の授業』

　本書のタイトルは『討論する地理の授業』ではなく、『活動する地理の授業』とした。その理由は、歴史の授業と違い、地理の授業では討論する時間が少ない反面、チョコレートを食べたり、クイズを楽しむといった活動や学習班を使った活動などを授業でおこなっているからである。本書で詳しく紹介している授業案も、活動時間が延び、１時間分の授業案が２時間かかったりすることが少なくない。

第1部 世界地理

1. 世界の姿／全6時間

❖ 単元「世界の姿」について ❖

　この単元は、中学生になって初めての地理の授業となる。ときどき、「小学校では『地理』を学んだことはない」という生徒がいる。小学校で歴史の勉強をした記憶はあっても、「地理を勉強した」との意識がないようなのである。そうであれば、社会科の教師としては、なおさら中学校で学ぶ「地理っておもしろい」「地理の授業はたのしい」と、生徒が思えるような授業にしたいと考える。歴史も地理も社会科の授業として学ぶわけだから、「社会科の授業っておもしろい」と生徒が感じるような授業にしていかなければ、「歴史は面白いけど、地理は・・・」となってしまっては、たのしい「社会科」の授業は実現できない。そうした意味でも、この最初の単元は、生徒と中学校の社会科地理との出会いとして、地理のたのしさを感じさせる授業となるように工夫をしている。

　この単元での具体的な学習活動としては、地図帳で国や地名などを探させたり、色鉛筆で白地図やグラフに色を塗らせたり、雨温図をつくらせたり計算をさせたりと、いろいろな活動を多く取り入れている。

［1］世界地図はウソつき

◎世界地図と地球儀を使い、平面の世界地図には面積・形・方位・距離にウソがあることをつかませる。また、時差が生じる理由を理解させ、例題を基に時差をもとめることができるようにする。

1　世界には、どんな国があるのか？

①・現在、世界には、どれくらいの数の国があるのか？

　　→196・・・

②・【地図帳（帝国書院）Ｐ１～３】を開くと、（数えてみると）どれくらいありそう？

　　→50・100・200・・・

③・世界には、約190もの国がある［2015年現在、日本は196ヵ国を承認している］。

　　・ではその中で、いちばん大きい国はどこ（だと思う）？

　　→ロシア（連邦）＝1,710万㎢

④・2位は？

　　→カナダ＝998万㎢

⑤・次は3位だが、3位は、中国とアメリカ合衆国のどっちなのか？

　　→中国・アメリカ・・・・

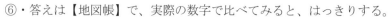

⑥・答えは【地図帳】で、実際の数字で比べてみると、はっきりする。

　　・Ｐ158を開くと、各国の面積（の統計）が出ている！

　▷【　地図帳Ｐ158　】

⑦・さて、実際は（どうなっているのか）？

　　→3位：アメリカ＝983万㎢・4位：中国＝960万㎢

⑧・ただし、地図帳の統計では、アメリカ合衆国にある「五大湖」も「国土面積」に含まれている。五大湖が「含まれる」と国土面積の世界第3位はアメリカとなり、「含まれない」と中国が世界第3位となる。

　　・では、「湖」は国土面積に、含まれるのか？　含まれないのか？［つまり、世界第3位の面積の国は、アメリカなのか？　中国なのか？］

　　→含まれる・含まれない・・・（アメリカ・中国）・・・？

⑨・アメリカは「含まれる」と言い、中国は「含まれない」と言う。では、本当は・・・。

　　・次に、第5位の国は、どこ？

　　→ブラジル（5位）＝851万㎢

※・**オーストラリア**（6位）＝796万㎢、**インド**（7位）＝329万㎢、**アルゼンチン**（8位）＝278万㎢、**カザフスタン**（9位）＝271万㎢、**アルジェリア**（10位）＝238万㎢、**コンゴ民主共和国**（11位）＝234万㎢、**サウジアラビア**（12位）＝221万㎢、**メキシコ**（13位）＝196万㎢、**スーダン**（14位）＝186万㎢、**リビア**（15位）＝176万㎢。

⑩・では、ロシア、カナダ、アメリカ合衆国、中国、ブラジルを【地図帳Ｐ１～３】で見つけて、印をつけなさい！

　▷【　地図帳Ｐ１～３　】への〇つけ作業

⑪・微妙なところは具体的な数字で調べないとわからないが、世界地図を見るだけでも、大まかなことはわかる。

　　・では、【地図帳Ｐ１～３】で、オーストラリアとグリーンランドを見つけて、【資料：1】の白地図に描かれているオーストラリアとグリーンランドを赤で塗りなさい！

▷【 地図帳Ｐ２・３ 】→【 資料：１ 】への色塗り作業

⑫・色を塗ると確認できやすいが（ オーストラリアとグリーンランドでは ）、どちらが大きいのか？

　　→グリーンランド・・・

⑬・それは、本当？　ウソ？

　　→本当・ウソ・・・

⑭・ウソか本当かを確認するためには、「面積や形などを正しくあらわした地球を小さくした模型」
　　を使えばよい。

　　・その模型とは、何なのか？

　⇨ 地球儀

※・ここで、地球儀を班に１個ずつ取りにこさせる（ 理想としては２人に１個の地球儀 ）。

⑮・地球は平面ではなく（ 地球儀のように ）球面だから、世界地図より地球儀が正しいのは当然。

　　・では、地球儀で見ると、「オーストラリア」と「グリーンランド」では、大きいのは、どっちなのか？

　　→オーストラリア

⑯・世界地図は、球形の地球を平面に表したものだから、面積は正確にはあらわせない。

　　【地図帳Ｐ１～３】の世界地図は、地球儀と比べると 面積 については「ウソ」が描かれている
　　ことがわかる。同時に、グリーンランドを世界地図と地球儀で比較すると、その 形 もウソであ
　　ることがわかる。

| 2 | 日本から東へいくと、どこへいくのか？ |

①・しかし、世界地図も好き好んでウソをついているわけじゃない。立体を平面であらわそうとする
　　と、どこかに必ず「歪み」が出てくる。そのため、地図は一定の決まりがあって描かれている。
　　だから、その決まりに沿って見ていけば、ウソとわかっていても利用はできる。では地図には、
　　どんな「決まり」があるのか。

　　・まずは、「方位」について。地図では、特別にことわりがない限り、「上が北をさす」ことになっ
　　ている。

②・では、下は（ 方位は何なのか ）？

　　→南

③・右は？

　　→東

④・左は？

　　→西

⑤・そのことをふまえて、日本からの方位を確認してみる。

　　・まず、【資料：１】の白地図に描かれている東京を通る垂直な線を縦に引きなさい！

　　▷【 資料：１ 】への記入作業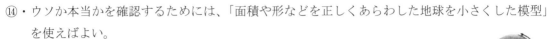

⑥・次に、その東京を通る縦線に対して、直角になるように右に横線を引きなさい！

　　▷【 資料：１ 】への記入作業

⑦・こうして線を引いてみると、東京から右へ、つまり東へ進んでいくとどこの国に行き着くのか？

　　→アメリカ・・・

⑧・では、地球儀を使って、同じように東京から東に行ってみる。

　　・そこでまず、地球儀上での方位を確認する。

・南北がはっきりするように、東京を通り北極と南極をつなぐように紙テープを縦にあてなさい！

▷ **地球儀に紙テープをあてる作業**

※・生徒が理解しやすいように、*地球儀に北極－日本－南極とつながるように紙テープを縦に貼って提示する。*

⑨・次に、その南北をつないだ紙テープに日本を通って直角になるよう横に紙テープを当てなさい！

▷ **地球儀に紙テープをあてる作業**

※・生徒が理解しやすいように、*地球儀に縦に貼った紙テープに、日本を通って直角になるように、もう1本の紙テープをあてて提示する。*

⑩・紙テープを直角にあてることで、地球上での東京から東西の方位がはっきりとする。

・さて、東京から東（ ＝右 ）に行くと、どこへ着くのか？

→チリ・・・

⑪・これも、平面の世界地図と球面の地球儀では、結果が違っている。つまり、 方位 についても、世界地図には「ウソ」が描かれていることがわかる。

・次に、少し視点を変えてみよう。学習プリントの【資料：1】に、世界地図が載せてある。

・その世界地図の中に、東京 → ロサンゼルスの「航空路」を書き込んでみなさい！

（ 航空路は、東京→ロサンゼルスの「最短距離」になる ）

▷ **【 資料：1 】への最短コースの書き込み**

⑫・実は、最短距離として考えられるものとしては、次の3つがある。

| A：アンカレッジ経由 |
| B：太平洋直線コース |
| C：ハワイ経由 |

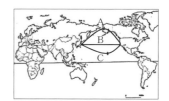

⑬・この中で、本当の最短距離(＝航空路)に近いのは、どれなのか？

・Aだと思う人 [挙手]！

▷ 〈 挙手による人数の確認のみ！ 〉

・Bだと思う人 [挙手]！

▷ 〈 挙手による人数の確認のみ！ 〉

・Cだと思う人 [挙手]！

▷ 〈 挙手による人数の確認のみ！ 〉

⑭・この答えも、地球儀で確かめてみればわかる。

・地球儀を使って、このA・B・Cの3つのコースに紙テープを貼って、確認しなさい！

▷ **地球儀に紙テープを貼って確認作業**

⑮・紙テープが一番短かったものが、最短距離(＝最短コース)になる。

・さて、(A・B・Cの)どのコースが最短コースになった？

→A

⑯・つまり、【地図帳P1～3】の世界地図は、 距離 もウソが描かれているということだ。

| 3 | 東京→リオデジャネイロ間は、何時間かかるのか？ |

①・次に、【資料：2】を見てみよう！

▷ 【 資料：2 】

②・これは、リオデジャネイロ行きの飛行機の時刻表だ。

・「リオデジャネイロ」とは、何という国にあるのか（ 知っている ）？

→ブラジル・・・

③・【地図帳Ｐ３】で、「ブラジル」と「リオデジャネイロ」を見つけて、印をつけなさい！

▷【 地図帳Ｐ３ 】への〇つけ作業　※・「ブラジル」は提言１の助言⑩の作業で印をつけている。

④・この飛行機の時刻表によると、東京（ 成田 ）を金曜日の 19：00 に飛び立つと、翌日の 7：15 に到着することがわかる。そこで、ごく簡単な計算問題だ。

・東京 → リオデジャネイロ間は、飛行機では、何時間何分かかるのか？

→12 時間 15 分

⑤・（「12 時間 15 分」で、いいですか？ ）ハイ、違います。

・なぜだろう？

→・・・？

⑥・東京（ 成田 ）の金曜日の 19：00 は、リオデジャネイロでも 19：00 なのか？

→違う・・・

⑦・【地図帳Ｐ１～３】をよく見てみると、世界地図の上の方に時計が書き込まれている。

・東京が正午のとき、リオデジャネイロは（ 何時 ）？

→夜中の 12 時

⑧・つまり、東京とリオデジャネイロでは、12 時間の「時間の差」があることがわかる。

・この「時間の差」のことを何というのか？

▷ 時差

⑨・では、東京が 19：00 のとき、リオデジャネイロは何時なのか？

→午前 7 時・7：00・・・

⑩・それが、飛行機で出発した時刻になる。

・では、実際にかかった飛行時間は、何時間何分になるのか？

→24 時間 15 分

⑪・リオデジャネイロは、地球では日本の裏側にあるところだから、やはり丸一日はかかる。

・しかし、この「時差」とは、どうやって決まっているのか？

→・・・

4　時差は、どうやって求めることができるのか？

①・地球は太陽のまわりを回っているが、このことを何というのか（ 知っている ）？

→ 公転

②・地球は、太陽のまわりを公転しながら、自分自身も回っている。

・この地球自身の回転を、何というのか？

→ 自転

③・その地球の自転では、右回りに回っているのか？　左回りに回っているのか？

→左回り

※・ここでは、実際に地球儀を右回り・左回りに回しながら、視覚的にとらえさせる。

④・ところで、地球が１回転自転するのに、どれくらいの時間がかかっているのか？

▷ 24 時間

⑤・地球は 24 時間、つまり「1 日で 1 回転」している。

　・「1 回転」ということは、角度でいうと、何度回っているのか？

　→360 度

※・この発問がわかりにくかったら、大きな丸を描いて 1 回転が 360 度であることを図示する。

⑥・24 時間で 360 度動いているのであれば、1 時間では何度動いていることになるのか？

　⇨ 15 度

⑦・これは簡単な計算で、「360÷24＝15」となる。世界地図にも、地球儀にも、15 度ごとに縦の線が
　書かれている。

　・この「縦の線」を何というのか？

　⇨ 経線

⑧・この「経線が 15 度違うと、時間が 1 時間ずれる」ことになる。つまり、「経度が 15 度違うと、
　時差は 1 時間」になる。東京とリオデジャネイロでは、180 度の違いがある。

　・とすると、その時差は、何時間になるのか？

　→12 時間

⑨・「180÷15＝12」となり、12 時間の時差があることがわかる。これは、ちょうど半日の時間の差が
　あることを示している。

　・では、問題です。

　・日本(東京)が○月□日の午前 9 時のとき、イギリス(ロンドン)は、何月何日の何時なのか？

　→・・・

※・生徒の正解の数により、あと何題か問題を出し　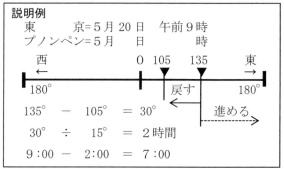
　た方がよいときもある。
　・プノンペン　（ 東経 105 度 ）
　・バグダッド　（ 東経　45 度 ）
　・ローマ　　　（ 東経　15 度 ）
　・ニューヨーク（ 西経　75 度 ）
　・ロサンゼルス（ 西経 120 度 ）
　・シドニー　　（ 東経 150 度 ）

　このとき、プノンペン〜シドニーまでの都市名を板書して、【地図帳】の P 1 〜 3 を開かせて、それぞ
　れの都市の大まかな位置を説明して、生徒に見つけさせるようにする。

⑩・ところで、「時差」は、何も国際的なものばかりではない。(国によっては)、1 つの国の中で
　時差が存在する場合もある。面積の広いアメリカ合衆国なども、その 1 つだ。

　たとえば、【地図帳 P 1 〜 3】を開いて、アメリカ合衆国のワシントンとロサンゼルスを見つけ
　て印をつけてみよう！

　▷【 地図帳 P 1 〜 3 】への○つけ作業

⑪・この 2 つの都市の間の時差は、何時間あるのか？

　→・・・

⑫・具体的には、【資料：4】の(　　　)の中には、どんな数字が入るのか？

　→・・・

⑬・ロシア連邦は、アメリカ合衆国よりも更に東西に長いので、時差は 9 時間にもなる。

※・飛び地のカリーニングラード時間を含めるとカムチャッカ時間との時差は 10 時間。

※・助言⑩以降は、北アメリカ州の単元の〈 アメリカ合しゅう国 〉の授業でおこなうため、時間不足に
　なりそうな場合には、無理に取り扱う必要はない。

<参考文献>

歴史教育者協議会編「地球と世界地図」『たのしくわかる社会科中学地理の授業』あゆみ出版
安井俊夫「地図はうそつき」『ストップ方式による教材研究　1単元の授業　中学社会地理』日本書籍

<板書例>

〈 世界地図はウソつき 〉

1　世界の国々＝196ヵ国

2　世界地図と地球儀と地球
　　面積・形・方位・距離＝ウソ

3　地図の約束　　　北
　　方位　　　　　　　
　　　　　西　　　　　東
　　　　　　　　　　南

4　時差　　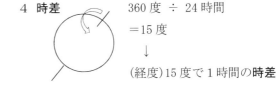　360度 ÷ 24時間
　　　　　　　　　　　　　　＝15度
　　　　　　　　　　　　　　　↓
　　　　　　　　　　　（経度）15度で1時間の**時差**

例題　　日　　本（東京）＝5月△日午前9時
　　　　イギリス（ロンドン）＝5月・日・・・時

❖授業案〈 世界地図はウソつき 〉について

　「地理の勉強をしたことがない」という意識を持っている生徒もいるため、まずは世界地図を眺めさせることから授業を始める。「地理を勉強したことがない」と言いながらも、『世界にある国の数は？』とか、『世界で一番面積の大きな国はどこ？』などの発問には、「200ぐらい」とか、「ロシア」「アメリカ」などの発言が返ってくる。そうした発言を拾い上げながら、『じゃぁ、実際に調べていこうか』と地図帳を開かせたり、地球儀で確認させたり、プリントに書き込ませるなどの活動をさせていく。そうすると、実は生徒には生徒なりの「地理の常識」があることがわかってくる。その常識を壊すような内容を授業の中に用意しておき、「あれ？」とか「おや？」などゆさぶりながら興味を持たせるようにしていくと、生徒を授業に引き付けていくことができる。

　地球儀は、勤務する学校により、その大きさや数がいろいろであるため、紙テープを使ったり、少し太めの糸（たとえば凧糸など）を使ったり、いろいろな工夫が必要となる。共通しているのは、生徒の人数分が備品としてはないため、班で1つの地球儀を使っての学習となることが多いことである。そこで班の生徒どうしで協力して確認させている。そうした活動には時間がかかることが多く、そうなると、時差の問題は宿題にすることになる。その場合、『時差のやり方については、よくわからない人は、まずは班の人から教えてもらいなさい』『班の人が教えることができない場合には、先生に聞きに来なさい』『とにかく、次回の授業までに計算して答えを出しておくこと』と、どうやるのかの指示を出している。教師のところに訊ねに来ることはあまりないが、授業が終わると生徒どうしでは教え合っている光景はよく目にする。

　当然、次の授業は時差の問題の答え合わせから始めることになる。答え合わせをすると、予想通りアメリカやオーストラリアの都市との時差の問題で間違えてしまう生徒が多く出てくる。そこで、さらに時差の求め方や日付変更線についても説明をおこなうことになる。こうしたことは授業案に書いていないが、ほぼ毎回必要になる指導ではある。そうであれば、はじめから授業案に書いておけばよさそうだが、それをしていないのは、授業に参加する生徒により、その指導内容が違ってくるからである。つまり、そのときそのときに応じた指導となるのである。活動する地理の授業では、そうした柔軟さが必要になる。授業案も1時間毎につくってはいるが、実際は2時間分の授業案を3時間かけておこなっていることも多いのが実情である。

地理 学習プリント 〈世界の姿：１－１〉

■地図を広げて、世界を見てみよう！ いろいろな大きさ・形・面積を持った国々。日本から遠い
　国・近い国。しかし、よく見てみると、おかしい点もかなりありそうだ。

１：【 東京 → ロサンゼルス 】

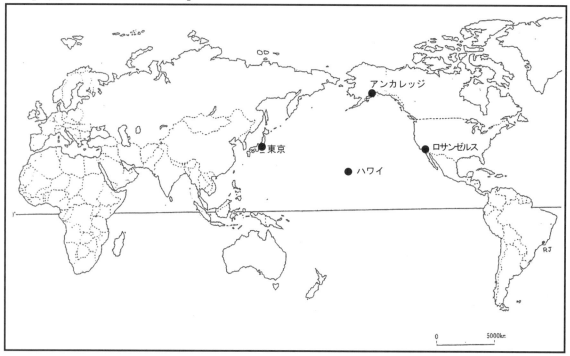

２：【 東京（成田）：発 → リオデジャネイロ：行き 】

A－24	東　京（成田）									→		リオデジャネイロ					
	TOKYO（NARITA）											RIO DE JANEIRO					
便　名	機種	クラス	出　発　曜　日							NRT	RIO	所　要	経　　由				
RG 833	B747	PCY	月	・	・	・	・	・	・	1800 →	935翌日	26:35	LAX. LIM；SAO				
RG 831	B747	PCY	・	・	水	・	金	・	・	1900 →	715翌日	23:15	LAX				
JL 68	B747	FCY	・	・	・	・	・	・	土	1900 →	835翌日	24:35	LAX. SAO				
RG 835 ※	B747	PCY	・	・	・	・	・	・	土	1900 →	835翌日	24:35	LAX. SAO				
CP 4 ▲	DC10	FJY	・	・	水	・	・	・	土	1900 →	1120翌日	27:20	YVR. YYZ				

地理 学習プリント 〈世界の姿：1−2〉

■地図には、いろいろなウソが含まれている。それは、球面を平面にしてあるのだから仕方がない
　ことである。でも使い方しだいでは、地図のウソも利用できるかも？

3：【 ２枚の地図 】　　　　面積が正しく表されているのは、メルカトル図法？　モルワイデ図法？

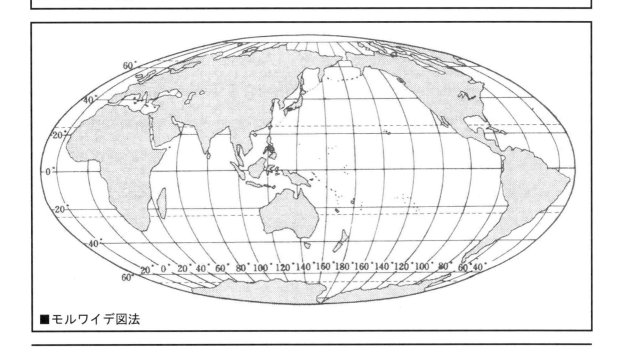

■メルカトル図法

■モルワイデ図法

地理 学習プリント〈世界の姿：1－3〉

■地図には、いろいろなウソが含まれている。それは、球面を平面にしてあるのだから仕方がない
ことである。でも使い方しだいでは、地図のウソも利用できるかも？

4：【 時差と商社マン 】　　　　　　　　　　　　　　（『地球報告』日商岩井広報室編より）

　アメリカは、国土が広いから時差もある。3時間の時差は、まことに仕事がしにくいもので、朝　F
AXを読んでロサンゼルスの担当者と話そうと思っても、まだロサンゼルスは、出社時間前。ロサン
ゼルスが出社時には、当方が昼食時間。当方が外出から帰るころは、ロサンゼルスが昼食時間となる。
ロサンゼルスが外出から戻った頃には、当方は夜のレセプションといった具合で、メモがむなしく机
の上に何度も置かれてしまうのである。3時間の時差など、何でもないようだが、出張のとき、これ
が意外ときつい。ワシントンからロサンゼルスに出張して、**夜12時**までお酒につき合うと・・・、体
は、すでに**朝の（　3　）時**である。逆にロサンゼルスから戻り**朝の7時**起きとなると、体の時間は、ま
だ**朝の（　4　）時**で、とても朝食を取る気になれない。

　「時差は金なり」というが、時の間を移動するビジネスマンには、「時差は疲労なり」でもある。

5：【 日本が正午の時の時刻 】　　　　　　　　　日本が正午の時に、イギリスは何時？

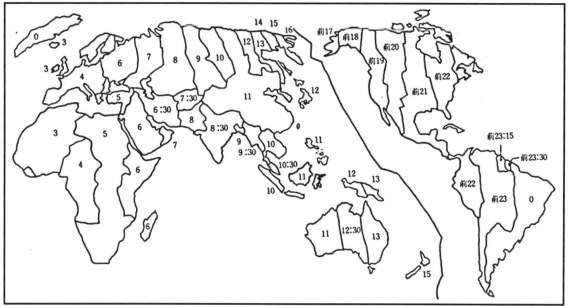

　地球は丸いのであるから、日本が昼の時は、日本から見て地球の反対側にある地域は夜である。
地球を球として、表面360°を24時間で割ると、経度（　15　）度ごとに1時間ずれていくはずであ
る。場所が少し違っただけで時刻が変わるのは不便なので、一定の範囲に「標準時」を設けて、そ
の地域は同じ時刻とする。経度の基準は、（　イギリス　）のロンドンにある（　グリニッジ　）天文台を
通る「子午線」である。そこから、ちょうど135度の位置（＝日本の兵庫県（　明　石　市　））をロ
ンドンと（　9　）時間ずれるわけだが、日本の標準時としている。日本国内は、どこでも同じ時刻
とする。

　東西に長い国では、国内での時刻もズレている。アメリカ合衆国では、ニューヨーク時間とサン
フランシスコ時間では3時間のズレがある。旧ソ連では、10時間もズレていた（　現代のロシアでは
9時間　）。カナダ、オーストラリア、インドネシア、ブラジルなども東西に長いため、国内の時刻
が違う。中国は広い国だが、時刻を統一している。

[2]世界地図で見る国々

> ◎緯度と経度の意味をつかませ、地図帳の「さくいん」の使い方の練習も兼ねて、いろいろな国を見
> つけさせる。はじめに世界の気候の違いとそうなる条件について触れる。

---

1 世界には、どんな気候があるのか?

① ・「人間が日常生活を営んでいるところで、世界で一番寒い場所」は、どこなのか?

　　→南極・北極・・・

② ・ロシア共和国の中に、 ベルホヤンスク という町がある。

　・【地図帳】のP56を開いて、「ベルホヤンスク」を見つけて印をつけなさい!

　▷ 【 地図帳 P56P3N 】〈 ベルホヤンスクを探して○で囲む 〉

③ ・冬、ここは「−60℃」よりも、もっと気温が下がる。人間が日常生活を営んでいる世界で、一番
　　寒い場所は、北極でもなく南極でもなく、このベルホヤンスクのある「シベリア」だ。

　・シベリアには、その寒さを伝える話として、次のような小話がある。

> 　　シベリア北東部の町ヤクーツクは、もう少しで北極圏という位置にある。夏には30℃近くま
> で気温が上がることもあるが、ヤクーツクの冬の寒さは大変に厳しい。人間の吐く息が、たちど
> ころに凍ってキラキラ光る。
>
> 　　このヤクーツクの町で、うかつにも立ち小便をしてしまった男がいた。もちろん外気に触れた
> 部分は、凍傷にかかってしまったので、病院に行き医者に見せた。ところが、医者は「これは、
> 手術をしなければダメだ」と言った。その男は、「こんなところを手術されてはかなわない」と
> 思い、ヤクーツクで最も権威のある医者のもとに泣きついた。その権威ある医者は、やはり権威
> ある医者で、「これは、別に手術の必要はない」と言った。そのかわり、その男に(座っている)
> イスの上に立つように言った。男は何のことかよくわからないまま、言われるままにイスの上に
> 登った。次にその医者は男に、そこから勢いよく飛び下りるように命じた。男は、その命令とお
> りにピョンと飛び下りた。すると、凍傷にかかっていた体の一部が、ポトリと床に落ちた。

※・少し面白おかしくなるように、教師が演技をしながら説明すると生徒ものってくる。

④ ・さて、いったい「何」が落ちたのか?(答えは、決して口に出して言わないように)

　　→○○○・・・

⑤ ・そうかと思えば、世界には、「一年中泳げる」ほど暑いところもある。

　・どこ?

　　→ハワイ・グアム島・・・　※・ハワイやグアムの位置を地図で示す

⑥ ・つまり、地球上では、何に近づくほど暑くなっていくのか?

　　→赤道

⑦ ・それは逆にいうと、「赤道から離れるに従って気温は、どうなる」ということなのか?

　　→寒くなる・低くなる・・・

⑧ ・では、そのことを確かめてみよう。

　・ノルウェーに オスロ という町ある。

　・【地図帳P46】を開いて、「オスロ」の町を見つけて印をつけなさい!

　▷ 【 地図帳P46H4N ）〈 オスロを見つけて、○で囲ませる 〉

⑨ ・その北に、 ボーデー という町があるので、これも見つけて、印をつけなさい!

▷【　地図帳P46H２）】〈　ボーデーを見つけて、〇で囲ませる　〉

⑩・さて、オスロとボーデー、どっちが寒いのか（　わかるね　）？

　　→ボーデー

⑪・【資料：２】に、オスロからボーデーに行った日本人の話が載っている。

　　・その話の内容に、「どっちが寒いのか」が出ているので、その部分に線引きをしなさい！

　　▷【　資料：２　】への線引き作業

⑫・さて、寒いのは、どっち？

　　→オスロ・ボーデー・・・

⑬・寒いのは、「オスロ」の方だ。

　　・それは、この文章の、どこでわかるのか？

　　→「雨が降っていた」

⑭・寒いときに降るのは、雨ではなく・・・、「雪」だ。

　　・でも、どうして、北にあるはずのボーデーの方が、オスロよりも暖かいのか？

　　→・・・？

⑮・それは、海流の関係だ。

　　・【地図帳P11】を開いてみると、ボーデーの沖を流れている海流がわかる！

　　▷【　地図帳P11　】〈　海流を見つけさせる　〉

⑯・ボーデーの沖を流れているのは、何という海流？

　　→　北大西洋海流

⑰・その北大西洋海流とは、冷たい海流？　それとも、暖かい海流？

　　→暖かい海流（　暖流　）

⑱・地球上で「寒いとか、暖かいとか」は、単純に「赤道からの距離だけで決まる」わけではない。
　　　「海流」の影響とか、「海に近い」とか「大陸の内部」などの、位置的なものも影響してくる。

　　・気候については、また後の方で詳しくやることにして、地図についての話に戻す。

２　緯度とは、どんなことを意味しているのか？

①・地図帳を見ると、真ん中のところに「赤道」が引かれている。そして、その赤道に平行になるよ
　　うに、たくさんの「横の線」が引かれている。

　　・前回の授業でやった「縦の線」は、何線といったのか？

　　→経線

②・では、その経線に直角に交わるように引かれている、「横の線」を何線というのか？

　　→緯線

③・例えば、【地図帳P２】で「グアム島」を見つけて、印をつけなさい！

　　▷【　地図帳P２：グアム島　】を見つけて、〇で囲む。

④・このグアムの緯度は、何度になっている？

　　→15度

⑤・同じ【地図帳P２】の北、アラスカに「アンカレッジ」という町があるので、見つけて印をつけ
　　なさい！

　　▷【　地図帳P２：アンカレッジ　】を見つけて、〇で囲む。

⑥・このアンカレッジの緯度は、何度（　になっている　）？

→60度

⑦・赤道からは、かなり離れている。この「60度」とは、赤道に対する角度のことを示している。
　地球儀で見ると、アンカレッジは、ここになる〈 板書して図示する！ 〉。この位置が、赤道と
　の角度を測ると60度になる。

　・グアム島は、このあたりだから、角度は15度になる〈 板書して図示する！ 〉。

※・説明しながら右の板書もおこなう。

⑧・では、赤道から最も離れているところは、どこなのか？

　→北極・南極

⑨・北極は、ここになる〈 板書して、位置を確認！ 〉。赤道との角度は、
　直角＝90度。これは、赤道より北にあるから、「『北』緯90度」という。

　・では、南極は、何と言えばいいのか？

　→南緯90度

⑩・北極のように90度も緯度がある地域は、緯度が高いから 高緯度 地方ともいう。逆に、緯度が
　低くなる地域は、 低緯度 地方という。

　・では、高緯度と低緯度の間は、「何緯度」地方と言えばいいのか？

　→ 中緯度 地方

⑪・そのことをふまえて考えてみると、〈 右の図を板書しながら！ 〉
　この地域は、何緯度だと言えばいいのか？

　→中緯度地方

※・右の板書をして、北極の地域を高緯度というのであれば、赤道の地域と
　南極の地域は、それぞれ「何緯度と言えばいいのか」を発問する。そう
　すると、北極＝高緯度、赤道＝中緯度、南極＝低緯度と、間違う生徒が
　必ず出てくる（ こうして間違えさせる ）。

⑫・正解は、北極あたりは「高緯度」。南極あたりも「高緯度」。赤道あたりが、「低緯度」となる。

　・では、中緯度とは、どの地域なのか？

　→北極南極と赤道の間・・・

⑬・つまり、日本などがあるあたりになる。

　・「経線」とは、図で示すと、０度の経線からの角度が同じ位
　置を縦に結んだ線のこと。「緯線」とは、図で示すと、赤道
　からの角度が同じ位置を(横に)結んだ線となる〈 前図で説明！ 〉。

3　いろいろな国名を探そう！

①・これで、地図の縦の線と横の線についての意味がわかった。この経
　線と緯線、つまり縦・横の線で、地球上での位置を示すことができ
　る。地図帳でも、「さくいん」を見ると、地球上の位置を緯度と経
　度の線を使って見つけられるようになっている。

　・たとえば、オスロは「46Ｈ４Ｎ」と書かれている。「46」はページ
　を示し、「Ｈ」は縦の線(経線)の枠、「４」は横の線(緯線)の枠
　を示している。「Ｎ」は、枠の中の北半分を指している。

　・では、「Ｓ」は？

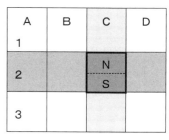

	A	B	C	D
1				
2			N S	
3				

→南・・・

② ・この「H」と「4」の２つが重なる部分の中に、探す場所（＝オスロ）はある。

・では、いくらか練習をしてみよう。これから黒板に書く町は、何という国や県にあるのか。

・【地図帳】で、その場所を探して、（　　　　）の中に国名や県名を書きなさい！

```
カ イ ロ（ エジプト ） ＝ 42Ｇ２・３
ア ク ラ（ ガーナ ）  ＝ 41Ｃ５
キ   ト（ エクアドル ）＝ 66Ｂ３Ｎ
嬉   野（ 佐賀県 ）   ＝ 81Ｃ３Ｓ
福島第二（ 福島県 ） ＝ 131Ｅ10Ｎ
```

※ ・以上の町の名前と数字・アルファベット・番号等を板書し、（　　　）の中に国名と県名を記入させる。

③ ・では今度は町ではなく、国を探してみよう。【地図帳のＰ１～３】を見るといろいろな国がある。

・では、その中で、国名の長い国にはどんな国があるのか？

→ 朝鮮民主主義人民共和国 ・ セントビンセント及びグレナディーン諸島 ・・・

④ ・「セントビンセント及びグレナディーン諸島」は、【地図帳 57Ｏ８Ｎ】にある！

▷ 【 地図帳で57Ｏ８Ｎ：セントビンセント及びグレナディーン諸島 】を探して、○で囲む

⑤ ・世界には、これらの国とほぼ同じくらい長い国名の国がある。

・【地図帳Ｐ129～133】を開くと、正式国名が載っているが、それは何という国だとわかる？

→ グレートブリテン及び北アイルランド連合王国

⑥ ・「グレートブリテン及び北アイルランド連合王国」とは、日本では何と呼ばれている国のことなのか？

→イギリス

⑦ ・【地図帳Ｐ43】を開きなさい！

▷ 【 地図帳Ｐ43：イギリス 】

⑧ ・イギリスは、北の方にスコットランド、中部がイングランド、南西部がウェールズで、３つの国があった。それが統一されて、「グレートブリテン」となり、さらにアイルランドの北部がそこに併合されて、「グレートブリテン及び北アイルランド連合王国」という長い国名になった。あまり長いので、略してＵＫ（ UNITED KINGDOM ）ともいう。

・ただ、そうやって地図をながめていくと、国名なのかどうか、迷うような名称も、中にはある。たとえば、アラスカ。

・「アラスカ」とは、国名なのか？

→違う・アメリカの一部・・・

⑨ ・アラスカには、四角囲みで アメリカ合衆国 とある。

・つまり、どこの領土ということなのか？

→アメリカ合衆国

⑩ ・では、「グリーンランド」には〔デ〕とあるが、これは、どこの領土（なのか）？

→デンマーク

⑪ ・そう、〔デ〕とあるのは、「デンマーク」だ。

・さっきの「グアム島」は〔ア〕とあるけど、どこの国のこと？

→アメリカ合衆国

⑫ ・これもアラスカと同じく、「アメリカ合衆国」の領土だ。こういった記号は、太平洋の島に多い。

これらの島々が独立すると、世界の国の数は・・・（　もっと増えるわけだ　）。

4　国名を変更した国には、どんな国があるのか？

①・先生が持っている地図帳を見ると、中国の南、インドの東に「ビルマ」という国がある。

※・地図帳の中を見せなければ、特に古い地図帳でなくてもかまわない（　生徒にはわからない　）。

　　・バングラデシュの東になるけど、みんなの【地図帳P32】にも載っている？

　　→ない

②・「ビルマ」という国はない。

　　・そのかわりに、何という国があるのか？

　　→ミャンマー・・・

③・国名としては、「ビルマ」と「ミャンマー」、どっちが正しいのか？

　　→ミャンマー・・・

④・先生の地図帳は、古い。つまり、ビルマは、国名を、ミャンマーに改めたわけだ。

　　・なぜなのか？

　　→・・・

⑤・「ビルマ」という名称は、ここを植民地としていたイギリスがつけた名前だった。そういう国名
　　は「変えよう」となったわけだ（　中国では、それまでも、この国のことを「ミャンマー」と呼ん
　　でいた　）。

　　・すぐ近くに「セイロン」という国名の国があった。

　　・今でも、「セイロン紅茶」ともいうが、これは、何という国になったのか？

　　→スリランカ

⑥・ここもビルマと同じように、イギリスの植民地だった。他にもある。

　　・【地図帳P41】で、アフリカの「ガーナ」という国を探してみなさい！

　　▷【　地図帳P41　】を見つけて、○で囲む。

⑦・ここはイギリスが植民地にしていた頃は「黄金海岸」、英語でいうと ゴールドコースト と呼ば
　　れていた。他にも「○○海岸」という地名が書かれている。

　　・何という海岸があるのか？

　　→「象牙海岸」「奴隷海岸」「穀物海岸」・・・

⑧・これらの海岸の名前は、どうしてできたのか？

　　→・・・

⑨・かつて、黄金や象牙、奴隷・穀物が、それぞれの海岸から運び出されていたことからつけられた
　　名前だ。また、国名の中には、日本語に翻訳すると「赤道」という国もある。

　　・当然、赤道が通っている国だが、それは何という国なのか？〈　【地図帳P1～3】で確認　〉。

　　▷【　地図帳P1～3　】で、赤道が通っている国を探す（　正解は、「エクアドル」　）

⑩・「エクアドル」というのは、スペイン語で「赤道」という意味だ。

　　・しかし、なぜ、こんなところで「スペイン語」が使われているのか？

　　→スペインの植民地だった・スペインが支配していた・・・

⑪・ここは、かつてスペインの植民地だった。それが、国名として現在も残っている。国名1つにし
　　ても、そこにはいろいろな歴史が隠されている。

　　・ちなみに、日本は、外国からは、「何と呼ばれているのか？」と言うと・・・。お隣の韓国や朝

鮮では、「日本」をそのまま朝鮮語読みして、 イルボン と発音する。中国でも同じようにして、日本のことは、 リーベン と発音する。英語では Japan と書いて、 ジャパン と発音。これがドイツ語では同じ「Japan」でも、 ヤーパン と発音。フランス語では Japon と書いて、 ジャポン と発音し、スペイン語では同じ「Japon」でも ハポン と発音する。

聞き慣れないため変に感じるが、それは日本国内で外国の名前を呼ぶときに、同じようなことを日本人もおこなっている。

<参考文献>
歴史教育者協議会編「地球と世界地図」『たのしくわかる社会科中学地理の授業』あゆみ出版
安井俊夫「150分世界一周」『ストップ方式による教材研究　1単元の授業　中学社会地理』日本書籍

<板書例>

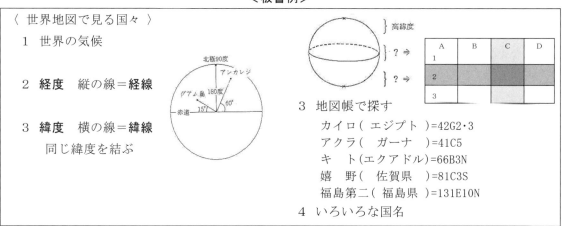

〈 世界地図で見る国々 〉

1　世界の気候

2　経度　縦の線＝経線

3　緯度　横の線＝緯線
　　同じ緯度を結ぶ

3　地図帳で探す
　カイロ（　エジプト　）=42G2・3
　アクラ（　　ガーナ　　）=41C5
　キ　ト（エクアドル）=66B3N
　嬉　野（　佐賀県　）=81C3S
　福島第二（　福島県　）=131E10N

4　いろいろな国名

❖授業案〈 世界地図で見る国々 〉について

　「授業案〈 世界地図はウソつき 〉の授業について」でも書いているが、この授業の初めの場面は、時差の問題の答え合わせをすることが多い。つまり、少し難しいような話から授業が始まるため、その後が少し下ネタ（ がかった ）話へと続いていくことで、授業の雰囲気を柔らかくしている。もちろん、その下ネタ話の答えは、決して口にしないように指示してのことである（ それでも、面白がって発言したがる男子がいるときがある ）。こうした小ネタの話は、ちょっとだけで済ませるから面白いのである（ あまり長く引っ張ってはいけない ）。こうした話に抵抗がある方にはお勧めできないが、さらっと流せば面白い。そうして生徒の興味を引いておいて、緯度と経度、そして索引の引き方の練習へとテンポよく進めていくようにしている。

　この授業案では、特に話し合い活動の場面などはないが、いくつか出てくる作業には、一人で取り組むのではなく班内で分担をさせたりして、お互いが教え合える状況をつくらせるようにしている。一人の生徒が全部の作業を終わらせるには時間が足りないことや、学習班をつくっているのだから、やはり学習班を使うようにしないと、その存在理由がなくなってしまう。そうした学習班を意識した活動をおこなっていくことが、「社会科の授業はお互いで学びあうもの」という意識もつくっていく。

地理　学習プリント　〈世界の姿：２〉

■地図には、縦線と横線が入っているが、これは何なのか？　また、その縦線や横線の基準は、どうなっているのか？　国の名をさがそう。国名を変更した国もあるのか？

１：【 経度と緯度と太陽の照射 】

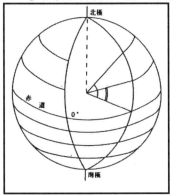 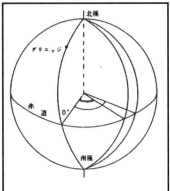 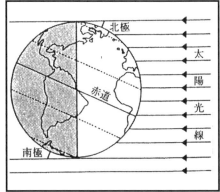

２：【 オスロの冬・ボーデーの冬 】　　　　　　　　　　　ノルウェー北部を訪れた日本人の体験

　　２人は、デンマークのコペンハーゲンからノルウェーの**オスロ**に飛び、そこで取材の準備を始めた。ところがオスロの冬は寒く、街を５分も歩いていると全身がしびれ、足の方から感覚がなくなってくるしまつであった。

　　ひととおり仕度ができたところで、レストランに入り地図を開いて、どこへ行くか相談した。北極圏にある**ボーデー**にいくことにした。レストランのボーイにたずねたところ、「すごく寒いところだ」というので、もう一度街へ出て、防寒靴とエスキモーのような防寒帽と南極探検隊のような手袋を買い足した。

　　スカンジナビア航空機の旅客は２人の"重装備"の服装を見て、「ボーデー行きですね。えぇ、それなら大丈夫です。寒いなんてもんじゃありませんからね。痛いですよ、冬のボーデーは。何しろ－40・50度ですから」と言った。そして、２人はダルマみたいに着ぶくれて、スカンジナビア航空機の座席に窮屈なのを我慢しながら座った。

　　ボーデーに着いたのが午後３時だというのに、天地はもう暮れていた。オーバーのえりを立て帽子をすっぽりかぶり、宇宙人のようなかっこうでタラップに足をかけた。

　　そのとたん２人は「あっ！」と言った。雨が降っていたのである。

　　　　　　　　　　　　　　　　　　　　　　　　　──（森本哲郎『ぼくの旅の手帖』角川文庫 ）──

３：【 どこの国？ 】　　　　　　　　　　　　　　　　　　それぞれ何という国なのか？

1	アラスカ〔ア〕	=	アメリカ	4	ビルマ	=	ミャンマー
2	グアム島〔ア〕	=	アメリカ	5	セイロン	=	スリランカ
3	グリーンランド〔デ〕	=	デンマーク	6	ゴールドコースト	=	ガーナ

[3] いろいろな国々

◎「世界なんでもベスト5」の表を、地図帳を使い調べさせる。その後、その答え合わせを通じ、世界のいろいろな国について紹介をしていく。また、それらの国名を、漢字を使って書き表すとどうなるのかを考えさせることで、少しでも興味深く記憶に残りやすくする。

---

1 「世界なんでもベスト5」を調べよう！(その1)

①・今日は、地図帳を使って、世界のいろいろな国についてみていく。

　・そのために、「世界なんでもベスト5」の表を完成させてもらう！

※・学習プリントを配る！

　・【資料：1】の表を完成させてもらう。どうやって完成させるのかというと、【 地図帳 P158～160 】を開くと、世界各国のことが書かれている。

　　そして、【 地図帳 P161 】には、いろいろな産物の生産についてまとめてある！

　▷【 地図帳 P158 (～ 161) 】を開かせる

②・たとえば、158ページから載せてある「世界各国の一覧表」を見ると、「人口が世界一多い国」はどこだとわかるのか？

　→中国

③・中国の人口は、どれくらいなのか？

　→13億8,853万人

④・それは、日本[1億2,733万人]の約何倍にもなるのか？

　→約10倍以上

⑤・【地図帳 P161】の帯グラフからは、「米の生産が世界で一番多い国」は、どこだとわかるのか？

　→中国

⑥・では、地図帳を使って、【資料：1】にある、それぞれの表を完成させなさい！

　　(班内で話し合っていいので、約5分程度で仕上げること)

　▷【 資料：1 】の表を完成させる

※・1人でA～Hの8つの表を時間内に完成させることは無理なので、代表ガイドに班の生徒に分担を指示させる。5分程度の時間を設定するが、生徒の作業の進み具合で多少は延長してもかまわない。

⑦・では、確認していきます。

　・世界で、A：「人口の多い国ベスト5」は、1位から順番にどうなるのか？

　→1位：中国・2位：インド・3位：アメリカ・4位：インドネシア・5位：ブラジル

※・答えはカードに書いておき、そのカードを順番に従い貼っていく。まずはA～Eまでの答えを全て確認して、その後まとめて答えをプリントに記入させる。

⑧・逆に、「世界一人口が少ない国」は、どこなのか？

　⇨ バチカン市国

⑨・バチカンは「45H7」なので、【地図帳】で探してみなさい！

　▷【 地図帳 45H7 】〈 バチカンを見つけて印をつけさせる 〉

⑩・バチカン市国は、ローマ市の中にある【地図帳 P52⑤ローマのようす】に描かれている。この国は、人口約1,000人で世界最小の国だ。

　・次は、【地図帳 P73・74】を開きなさい！

　▷【 地図帳 P73・74 】

⑪・太平洋には、小さな国がたくさんあることがわかる。その中の「ナウル」という国が【地図帳P74I5N】にある！

　▷【地図帳P74I5N】〈 ナウルを見つけて印をつけさせる 〉

⑫・この国の人口は約9,000人で、面積が20㎢。世界で3番目に小さな国だ。

　・面積でいうと、私たちの塩田町と比べて、どちらが大きいのか？

　→ナウル・塩田町・・・？

⑬・ 塩田町 の面積は、 46.05㎢ だから、ナウルの面積は、塩田町の半分以下しかない。しかし、ナウルはれっきとした共和国であり、議会もあるし、大統領もいる。リン鉱石を輸出した収入があるため、税金はタダだし、学校や病院だってタダだ。

　・結局、B：「人口の少ない国ベスト5」は、どうなるのか・・・？

　→1位： バチカン ・2位： ニウエ ・3位： ツバル ・4位： ナウル ・5位： クック諸島

※・「ニウエ」は、2015年に日本政府は国家として承認。

⑭・そして、C：「面積の狭い国ベスト5」は？

　→1位： バチカン ・2位： モナコ ・3位： ナウル ・4位： ツバル ・5位： サンマリノ

2　「世界なんでもベスト5」を調べよう！（その2）

①・では、次に産物の生産などを見てみる。はじめに、D：「米の生産高ベスト5」を順番にあげてみよう。

　・第1位は？

　→1位：中国　2位：インド　3位：インドネシア　4位：バングラディシュ　5位：ベトナム

※・あと同じ要領で、5位まで聞いていく。

②・1位は 中国 、2位は インド 、3位は インドネシア 、4位は バングラディシュ 、そして5位は ベトナム だ。中国やインドは、「米作の国」だ。赤道に近いアジアの国々もそうだ。残念ながら、生産高では、日本はベスト5にも入らない。

　・次に、チョコレート〈 チョコレートの空き箱を提示する！ 〉。

　・さて、原料は何なのか？

　→・・・カカオ

③・「カカオ」が、その原料だが、そのE：「カカオの生産高ベスト5」は、どうなるのか？

　・まず、第1位は？

　→1位：コートジボワール・2位：インドネシア・3位：ガーナ・4位：ナイジェリア・5位：カメルーン

※・あと同じ要領で、5位まで聞いていく。

④・順番に、 コートジボワール 、 インドネシア 、 ガーナ 、 ナイジェリア 、 カメルーン となる。

　・では、【 地図帳P1～3 】を開いて、いま出てきた国を探して印をつけなさい！

　▷【 地図帳P1～3 】コートジボワール（ 1D6 ）・インドネシア（ 1L・M7 ）・ガーナ（ 1D6N ）・ナイジェリア（ 1E6N ）・カメルーン（ 1E6S ）

⑤・こうして「カカオの生産の多い国」の位置を世界地図で確認していくと、どんな共通点があることがわかるのか？

　→だいたい同じところにある・暑いところにある・赤道の近くにある・・・

⑥・「赤道の近く」にある。つまり、「カカオは熱帯の暑い気候で取れる作物」であることがわかる。

※・ここまでの答えを、プリントに記入させる。

① ・「世界ベスト５」を続ける。ここからは、みんなの常識で答える「ベスト５」になる(地図帳
　　を調べても、わからない)。
　　　・さて、Ｆ：「お茶をよく飲む国ベスト５」には、どんな国があるのか？
　　→・・・

② ・1位は、 トルコ 。2位は、 アイスランド で、次いで イギリス 、 ロシア 、 モロッコ の
　　順番になる。意外と、中国もインドもベスト５にも入らない。
　　　・もっとも、これらの国々で飲まれるお茶は(緑茶ではなく)、何茶なのか？
　　→紅茶・・・

③ ・「紅茶」も日本人が昔からよく飲んでいる「緑茶」も、また「ウーロン茶」も全て同じ「茶」と
　　して計算されている。ところで、アイスランドやイギリスでは、「茶の生産が多いのか」という
　　と、そうではない。
　　　・では、どうやって「茶」を手に入れているのか？
　　→輸入

④ ・全て「輸入」だ。
　　　・では、(「茶」は)どこから(輸入しているのか)？
　　→・・・

⑤ ・それが、お茶の生産の多い「中国」や「インド」、そして「スリランカ」からだ。
　　　・次に、Ｇ：「平均寿命が高い国ベスト５」。
　　　・さて、第1位は、どこの国だと思う？
　　→・・・

⑥ ・1位は、 日本 (83.7歳)。2位は、 スイス (83.4歳)で、次いで3位は、 シンガポール
　　(83.1歳)。4位は、2ヶ国あり、 オーストラリア と スペイン (82.8歳)。ついでに6位
　　も2ヶ国あり、 イタリア と「氷の国」(82.7歳)となる。
　　　・この「氷の国」とは、どこの国(のことなのか)？
　　⇨ アイスランド

⑦ ・アイスランドは、【地図帳Ｐ45Ｂ２】にあるので、探して印をつけなさい！
　　▷【 地図帳Ｐ45Ｂ２ 】〈 アイスランドを見つけて〇で囲ませる 〉

⑧ ・アイスランドは、かなり北の方にある国で火山と氷河の国だ。漁業が盛んで、人口は24万人。
　　　・最後は、逆に、Ｈ：「平均寿命が低い国ベスト５」は(どこの国なのか)？
　　→・・・

⑨ ・1位は レソト 、2位は 中央アフリカ共和国 、3位は シエラレオネ 、4位は チャド 、5位
　　は コートジボワール 。
　　　・これも、【地図帳Ｐ１】で、その位置を探してみよう！
　　▷【地図帳Ｐ１】〈 レソト・中央アフリカ共和国・シエラレオネ・チャド・コートジボワールを見つけ〇で囲ませる！ 〉

⑩ ・平均寿命は、 コートジボワールで54.6歳 、 チャドで54.3歳 、 シエラレオネ＝53.1歳 、
　　 中央アフリカ共和国＝53.0歳 、 レソト＝52.9歳 。(2016年)
　　　・平均寿命の低い国は、どの地域に多いことがわかるのか？
　　→アフリカ・・・

⑪ ・「なぜアフリカの国々の平均寿命は低いのか」については、後でアフリカの授業で勉強する。

4　明治時代の世界地理の授業では、どんな国が出てきたのか？

①・いろいろな国をあげてきたが、日本の学校で始めて世界地理を教えたのは何時代からなのか？

　　→昭和・平成・大正・明治・・・

②・それは、明治時代の始め頃だった。ただしその頃は、今と違って、国名は全て「漢字」で書いていた。【資料：２】に、今出てきた国を含めて、世界の国名を漢字で書いてある。

　・それぞれ、何という国なのか、答えを書いてみよう！

　▷【　資料：２　】に漢字で書いてある各国の国名の読み方を記入

※・ここは、残り時間との兼ね合いで、どれくらいの時間を取るのかを指示する。

1：丁抹（＝デンマーク　）	2：瑞西（＝スイス　）	3：独逸（＝ドイツ　）
4：印度（＝インド　）	5：智利（＝チリ　）	6：氷州（＝アイスランド　）
7：瑞典（＝スウェーデン　）	8：加那太（＝カナダ　）	9：厄瓜多（＝エクアドル　）
10：英吉利（＝イギリス　）	11：亜米利加（＝アメリカ　）	12：伯刺西爾（＝ブラジル　）
13：比耳西亜（＝ペルシャ　）	14：亜刺比亜（＝アラビア　）	15：埃及（＝エジプト　）
16：巴西（＝ブラジル　）		

※・伯刺西爾（＝ブラジル　）・巴西（＝ブラジル　）については、「英国って、どこの国？」「米国は？」と発問し、１つの国でもいろいろな漢字での表し方があることを説明する。

③・では、白地図を配るので、今まで出てきた国名を書き入れていきなさい。

　▷〈　白地図への記入作業　〉

※・助言③は、残り時間との兼ね合いで、単に「赤色で塗りつぶしなさい」とするか、あるいはカットしてしまうか、または宿題にする。

<参考文献>
安井俊夫「150分世界一周」『ストップ方式による教材研究　１単元の授業　中学社会地理』日本書籍

※<板書例>は省略

❖授業案〈　いろいろな国々　〉について

　提言１の助言③の発問の「中国の人口は、どれくらい？」では、地図帳を調べさせ「13億8,853万人」と答えさせたい。ところが、「13万8,853人」との答えが返ってくることが多い。そこで表の読み方の指導になる。地図帳に載っている表には、「単位として（万人）と書いてある」ことを指摘すると、「最後の単位が万になる」と生徒は答える。そうした発言がない場合には、教師が説明して教えることになる。小さなことのようだが、資料の読み方は、授業の初めの時期に教えておかないと、わからないままになる。

　「世界なんでもベスト５」の答えの国名は、カードに書いて黒板に貼っている。ここでは答えを板書して確認していく方法もあるが、あえてカードを使っている。それは、生徒は答えを知ると、すぐにノートに書きたがる傾向があるからだ。そうすると教師の説明を聞かなくなる。それがカードであれば、説明をしながら貼るだけでよく、生徒から目を離さないで済む（板書する場合には、黒板を見るため生徒から目を離すことになる）。カードを使うかどうかは小さなことのようではあるが、「どうしたら生徒の集中を持続させることができるのか」を考えた授業方法である。

　なお、地図帳を使うときには、教師が持っている地図帳と生徒が持っている地図帳の統計数字が違っていないかの確認をしておく必要がある。特に１年生の場合、数年同じ教科書や地図帳を使って教えている教師とは、ズレが生じているときがある。統計の数字などが古くなっていると、カードを用意していても使えない。教科書や地図帳の記述内容の事前の確認は、欠かすことができない授業準備の１つである。

地理 学習プリント 〈世界の姿：３〉

■世界にはいろいろな国があり、そこではいろいろな生活が営まれている。それを世界何でもベス
ト５という形で見てみよう。外国について学びはじめた明治の頃、国の名はどう書いていたか？

１:【 世界なんでもベスト５ 】　　　　　　　　　　　　　　　　予想を書き入れてみよう！

A:人口の多い国ベスト５		B:人口の少ない国ベスト５		C:面積の狭い国ベスト５		D:米の生産高ベスト５	
１位	中　国	１位	バチカン	１位	バチカン	１位	中　国
２位	インド	２位	ナウル	２位	モナコ	２位	インド
３位	アメリカ	３位	ツバル	３位	ナウル	３位	インドネシア
４位	インドネシア	４位	パラオ	４位	ツバル	４位	バングラディシュ
５位	ブラジル	５位	モナコ	５位	サンマリノ	５位	ベトナム

E:カカオの生産高ベスト５		F:お茶をよく飲む国ベスト５		G:平均寿命高い国ベスト５		H:平均寿命低い国ベスト５	
１位	コートジボワール	１位	トルコ	１位	日　本	１位	レソト
２位	インドネシア	２位	アイスランド	２位	スイス	２位	中央アフリカ共和国
３位	ガーナ	３位	イギリス	３位	シンガポール	３位	シェラレオネ
４位	ナイジェリア	４位	ロシア	４位	オーストラリア	４位	チャド
５位	カメルーン	５位	モロッコ	同位	スペイン	５位	コートジボワール

２:【 明治の頃の世界地理 】　　　　　　　　　　　　　何と読むのか？（ どこの国か？ ）

1	丁　抹	デンマーク	5	智　利	チ　リ
2	瑞　西	スイス	6	氷　州	アイスランド
3	独　逸	ドイツ	7	瑞　典	スウェーデン
4	印　度	インド	8	加那太	カナダ

9	厄瓜多	エクアドル	13	比耳西亜	ペルシャ
10	英吉利	イギリス	14	亜刺比亜	アラビア
11	亜米利加	アメリカ	15	埃　及	エジプト
12	伯刺西爾	ブラジル	16	巴　西	ブラジル

ポルトガル　アメリカ　オランダ　ペルー　チリ　イギリス　インド　エチオピア　スウェーデン　ゴミ
スペイン　エクアドル　カナダ　デンマーク　リタリア　アイスランド　アラビア　ドイツ　ブラジル
スイス　ノルウェー　イタリア　フランス　アイルランド　ペルシャ　エジプト　ペリー　ヘタリア　アリ
クリームランド　ディズニーランド　アフリカ　オセアニア　ヨーロッパ　アジア　ギリシア　トンガ

[4] 世界の地形

◎世界の 3,000m級の主な高山を地図帳で探させ、白地図に記入させていく。その作業を通して、造山帯での山脈の形成や大陸移動説について理解させ、世界の地形の成り立ちをつかませる。

1　3,000m を越える世界の地形は、どこにあるのか？

※・授業が始まる前に、世界の略地図（右図）を黒板に描いておく。

①・今日は、世界の地形について学びます。

　・そこで、まず初めに、ノートの上半分のスペースに世界地図の略地図を描いてみよう！

　▷〈 ノートに略地図を描く 〉

※・書き写すのが難しい場合には、学習プリントをノートするページの下にはさんで地図をなぞって描くように指示をする。

②・描き上がった世界地図に、6つの大陸名と3つの大洋名を書き入れてみよう！

　▷〈 大陸名と大洋名を記入する 〉

※・大陸名など知らない場合には、地図帳で調べて書き入れるように指示をする。

※・大陸名では「南極大陸」を書き落とすことが多いので、注意させる。海洋名では、「太平洋」と「大西洋」の「たい」の漢字の違いには、意味の違いがあることを説明して、間違わないようにさせる。

　　太平洋＝太平 ＋ 洋（ 平和な ＋ 大きな海 ）　平和＝天下泰平の「泰平」と同じ
　　大西洋＝大 ＋ 西洋（ 大きな ＋ 西の海 ）　　洋 ＝大きな海のこと

③・いま描いた世界地図を基に考えていくが、世界の地形は、大きく2つに分けられる。

　・それは、地球表面にある何と何なのか？

　▷ 陸地と海洋

④・その陸地と海洋の面積比は、およそ何対何なのか？

　▷ 3対7

⑤・3対7で、陸地の方が狭い。

　・では、その陸地は、何と何に分けられるのか？

　▷ 大陸と島々

⑥・大陸も島も、地形的には、何と何に分けられる？

　→山と平野

⑦・では、その山の中で、3,000m越える高山を探してみよう。

　(1)　【資料：1】の表の①〜⑩までの山を、地図帳を使って探す。どこにあるの、その場所は、学習プリントの【資料：1】の表の一番右端に書いてある。

　(2)　高山を見つけたら、地図帳に印をつける。

　(3)　学習プリントの白地図に、探した山の大まかな位置を△（赤色で三角）の記号で書き写す。

　(4)　次に、表にその山の高さと（　　　　）の中に当てはまる国名を書き入れる。

　▷〈 学習プリントへの記入作業 〉

※・生徒の作業の後、答え合わせをおこなう。そのときにそれぞれの山の写真を提示しながら、視覚的にも興味を引くようにする。

富士山　　　　キナバル山　　　ジャヤ峰　　　　クック山　　　アコンカグア

| シトラルペテロル山 | ローガン山 | チョモランマ山 | K2 | モンブラン山 |

⑧・こうして3,000mを越す高山を、学習プリントの略地図に書き並べていくと、「あること」が見えてくる。

　・さて、その「あること」とは何なのか？

　→高山は太平洋の周りにある・・・

⑨・どうして、太平洋を取り囲む場所と、ヨーロッパからインドにかけて3,000m級の高山が存在しているのか？

　→・・・

2　山は、どのようにしてできるのか？

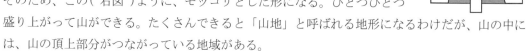

①・山のでき方には、2通りある。まず1つは、火山によってできる。

　・火山は、地下のマグマが地表に出たり、地表近くまで上昇してできる山だ。そのため、この（右図）ように、モッコリとした形になる。ひとつひとつ盛り上がって山ができる。たくさんできると「山地」と呼ばれる地形になるわけだが、山の中には、山の頂上部分がつながっている地域がある。

　・その地形を何というのか？

　⇨ 山脈

②・つまり、山の地形には、「山脈」と呼ばれるものがある。

　・では、その山脈は、どうやってできるのか？（これがもう1つの山のでき方）

　→・・・？

③・山脈のでき方を知るため、【資料：1】に書かれているA〜Dの4つの山脈（A＝ロッキー山脈、B＝アンデス山脈、C＝ヒマラヤ山脈、D＝アルプス山脈）を、ノートの略地図に描きなさい！

　▷〈 ノートに山脈名を記入 〉

※・わからない場合には、地図帳P9・10を開かせて、それぞれの山脈を確認させる。

④・こうして世界の4つの大きな山脈を描いてみると、何がわかるのか？

　→・・・

⑤・4つの山脈はそのつながり方から、2つの大きな山系をつくっていることがわかる。3,000m級の高山はその山系の中にある。

　・この2つの山系のうち、太平洋を囲むようにして存在する山系のことを何というのか？

　⇨ 環太平洋造山帯

⑥・では、ヨーロッパからインドにかけて存在する山系のことは何というのか？

　⇨ アルプス・ヒマラヤ造山帯

⑦・地球の2つの大きな造山帯は、どうしてこの地域にあるのか？

　→・・・

⑧・さっき探した高山の中で、世界で一番高い山は何という山なのか？

　→エベレスト（チョモランマ）

⑨・ところが、【資料：2・3】を読んでみると、違うことが書いてある！

　▷【資料：2・3】

⑩・世界一高い山は、何という山なのか？

　→K2

⑪・「エベレスト」ではない。

　・でも、これは、測量ミスなのか？

　→違う・・・

⑫・測量ミスどころか、今後、測量をし直すたびに、どうなっていくのか？

　→K2が高くなる・・・

⑬・K2が高くなるだけでなく、チョモランマは世界最高峰の地位を奪われてしまう。

　・どうして、そんなことになってしまうのか？

　→・・・

⑭・チョモランマよりも高くなっていく山とは、どんな山なのか？

　→・・・

⑮・この造山帯にある山は、「固定していて動かない」ではなく動いている。動いているからこそ、
　　ここに世界最高峰の山がある。これら（ A～D ）の山脈は、地球の表面が動くことにより、地層
　　が横からの圧力を受けてできる（ シワ ）　褶曲山地　なのである。

　・では、圧力をかけている横からの力とは、何なのか？

　→プレート・・・

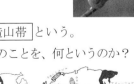

⑯・このプレートの動く力によって、大陸は移動をしている。そのことにより、山脈は
　　造られている。かつて、6つの大陸は1つの大陸だった。その大陸は　パンゲア　と
　　名付けられた。

③　大陸移動説とは、どんな考え方なのか？

①・地下のプレートが動くことによって、大陸が移動をする。この考え方を「大陸移動説」という。
　　この大陸移動説は、世界地図を眺めていて考え出された。

　・世界地図のどこを眺めていたのか？

　→アフリカ大陸と南アメリカ大陸・・・

②・形だけじゃない。アフリカ大陸と南アメリカ大陸は、もともとは1つに
　　くっついていた証拠が出てきた。
　　それは、「ある生き物」が、2つの大陸から発見されたのだ。

　・その「ある生き物」とは？（ 絶対に海を渡っては移動できない生き物だ ）

　→・・・カタツムリ

③・こうしたプレートの動きにより比較的新しく造られた山地を、　新期造山帯　という。

　・それに対して、（ ゴンドワナ大陸時代の ）もっと古い時代からあった山地のことを、何というのか？

　→　古期造山帯

④・古期造山帯の山は、かなり古い時代（ 約2億年～5億年 ）にできた
　　山だから、どんな形になっているのかというと・・・？

　→・・・

⑤・比較的「なだらか」になっている（ 風雨にさらされ削られていった ）。それらと造山帯ではない

安定した大地が、世界の「大きな平原」を形作っている。

・たとえば、北アメリカにある平原を何というのか？

⇨ 中央平原

⑥・ロシアにある平原は（ 何というのか ）？

⇨ 中央シベリア平原

⑦・ちなみに、そんな山と海をつないでいるものは、何なのか？

→・・・

⑧・高い山々に大量の雨が降る。

・すると、そこに何ができるのか？

→川・・・

⑨・その川が、山と海とをつないでいる。

・そんな川の中でも、世界の 五大大河 って知っている？

→中国： 長江 ・ 黄河 、アメリカ： ミシシッピ川 、ブラジル： アマゾン川 、エジプト： ナイル川

⑩・世界的に大きな川の存在も、地球の地形と大きく関係している。

<参考文献>

加藤好一「略地図をかこう」「高山はどこに多いか」『世界地理授業プリント』地歴社
大谷猛夫「世界の山地」「世界の平野」『中学校の地理教育　世界編』地歴社

<板書例>

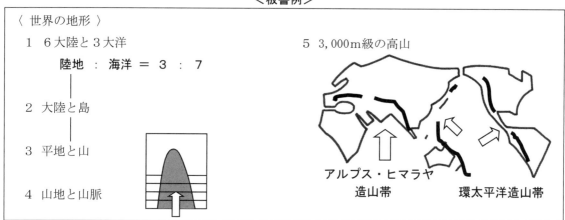

〈 世界の地形 〉

1　6大陸と3大洋

　　　陸地 ： 海洋 ＝ 3 ： 7

2　大陸と島

3　平地と山

4　山地と山脈

5　3,000m級の高山

アルプス・ヒマラヤ
造山帯

環太平洋造山帯

❖授業案 〈 世界の地形 〉について

　世界の高山を探す作業は、地図帳の「さくいん」を使っての地名探しの延長のような形で生徒に取り組ませている。【資料：1】の表の右端に「さくいん」の記号を書いているのは、そのためである（ くり返しおこなうことで「さくいん」を使うことに慣れさせる意味もある ）。こうした活動は意外に時間がかかるのだが、班内で分担・協力して取り組ませるようにする。教えたり・教えられたりしながら、地理の授業においても学習班としての活動に取り組ませるわけである。

地理 学習プリント 〈世界の姿：４－１〉

■世界の略地図を描いてみよう！　そして、そこに世界の高山を書き込もう！　そうすると、世界の
なりたちが見えてくるに違いない！　さて、いったい何がわかるのか？

１：【 世界の略地図を描こう！ 】　　　　　　　　　　略地図にＡ～Ｄの山脈を書き込みなさい

	名　　称	高　さ	特　　徴	地図帳
①	富　士　山	3776m	（　日　本　）で一番高い山	79H７N
②	キ ナ バ ル 山	4095m	（　マレーシア　）の**カリマンタン島**にある	33 I ６S
③	ジ ャ ヤ 峰	5030m	（　インドネシア　）の**ニューギニア島**にある	34M８S
④	アオラキ（クック）山	3754m	（　ニュージーランド　）で一番高い山	70M９S
⑤	アコンカグア山	6959m	（　アルゼンチン　）と**チリ**の国境にあり、南アメリカ大陸と北アメリカ大陸を通して最も高い山	66B６N
⑥	オ リ サ バ 山	5675m	（　メキシコ　）の首都**メキシコシティ**はこの山の近くで、富士山の五合目くらいの高さになる	57L８N
⑦	ロ ー ガ ン 山	5959m	（　カナダ　）とアメリカ合衆国（の**アラスカ州**）が接するあたりにある	57G３S
⑧	チョモランマ山（エベレスト）（サガルマータ）	8848m	（　ネパール　）にあり、**世界最高峰**といわれている	38M５N
⑨	Ｋ　２　山（ゴッドウィンオースティン）	8611m	（　パキスタン　）と**中国**と**インド**の境にある	38K３S
⑩	モ ン ブ ラ ン 山	4810m	（　スイス　）と**フランス**と**イタリア**の境のアルプス山脈にあり**ヨーロッパ**で一番高い山	47E４S

Ａ＝ロッキー山脈	Ｂ＝アンデス山脈	Ｃ＝ヒマラヤ山脈	Ｄ＝アルプス山脈

■やること 〈 下の(1)～(4)を順番に仕上げよう！ 〉

(1) 上の表の①～⑩までの山を、地図帳を使って探す（ 山の場所は表の一番右端に書いてある ）

(2) 山を見つけたら地図帳に印をつけ、上の白地図に山の位置を△（ 赤色 ）の記号で書き入れる

(3) 山の位置を書いたら、上の表にその山の高さを記入し、（　　）の中に国名を書き入れる

(4) 最後に、Ａのロッキー山脈からＤのアルプス山脈までをノートに書き込む

地理 学習プリント 〈世界の姿 : 4−2〉

■世界には、山や平野などがたくさんある。いったい、このような地形は、どのようにして造られ
ていったのだろうか？　何が、その原因として考えられるのだろうか？

2 :【 エベレストの本当の高さは？ 】

中国隊が 1975 年、独自に山頂に測量ポール
を打ち立てて測量した結果、エベレストの標高は、
8848.13mと公表された。

インド測量局の数値より、わずか 13 cm高いだ
けだったが、地質学者によれば、今後、「測量し
直すたびに、高度を増す可能性が強い」という。

—（ 『朝日新聞』1987.5.7 夕刊より ）

3 :【 世界一ではないエベレスト（？） 】

「世界最高峰エベレストが、世界第2位のK2
に王座をゆずり渡す可能性がある」との興味深い
報道が、3月（ 1987 年 ）、世界をかけめぐった。
アメリカの人工衛星測量の結果、K2の方が 38
cmも高かったというのである。

昨夏、K2にいどんだアメリカ隊のウォラー
スタン氏（ ワシントン大学天文学教授 ）は、「13
年前の発見物語を、ひっくり返しかねない事実を発表した」と、外電は一斉に伝えた。「K2は、従来
の公式標高8,611mよりも 275m高い。従ってエベレストの 8,848mをしのぐ」と。

—（ 『朝日新聞』1987.5.7 夕刊より ）

4 :【 日本周辺のサブダクション 】

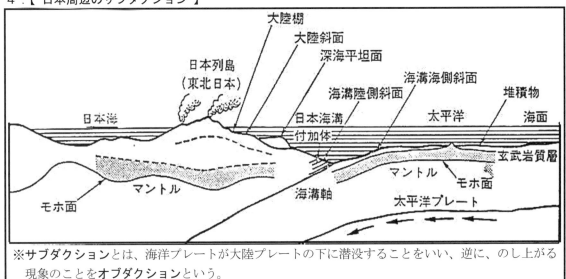

※**サブダクション**とは、海洋プレートが大陸プレートの下に潜没することをいい、逆に、のし上がる
現象のことを**オブダクション**という。

5 :【 ウェゲナーの仮説 】

1912 年、ドイツ人アルフレッド・ウェゲナーは「大
西洋をはさむ南北アメリカ大陸とヨーロッパ・アフリ
カ大陸とは、もともと一体であったものが、分裂して
現在のような姿になったのだ」と言い出した。

1929 年には、それにとどまらず、インド、オースト
ラリア、南アメリカ、アフリカ、南極等の諸大陸も、
「かつては一塊の巨大大陸だった」と言い張った。

ウェゲナーは、この巨大仮想大陸に「**パンゲア**」と
いう名を冠した。

ただし、受け入れられなかった

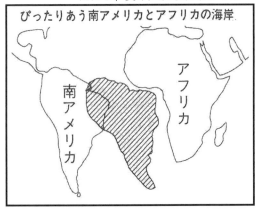

ぴったりあう南アメリカとアフリカの海岸

地理 学習プリント 〈世界の姿 : 4−3〉

■「大陸が移動した」と考えると、世界の大きな山脈が、「なぜそこにあるのか？」がわかる。また
　大きな平野は安定した大地の上に広がっていることもわかる。

6 :【 世界の大きな山脈 】

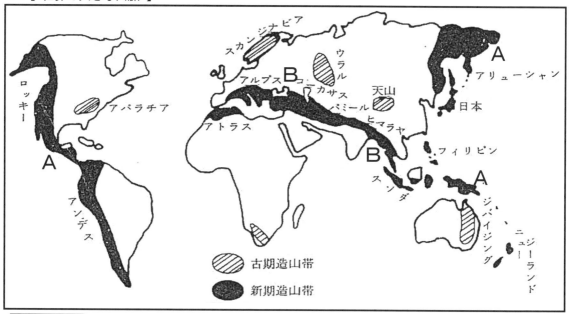

新期造山帯＝地球の歴史にとっては比較的新しい数千万年前の中生代にできた山地帯

　　　A :（　環 太 平 洋 造 山 帯　）＝太平洋をひとまわりしたような山系

　　　B :（ アルプス・ヒマラヤ造山帯 ）＝アルプス山脈からインドネシアに続く山系

古期造山帯＝５億年前から２億年前の古生代にできた古い山地帯

7 :【 世界の大きな平野（ ＝大平原 ）】

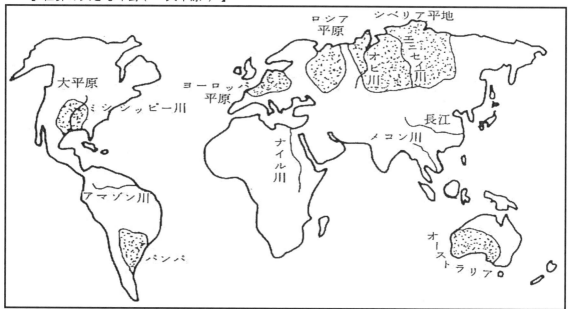

大平原＝数億年も前の古生代から風雨にさらされて地層が浸食され、ゆるやかな起伏のある平野と
　　　なったりしてできたもの。

[5] 世界の気候

> ◎世界の気候帯の基本的な分布をつかませる。その上で、それぞれの気候帯の特徴を雨温図と貼りもの資料を使って、とらえさせる。

1　世界の気候は、大きくどのように分けられるのか？

①・地形が違うように、気候も地球上では違う。地形は大きく、「陸地」と「海洋」に分けられた。
　　そして、陸地は「大陸」と「島」、さらに「山」と「平野」に分けられた。
　・では、気候は、どのように分けるのか？
　→暑い・寒い・・・

②・単純に、「暑い・寒い」とは分けられない。
　・では、どのように分けるのか？
　→・・・？

③・実は、地球上には、いくつかの「気候帯」がある。気候帯とは気候の「帯」なので、帯のように
　　長く連なっている同じ気候のことをいう。基本的には、赤道より北の北半球に４つ、南半球に４
　　つの気候帯になる。
　・その４つの気候帯とは、何？
　▷ 熱帯・温帯・亜寒帯（ 冷帯 ）・寒帯

④・では、その４つの気候帯を、【資料：１】の上半分の右の図（ 円 ）の中に書きこんでみよう！
　▷ 図への気候帯の書き込み作業

⑤・赤道に近い方から、何を書きこんだ？
　→熱帯・温帯・亜寒帯（ 冷帯 ）・寒帯

⑥・赤道を挟んで、熱帯・温帯・亜寒帯（ 冷帯 ）・寒帯と上下に２カ所ずつ書いたね。

※・北半球と南半球に、それぞれの気候帯を書き入れていることを確認させる。
　・では、それぞれ熱帯を赤、温帯を緑、亜寒帯を水色、寒帯を青で塗りつぶしてみよう！
　▷〈 図への色塗り作業 〉

⑦・〈 フリップを提示しながら！ 〉このような形になるね？
　→なる・はい・・・

⑧・ハイ、それは間違い（ これは、間違っている ）。
　・でも、どこが間違っているのか？
　→・・・

⑨・南半球には、亜寒帯に当てはまる「土地がない」。だから、南半球には亜寒帯の気候はない。
　・南半球に書いている亜寒帯の文字を×で消しなさい！
　▷ 南半球に書いている亜寒帯に×印をつける

⑩・ところで、地球上には熱帯・温帯・亜寒帯（ 冷帯 ）・寒帯以外、もう１つ気候帯がある。
　・それは、何（ 気候帯 ）？
　▷ 乾燥帯

⑪・「砂漠」が、その代表だ。
　・では、【資料：１】の下半分の右の円に乾燥帯を書き込んで、さらに南半球には
　　亜寒帯を書かずに、世界の気候の基本的な姿を完成させよう！
　▷ 図への書き込み作業

2　世界の気候は、どのように分けられるのか？

①・乾燥帯の「砂漠」は、でき方によって、その場所が決まっている。１つは、北回帰線や南回帰線
　　付近。ここは１年中、高気圧（ 亜熱帯高気圧 ）のため、高温で乾燥しやすくなり砂漠がつくられ
　　る。もう１つは、大陸の内部。つまり「海から遠い地域」で砂漠がつくられる。そのことを、地
　　図帳で確かめてみよう。

　・まず、【地図帳Ｐ９・10】を開いて、北回帰線と南回帰線を見つけて、なぞってみなさい！

　▷【 地図帳Ｐ９・10 】〈 北回帰線と南回帰線を見つけマーカーでなぞる 〉

②・その「北回帰線」付近にある砂漠が、世界最大の サハラ砂漠 ！

　▷ サハラ砂漠を見つけて○印で囲む

③・次に「南回帰線」付近にある砂漠が、 カラハリ砂漠 と グレートサンディ砂漠 と グレートビ
　クトリア砂漠 ！

　▷ カラハリ砂漠・グレートサンディ砂漠・グレートビクトリア砂漠を見つけて○印

④・「大陸の内部」にある砂漠が、 ゴビ砂漠 と タクラマカン砂漠 ！

　▷ ゴビ砂漠・タクラマカン砂漠を見つけて○印

⑤・実は、気候には、もう１つある。それは、 高山気候 だ。熱帯の低地では、年中30℃を越える気
　　候になるが、高山では、年中春のような穏やかな気候になる。しかし、これは帯のように連なら
　　ないので、高山気候「帯」とは言わず、「高山気候」という。

　・最後に、この高山気候を【資料：１】の図にワンポイントで書き込んだら、世界の気候の基本的
　　な図が完成する！

　▷ 図への書き込み作業

⑥・これらの５つの気候帯は、更に詳しく10の気候に区分ができる。

　・では、こうした気候を分ける場合の「基準」は、次のうち（ 気温・降水量
　　・岩石・動物・植物 ）の、どれなのか？

　→・・・

※・ここでグループでのはなしあいを入れてもよい。

⑦・答えは、「植物」。

　・それは、どうしてなのか？

　→・・・

⑧・「気温」や「降水量」は、日本のように季節によって違うと基準にはできない。「岩石」は、少し
　　ぐらいの気候の変化にはびくともしない。「動物」は、いざとなれば逃げていくことができるの
　　で当てにならない。その点、「植物」は動かないので、気候に大きく影響されることになる。そ
　　の中でも、「木が生えるか生えないか」が、大きな目安となっている。

　・たとえば、「木が生えない気候」とは、どんな気候なのか？

　→水がない気候・乾燥した気候・寒過ぎる気候・・・

⑨・基本的には、「水がない気候」と「寒過ぎる気候」では、木は育たない。

　・では、「水がない気候」とは、気候帯でいうと、何気候帯？

　→乾燥帯

⑩・「寒過ぎる気候」とは、気候帯でいうと、何気候帯？

　→寒帯・・・

⑪・つまり、乾燥帯と寒帯以外の気候では、木は育つ。こうした基準により、世界の気候を考えてい

く。詳しくは、その気候帯のところで見ていくとして、まず初めに日本の気候帯を考えていく。

- ・日本は、何という気候帯に属しているのか？

→温帯

3　温帯とは、どんな気候帯なのか？

①・「温帯」とは、どんな気候帯なのか〔 福岡のように夏と冬の気温差が 20℃以上もあり、夏の月降水量が 250mm を越える都市もあれば、パリのように夏と冬の気温差が 13℃しかなく、夏の降水量よりも冬の降水量が多い都市もある 〕。

- ・【地図帳P145】の資料にある月平均気温と月降水量を使って、福岡とパリとローマの３つの都市の雨温図を完成させなさい！

▷〈 プリントの雨温図を完成させる 〉

※・必要があれば、具体的に雨温図を示して、雨温図の書き方を説明する。
「気温は赤色鉛筆で、折れ線グラフで書き、降水量は青色鉛筆で、棒グラフで書きなさい」

②・雨温図を見ながら、この３つの都市の気候には、どんな違いがあるのかを、【資料：２】にあるA〜Fまでの問題を解くことで考えてみよう！

▷　A〜Fの問題を解く

③・Aの答えは、「福岡・パリ・ローマ」。

- ・つまり、温帯には何があるということ？

→四季

④・それは、雨温図の、どこでわかる？

→気温が高い時期と低い時期がある

⑤・温帯とは、最も寒い月が−３℃以上で 18℃未満の気温の気候をいう。Bの答えは、「福岡」。Cは「パリ」、Dは「ローマ」、Eは「福岡」、Fは「パリ」となる。福岡のように、「夏は高温で蒸し暑く、冬は乾燥して寒さが厳しい気候」を、温帯の気候の中で 温暖湿潤気候 という。パリのように、「夏は冷涼で、冬は高緯度の割には温暖な気候」を 西岸海洋性気候 という。ローマのように、「夏は乾燥し、冬は降雨に恵まれる気候」を 地中海性気候 という。

- ・気候の違いを風景の違いで見ると、こんな感じになる！

▷〈 それぞれの気候の写真のコピーを提示 〉

⑥・ところで、パリの緯度は、何度になっている？

▷【 地図帳P45 】で確認

⑦・「北緯49度あたり」ということは、日本列島よりも、ずっと北に位置している。

- ・にもかかわらず、冬は福岡と同じ位の気温なのは、何が原因だったのか？

→・・・

⑧・ヨーロッパの西岸を流れている暖かい 北大西洋海流 とその上を吹く 偏西風 の影響だった。

※・〈 世界地図で見る 〉の授業で、オスロとボーデーを例に、一度説明していることを指摘。

4　熱帯とは、どんな気候帯なのか？

①・次に、熱帯について見ていこう。

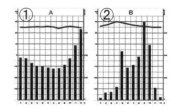

- ・ここに熱帯の雨温図が２つある！

▷【 熱帯の雨温図（ 熱帯雨林気候・サバナ気候 ）】

②・この２つの雨温図を見ると、熱帯の特徴は、どんなことだということがわかるのか？

　　→気温が高い・日本の夏の気温が１年中続く・・・

③・しかし、この２つの熱帯の雨温図には違いがある。その違いは、風景の違いにも出てくる。

　　・何が違うのか？

　　→降水量・・・

④・【資料：３】の２枚の写真で、雨温図①の風景は、Ａ・Ｂどっち？

　　→Ａ

⑤・では、雨温図②の風景は（　Ａ・Ｂどっち　）？

　　→Ｂ

⑥・雨温図①は、 熱帯雨林気候 という。１年中高温多雨のため、ジャングル
　　が広がる。雨温図②は、 サバナ気候 という。１年中高温だが、乾季と雨
　　季にわかれる。乾季には降水量が少ないため、ジャングルのようには木が育たない。「サバナ」
　　とは、背丈の高い長草草原のこと。この熱帯の草原には草食動物が生息し、その草食動物を食べ
　　る肉食動物がいる。動物園でお馴染みの動物が多いのは、このサバナ気候だ。

5　乾燥帯とは、どんな気候帯なのか？

①・次は、【資料：４】の２枚の写真を見てみよう！

　　▷【 乾燥帯の２つの写真のコピー（ 砂漠気候とステップ気候 ）】

②・Ａはラクダとピラミッドが見えているので、「エジプト」とわかる。Ｂは広大な
　　草原にゲルが見えるので、「モンゴル」の草原だとわかる。

　　・この２枚の写真に共通しているのは、木がないことだ。

　　・このような環境で，「木が育たない気候帯」を何と言ったのか？

　　→乾燥帯

③・乾燥帯の中で、Ａは 砂漠気候 という。１年間を通じてほとんど雨が降らないので、植物が生え
　　ない土地になる。普通、その土地を「砂漠」という。砂漠の「さ」は「砂」と
　　書くが、それは「砂砂漠」のこと。ただし世界には、こうした〈 コピーを提示！ 〉
　　「岩石砂漠」もある。

　　・では、地球上に多いのは、砂砂漠？　岩石砂漠？（ どっち？ ）

　　→岩石砂漠

④・Ｂは ステップ気候 という。１年間の降水量が（ 250〜500mm と ）少ないので、木は生えず、背丈
　　の低い草が生える程度の「短草草原」になる。ところで、「降水量が少ない」と言っても、全く
　　雨が降らないわけではない。学習プリントに、気温だけ書かれたアスワン（ 砂
　　漠気候 ）とダカール（ ステップ気候 ）の雨温図がある。

　　・この砂漠気候（ アスワン ）とステップ気候（ ダカール ）の、それぞれの雨温図
　　に、予想でいいので、１年間の降水量を書き入れてみなさい！

　　▷ 雨温図に降水量の予想を書き入れ

⑤・砂漠気候でも、雨は降る。

　　・どれくらい降るのかというと、これくらいだ！

　　▷〈 正解の雨温図を提示！ 〉

⑥・砂漠では、本当に雨が降らない。降ったとしても、雨温図には記入できない程だ。

・一方、ステップ気候の降水量は、どれくらいになるのかというと、これくらいだ！

▷〈 正解の雨温図を提示！ 〉

⑦・ステップ気候では、雨季と乾季の差は大変に大きい。ステップ気候の雨季は、大変に短い。

・同じ草原を持つ、熱帯の「サバナ気候」と乾燥帯の「ステップ気候」とを比べてみる！

▷〈 サバナ気候とステップ気候の雨温図を比較提示 〉

⑧・比べてみると、サバナ気候の方が雨季は長く、降水量も多い。そのためサバナ気候
　　では「長草草原」になり、ステップ気候では「短草草原」になる。

・最後に１つ。砂漠でも、水が確保できれば植物も生育はできる（ 気温は熱帯と同じ位
　　あるのだから ）。

・では、〈 オアシスの写真を提示しながら！ 〉 このように砂漠の中で、
　　「水が確保されて植物が生育している場所」のことを、何というのか？

→ オアシス

6　寒帯・寒帯とは、どんな気候帯なのか？

①・【資料：６】に載せてある地図に、「ベルホヤンスク」「ディクソン」「昭和基地」の３つの地点が
　　示してある。その地図の下にある表の中のＡ・Ｂ・Ｃは、それぞれどこの地点のものなのか。こ
　　うした資料を見る場合、まず注目しなければならないのは、Ａ・Ｂ・Ｃそれぞれの特徴をつかむ
　　ことだ。どうやって特徴をつかむのかというと、「一番大きな数字」「一番小さな数字」を見つけ
　　ることだ。

・では具体的には、Ａ・Ｂ・Ｃの、それぞれの「最低気温」「最高気温」、「最少降水量」「最高降水
　　量」に印をつけなさい！

▷【 資料：５ 】

		1月	2月	3月	4月	5月	6月	7月	8月	9月	10月	11月	12月	全年
A	気温	−46.4	−42.8	−29.7	−12.8	2.5	13.1	15.3	10.8	2.4	−14.6	−36.3	−43.6	−15.
	降水量	6	7	7	7	14	24	36	32	15	15	10	10	182
B	気温	−26.8	−26.3	−23.6	−18.0	−8.9	0.0	4.3	4.5	1.1	−8.4	−18.8	−23.1	−12.
	降水量	36	27	22	22	19	33	37	43	42	29	23	29	361
C	気温	−0.6	−3.1	−6.3	−9.9	−13.3	−15.8	−17.8	−19.7	−17.9	−13.4	−6.4	−1.5	−10.
	降水量	—	—	—	—	—	—	—	—	—	—	—	—	—

※・最 低 気 温・A：−46.4℃（1月）　　B：−26.8℃（1月）　　C：−19.7℃（8月）
　　最 高 気 温・A： 15.3℃（7月）　　B： 4.5℃（8月）　　C：− 0.6℃（1月）
　　最少降水量 ・A：　6mm（1月）　　B：　19mm（5月）　　C：
　　最高降水量 ・A：　36mm（7月）　　B：　43mm（8月）　　C：

②・Aの最高気温は、何℃？

　　→15.3℃（ 7月 ）

③・1年で一番暖かい気温が 10℃ を上回っている（ ＝15.3℃ ）。ということは、いくら最低気温が
　　−46.4℃と低くても、木は成長することができる。

・そのため、こうした針葉樹林帯が続いている地域もある！

▷【 針葉樹林帯＝タイガ 】のコピー

④・1年で最も寒い月の気温と最も暖かい月の気温の差が、62℃近くに
　　もなっている。このような気候を 亜寒帯（ 冷帯 ） という。

・次に、Bの最高気温は何℃？

→4.5℃（ 8月 ）

⑤・Bは、1年で最も暖かい月の気温は10℃未満（ ＝4.5℃ ）で、0℃より低くはない。0℃を越えると、夏には地表の雪は解けるため、湿地が広がり草やコケは生える。でも、木までは育つことはできない。このような気候を ツンドラ気候 という。

・Cの最高気温は何℃？

→−0.6℃（ 1月 ）

⑥・Cは、全ての月の気温が0℃以下になっている。その上、降水量の記録がない。1年中に0℃以下なので、雨や雪が降る現象を観測することができないからだ。このような気候を 氷雪気候 という。

・結局、正解は、A＝ベルホヤンスク、B＝ディクソン　C＝昭和基地となる。

7　世界の気候をまとめると、どうなるのか？

①・最後に、世界の気候をまとめておこう。

・【資料：6】に、「世界の気候のまとめ‐その2‐」の一覧表が載せてある！

▷【 資料：6 】

気　候　帯	平　均　気　温	気　候　区　分	写	特　　　　　　　　徴	樹木
（ 熱 ）帯	最も寒い月の気温 ＝（ 18 ）℃以上	（熱帯雨林）気候	D	年中高（ 温 ）多（ 雨 ）	生育
		サバナ気候	E	年中高温　雨季→（ サバナ ）乾季	
（ 乾燥 ）帯		（ 砂漠 ）気候	A	（ 砂 ）砂漠　・　（ 岩石 ）砂漠	なし
		ステップ気候	I	雨季→短草（ 草原 ）　　　　　乾季	
（ 温 ）帯	最も寒い月の気温 ＝（ −3 ）℃以上 ＝（ 18 ）℃未満	温暖湿潤気候	G	（ 夏 ）＝高温多雨　（ 冬 ）＝乾燥	生育
		西岸海洋性気候	F	夏＝（ 冷涼 ）　　　　　冬＝温暖	
		地中海性気候	C	夏＝（ 乾燥 ）　　　　　冬＝降雨	
亜寒帯 （ 冷帯 ）	最も寒い月の気温 ＝（ −3 ）℃未満 最も暖かい月の気温 （ 10 ）℃以上	亜寒帯気候 （ 冷帯気候 ）	H	針葉樹林帯（ ＝ タイガ ）	生育
（ 寒 ）帯	最も暖かい月の気温 ＝（ 10 ）℃未満	（ 氷雪 ）気候	J	最も暖かい月の気温＝（ 0 ）℃以下	なし
		ツンドラ気候	B	最も暖かい月の気温＝10℃未満	

②・この一覧表を完成させて、世界の気候をふり返って、まとめとしよう！

▷【 資料：6 】の一覧表を完成させる

※・一覧表の中の「平均気温」の（　　　　）の中の数字については、教師より説明する（ 答えを教える ）。

<参考文献>
川島孝郎「気候と植生」『授業中継　世界の地理』地歴社
大谷猛夫「世界の気候区分」『中学校の地理教育　世界編』地歴社
大谷猛夫「世界の気候1・2」『中学校地理の板書』地歴社

<板書例>

```
〈 世界の気候 〉
  1  5つの気候帯 → 基準は＝植物          4  乾燥帯
                                              砂漠気候・・・・砂砂漠と岩石砂漠
  2  温帯                                    ステップ気候・・短草草原
      温暖湿潤気候・・・夏に高温で多雨            ※  オアシス
      西岸海洋性気候・・北大西洋海流＋偏西風
      地中海性気候・・・夏に乾燥
  3  熱帯                                    5  亜寒帯( 冷帯 )
      熱帯雨林気候・・・1年中 高温多雨            タイガ( 針葉樹林帯 )
      サバナ気候・・・・長草草原( ＝サバナ )
                                          6  寒帯
                                              ツンドラ気候・・湿地や苔
                                              氷雪気候・・・・0℃以下
```

❖授業案〈 世界の気候 〉について

　この〈 世界の気候 〉の授業案は、提言が7つもあり、授業内容が大変多くなっている。そのため、ほぼ毎回2時間扱いでの授業にしている。「提言3　温帯とは、どんな気候なのか?」の助言①～②までを1時間目としていることが多い。そこまでしか進まない理由は、生徒にとってはじめての雨温図の作成に時間がかかるからである。

　世界の自然を取り扱うときには、やはり雨温図は読めた方がよいため、初めの授業で雨温図を書かせる作業を取り入れている。ここでは地図帳に書かれている世界や日本の気候の表をもとに、温帯の温暖湿潤気候・西岸海洋性気候・地中海性気候の3つの雨温図を書かせるのだが、まずその説明に時間がかかる。そしてその後、学習プリントに載せている雨温図を完成させるように指示を出して、作業に取り組ませる。しかし、そこでもまた時間がかかることが多い。雨温図左側の温度の目盛りと右側の降水量の目盛りを間違って書いたり、気温の折れ線グラフと降水量の棒グラフを間違ったり、そもそも地図帳に書かれている気候の表を読み取ることができなかったりと、生徒の作業を見ているとなかなか一斉には進められない。そのため作業を見ながら、その場に応じた指導が必要になる。

　だからと言って、作業を急がせることはしていない。はじめての作業でもあるため、ここでは時間をかけるようにしているからだ。「進むところまででいいだろう」との構えで、作業に当たらせている。そのため、場合によってはそれでも1時間で終わらずに、「完成は宿題とします」との指示を出すこともある。ただ、そこまで時間をかけるため、その後の熱帯から寒帯までの内容はスムーズに流れていく。

　熱帯雨林気候とサバナ気候の雨温図から熱帯の特徴を読み取るときには、「日本の夏が1年中続く」などと、すんなりと発言が出てくる。また、「雨季と乾季にわかれるので、ジャングルにならずサバナの草原になる」などの説明の理解も比較的容易にできる。そして、砂漠気候とステップ気候に降水量の予想を雨温図に書き入れたりする場面では、答えを提示すると、「砂漠気候の、どこに降水量が書かれているの?」「ステップ気候の降水量って、そんなに少ないの!」など驚きの声が聞かれることが多く、雨温図を使っての学習ができていることがわかる。

地理 学習プリント 〈世界の姿：5－1〉

■私たちの住む佐賀県は温帯にある。では、北の北海道も温帯なんだろうか？　南の沖縄県も温帯
　なんだろうか？　地球には、どんな気候帯があるんだろうか？

1：【 世界の気候帯 】

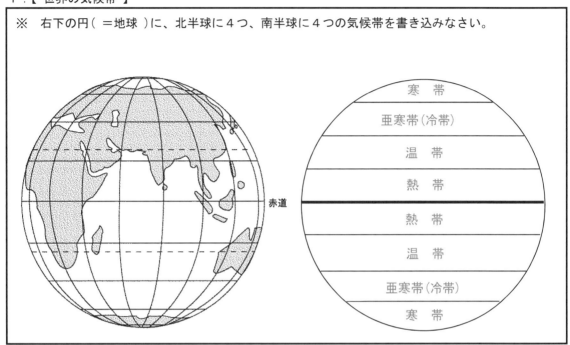

※　右下の円（ ＝地球 ）に、北半球に４つ、南半球に４つの気候帯を書き込みなさい。

※　地球上には、**熱帯・温帯・冷帯（ 亜寒帯 ）・寒帯** 以外にもう一つの気候帯がある。
　　それは乾燥帯であり、その代表的な気候に砂漠気候がある。

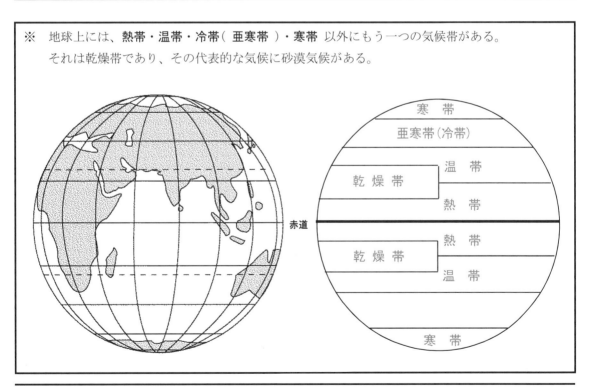

地理 学習プリント〈世界の姿：5－2〉

■佐賀県と同じ温帯の気候の雨温図を３つ（福岡・パリ・ローマ）地図帳の巻末資料を見ながら完成させなさい。同じ、温帯でも、どんな違いがあるのだろうか？

2：【 温帯の気候 】

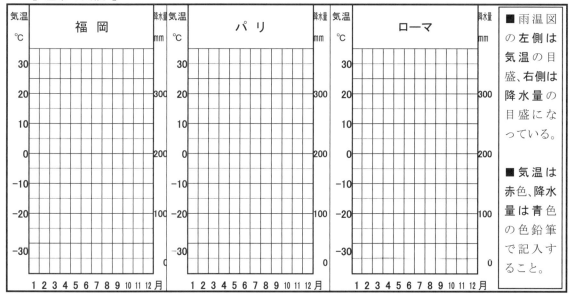

■雨温図の左側は気温の目盛、右側は降水量の目盛になっている。

■気温は赤色、降水量は青色の色鉛筆で記入すること。

※ 次の文章に当てはまる都市の名前（福岡・パリ・ローマ）を書き入れなさい。

A：温度の変化があり、四季の変化がある。 　　　　　　　　　　（福岡・パリ・ローマ）

B：夏、高温になり雨も多い。冬、低温になり降水量は少ない。 　　（　　福　岡　　）

C：夏、高温にならず涼しい。冬、割合に温暖。年間を通して同じくらいの降水量がある。

　　　　　　　　　　　　　　　　　　　　　　　　　　　　　　　（　　パ　リ　　）

D：夏よりも冬の方が降水量が多い。 　　　　　　　　　　　　　　（　ロ　ー　マ　）

E：３つの都市のうち、森林が発達しやすいのは、どこの気候なのか？ （　　福　岡　　）

F：３つの都市のうち、最も北に位置しているのは、どの都市なのか？ （　　パ　リ　　）

3：【 熱帯の気候 】

■熱帯も雨温図をよく見ると、２つの気候があることがわかる。同じように乾燥帯にも２つの気候
　があることがわかる。それぞれ、どんな特徴があるんだろうか？

４：【 乾燥帯の気候 】

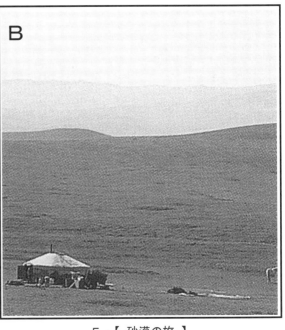

アスワン

ダカール

５：【 砂漠の旅 】

　ルブアルハリ砂漠の旅で、人々はノドがかわき、メチャクチャに水を飲んだ。ほとんど30分おきぐらいに、アルミの大型コップで飲み続けた。

　今しがた腹一杯飲んだばかりだと思うのに、餓鬼のごとく、再び水タンクのセンをひねる自分が、あさましくなる。それでいて、小便は１日１回。ほとんど（ 汗 ）になってしまう。

　身体が蒸留装置になったような気もする。概算してみると、１日一人 10 リットル以上は水を取ったようだ。

　だが、これほど大量に飲み、（ 汗 ）を出しても、決して "滝のような（ 汗 ）" ということにはならない。（ 汗 ）は出ると、すぐに蒸発してしまう。

地理 学習プリント 〈世界の姿 : 5-4〉

■資料：6にベルホヤンスク・ディクソン・昭和基地の３点が示してある。いずれも高緯度で冷帯
あるいは寒帯の地域だ。それらの都市は、下の表のＡ～Ｃは、それぞれどれなのか？

6：【 寒帯・冷帯の気候 】

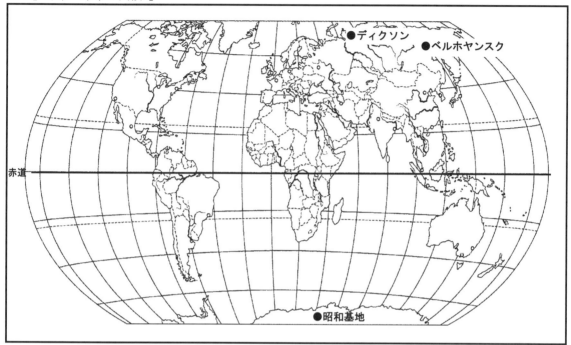

		1月	2月	3月	4月	5月	6月	7月	8月	9月	10月	11月	12月	全年
A	気温	−46.4	−42.8	−29.7	−12.8	2.5	13.1	15.3	10.8	2.4	−14.6	−36.3	−43.6	-15.2
	降水量	6	7	7	7	14	24	36	32	15	15	10	10	182
B	気温	−26.8	−26.3	−23.6	−18.0	−8.9	0.0	4.3	4.5	1.1	−8.4	−18.8	−23.1	-12.0
	降水量	36	27	22	22	19	33	37	43	42	29	23	29	361
C	気温	−0.6	−3.1	−6.3	−9.9	−13.3	−15.8	−17.8	−19.7	−17.9	−13.4	−6.4	−1.5	-10.4
	降水量	－	－	－	－	－	－	－	－	－	－	－	－	－

Ａ＝ ベルホヤンスク	Ｂ＝ ディクソン	Ｃ＝ 昭 和 基 地

タイガ＝針葉樹林帯

南極大陸（ の昭和基地 ）

極地の氷河

地理 学習プリント〈世界の姿：5-5〉

■下の世界地図に「北緯 40°」の線を引いてみよう！ そして、世界地図の記号（ 1～5 ）と雨温図（ A～C ）と、地名を結びつけてみよう！

7：【 世界の気候のまとめ －その1－ 】

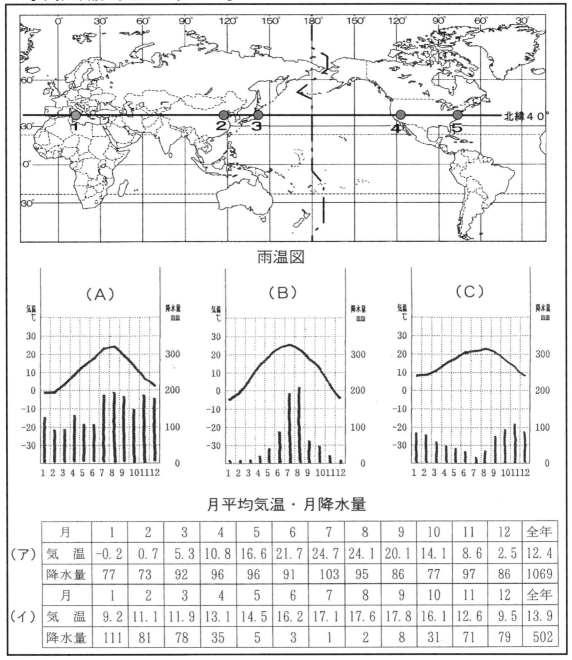

雨温図

（A） （B） （C）

月平均気温・月降水量

	月	1	2	3	4	5	6	7	8	9	10	11	12	全年
（ア）	気 温	-0.2	0.7	5.3	10.8	16.6	21.7	24.7	24.1	20.1	14.1	8.6	2.5	12.4
	降水量	77	73	92	96	96	91	103	95	86	77	97	86	1069
	月	1	2	3	4	5	6	7	8	9	10	11	12	全年
（イ）	気 温	9.2	11.1	11.9	13.1	14.5	16.2	17.1	17.6	17.8	16.1	12.6	9.5	13.9
	降水量	111	81	78	35	5	3	1	2	8	31	71	79	502

地　名 ：	ニューヨーク　　秋田　　サンフランシスコ　　ローマ　　ペキン

世界地図	1	2	3	4	5
雨温図等	C	B	A	イ	ア
地　　名	ローマ	ペキン	秋田	サンフランシスコ	ニューヨーク

地理 学習プリント〈世界の姿：5－6〉

■下の気候の一覧表の（　　　）の中に、適切な言葉や数字を書き入れなさい。また、「写真」の欄にはそれぞれの気候をあらわした写真の番号（ A～J ）を書き入れなさい。

8：【 世界の気候のまとめ －その2－ 】

気 候 帯	平 均 気 温	気 候 区	写真	特　　　徴	樹木
（ 熱 ）帯	最も寒い月の気温 =（ 18 ）℃以上	（熱帯雨林）気候	D	年中高（ 温 ）多（ 雨 ）	生育
		サ バ ナ 気 候	C	年中高温　雨季→（ サバナ ）　乾季	
（ 乾 燥 ）帯		（ 砂漠 ）気 候	A	（ 砂 ）砂漠 と （ 岩石 ）砂漠	な
		ステップ気候	F	雨季→短草（ 草原 ）　　　乾季	し
（ 温 ）帯	最も寒い月の気温 =（ －3 ）℃以上 =（ 18 ）℃未満	温暖湿潤気候	G	（ 夏 ）=高温多雨　（ 冬 ）=乾燥	生 育
		西岸海洋性気候	E	夏=（ 冷涼 ）　　　冬=温暖	
		地中海性気候	I	夏=（ 乾 燥 ）　　　冬=降雨	
亜 寒 帯 （ 冷 帯 ）	最も寒い月の気温 =（ －3 ）℃未満		H	針葉樹林帯（ = タイガ ）	生 育
（ 寒 ）帯	最も暖かい月の気温 =（ 10 ）℃未満	（ 氷雪 ）気 候	J	最暖月の気温=（ 0 ）℃以下	な
		ツンドラ気候	B	最暖月の気温=10℃未満	し

[6] 極地での生活

◎北極と南極では何が同じで、何が違うのか。また、普段気にすることが少ない気候と人間の生活に問題意識をもってもらうために、極地に住むイヌイットの人たちの暮らしを紹介する。そして、イヌイットの人たちの生活の変化から、私たち自身の生活についても考えさせる。

1 暑い地方と寒い地方、どっちがいいのか？

① ・日本は、何という気候帯に属しているのか？

　　→温帯

② ・「温帯」の特徴は、1年の間に何があることなのか？

　　→四季

③ ・つまり、日本人は、1年を通じて春・夏・秋・冬と、4つの季節を体験している。

　　・でも、もし「夏」と「冬」しかなかったら、（自分なら）どっちを選ぶ？

　　→夏・冬・・・

④ ・たとえば、1年中「夏」のような気候帯を何といったのか？

　　→熱帯

⑤ ・逆に、1年中「冬」のような気候帯を何といったのか？

　　→寒帯・亜寒帯・・・

⑥ ・〈熱帯と寒帯の写真を提示しながら！〉ここに、熱帯と寒帯の写真がある。

　　・もし「一生暮らす」としたら、（熱帯と寒帯の）どっちでの生活を選ぶ？

　　→熱帯・寒帯・・・

⑦ ・生活するとなると、住む所や食べる物・着るものが必要になる。

　　・では、日常の食事の中心となる食べ物を何というのか？

　　⇨ 主食

⑧ ・熱帯の太平洋の島々で、「主食」になっているものには何があるのか？

　　⇨ タロいも や ヤムいも

⑨ ・では、寒帯の人々の「主食」になっているものには、何があるのか？

　　→・・・？

⑩ ・暑い地域での着る物の原料は、何なのか？

　　⇨ 木綿 や 麻

⑪ ・暑い地域では綿花や麻を栽培して、着る物を作っているわけだ。

　　・では、寒い地域での（着る物の）原料は何なのか？

　　⇨ 動物の毛皮

⑫ ・寒い地域では、猟で取った動物から着る物を作っているわけだ。

　　・つまり、食料や着る物は、熱帯と寒帯では、どっちが手に入れやすいのか？

　　→熱帯・・・

⑬ ・生活することを考えたら、（熱帯と寒帯では）どっちが大変なのか？

　　→寒帯・・・

⑭ ・では、（そんな）寒帯で、どうやって生活しているのだろうか？

　　→・・・？

② 北極と南極とでは、何が違うのか？

① ・寒帯は、地球の北の果てと南の果ての北緯90度と南緯90度の近くに広がっている。

　・この「北緯90度」には、何があるのか？

　→北極点・・・

② ・では、「南緯90度」には（ 何があるのか ）？

　→南極点・・・

③ ・それぞれ「北極点」と「南極点」がある。

　・南北の方位を確認するときには、こうした方位磁石を使う！

　▷【 方位磁石 】を提示

④ ・方位磁石では、N極が北を指し、S極が南を指す。

　・では、この方位磁石を「北極点」に持って行くと、どんな動きをするのか？

　| A：N極が上を差す　　B：N極が下を差す　　C：N極が上下に動く　　D：ぐるぐる回る |

　→B・・・

⑤ ・これを、南極点に持って行くと、S極が下を差す（ らしい ）。

※ ・正確には、北極点や南極点と北磁極と南磁極はズレているため、方位磁石はグルグル
　　回るなど「不安定な動きをする」（ 方位磁石を垂直に持つと「下を差す」感じになる ）。

　・このように北極と南極は似ているが、実際には違いもある。では、何が違うのか。

　・学習プリントの【資料：1】に載せてある写真の中で、北極の写真はどれなのか？　南極の写真
　　は（ どれなのか ）？　あるいは、両方に共通する、または全く関係ない写真はどれなのか？　答
　　えを表に書き込んでみなさい！

　▷【 北極・南極の写真 】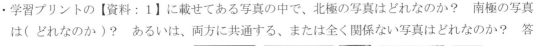

⑥ ・最後に、もう1つ。この写真からわかることだが、北極と南極では、どちらが寒いのか。

　・A：北極だと思う人［ 挙手 ］！

　▷〈 挙手による人数の確認 〉

　・B：南極だと思う人［ 挙手 ］！

　▷〈 挙手による人数の確認 〉

　・C：どちらもほぼ同じだと思う人［ 挙手 ］！

　▷〈 挙手による人数の確認 〉

　・グループで、はなしあい［ 1分 ］！

　▷〈 班内のグループでのはなしあい 〉

⑦ ・| 北極の平均気温＝−30〜40℃ |。| 南極の平均気温＝−60℃ |。

※ ・| 世界最寒記録　　＝−89.2℃ |（ 南極ボストーク基地［ 露 ］）。−93.2℃（ 地球観測衛星ランドサッ
　　トの収集データより ）、南極大陸東部ドームアーガスにて。

　　南極は、北極のように海水が氷結しているわけではない。巨大な氷雪に覆
　　われた大陸のため、冷え込みも激しい。「平均気温が北極よりも低い」のも、
　　「世界最寒記録がうまれる」のも、南極が「大陸」だからだ。

　・ここにある2つの雨温図で、人間の日常生活が可能なのはA・Bどっち？

　→Ａ（　バロー［米］　）・Ｂ（　昭和基地　）・・・

⑧・Ｂは南極大陸にある「昭和基地」の「氷雪気候」の雨温図。昭和基地では、観測や実験のため、
　　ある一定期間、人が住んでいるだけで、人が一生暮らしていけるところではない。それに対し、
　　Ａは北極圏にある「バロー」の「ツンドラ気候」の雨温図。ここでは、人が日常生活を営んでい
　　る。そんな「ツンドラ気候」の中で暮らしているイヌイットの日常生活を見てみよう。

3　イヌイットの人たちは、どのように狩りをおこなっているのか？

①・まず、人が生きて暮らしていくためには、「食料」が必要になる。

　　・（　野菜や果物は栽培できない　）ツンドラ気候で生活しているイヌ
　　　イットの人たちは、ふだん何を食べているのか？

　　→・・・？

②・（　さっきの写真からもわかるが　）、アザラシやカリブーを食料としている。

　　・でも、イヌイットの人たちは、「海に住むアザラシ」や「見晴らしのいい氷原にいるカリブー」
　　　をどうやって捕っているのか？

　　→銃で撃つ・罠を仕掛ける・・・

③・まずは、「アザラシ狩り」について。アザラシは、−20℃以上の「暖かさ」になると、氷原上に
　　出てくる。そのときを狙ってアザラシ狩りをする。ただしこのとき、アザラシに見つからないよ
　　うにしなければならない。

　　・では、どうやってアザラシに見つからずに、狩りをしているのか？
　　　（　氷の平原に隠れる場所があるのか？　）

　　→地面に腹這いになる・雪の中にもぐる・・・？

④・イヌイットの人たちは、狩りをするときにはソリを使う。そして、アザラシを見つけると風下に
　　回り、400〜500ｍ手前でソリを降り、白い布のスクリーンの後ろに鉄砲を構えて腹這いになる。
　　そして、そのままジリジリと、アザラシに70〜80ｍまで接近する。

　　・このとき、何が大変なのか？

　　→アザラシを見つけること・−20℃の氷雪の上に長時間、腹這いでいること・・・

⑤・そして、ときどき頭をもたげて周囲を警戒するアザラシが、ふと頭を下ろした瞬間に、その頭を
　　狙って銃で撃つ。

　　・このとき、どうしてわざわざ「小さな頭」を狙うのか？

　　→・・・

⑥・「即死」させないと、アザラシは海に飛び込み沈んでしまう（　そうなると元も子もない　）。小さ
　　な頭に弾が当たらなかったり、近づく途中で風向きが変わり（　アザラシに　）気づかれてしまって
　　も、それまでだ。−20℃での長時間の腹這いは、その一切がムダになる。

　　・次にカリブー狩りについて。カリブーを見つけたら、80ｍまで腹這いで近づい
　　　て、射撃する。

　　・射撃するときに、狙うのはどこなのか？

　　→頭・・・？

⑦・アザラシ狩りと違って、「即死」させる必要はないので、頭を狙わなくてもよい（　弾を当てて倒
　　せればよい　）。

　　・では、（　弾が当たって　）倒れたカリブーに近づいて、まず、することは何なのか？

→とどめを刺す・・・

⑧・石で、頭を一撃して、ナイフで首にとどめを刺す。

・その後で、イヌイットの人がすることは、 A：ナイフを布で綺麗に拭く　B：ナイフを雪で洗う C：ナイフをぺろぺろなめる　D：そのまま何もしない のうち、どれなのか？

→C・・・

⑨・その後に、することは何なのか？

→食べる・毛皮を剥ぐ・解体する・・・

⑩・このとき、カリブーの「尻が膨れている」と、そこを押す。「尻が膨らんでいる」と言うことは、そこに「何か」が入っているからだ。つまり、そこに入っているモノを出すために、尻を押す。

・では、膨らんだ尻を押すと、何が出てくるのか？

→糞・ウンコ・・・？

⑪・（ 残念ながら「糞」を出そうとしているわけじゃなく ）、出てくるのは、（ カリブーに寄生している ）「ウマバエ」というハエの幼虫（ ウジ ）だ。

・でも、どうして幼虫（ ウジ ）を出すのか？

→食べるため・・・？

⑫・イヌイットの人たちは、その幼虫（ ウジ ）を口の中にポイポイ放り込む。つまり、食料となるウマバエの幼虫（ ウジ ）を取るため、カリブーの尻を押す。

4 私たちとイヌイットの人では、大変なのはどっちなのか？

①・では、その後には、何をするのか。

・答えは、学習プリントの写真にある〈 学習プリントを取りにこさせる 〉！

▷【 資料：2 】

②・【資料：2】の写真は、カリブーの腹を切り裂いて、取り出した腸をちぎって食べている場面だ。その後は、カリブーを解体して、持ち帰りやすいようにする。そこまでの作業が終わると、大きな胃袋の中に両手を突っ込んで、血を洗い落とす。

・さて、こうしてイヌイットの狩りの様子から考えると、 A：イヌイットの人は野蛮なことをしているのか？ それとも、 B：当たり前のことをしているのか？

・A：イヌイットの人は、「野蛮なことをしている」と思う人［ 挙手 ］！

▷〈 挙手による人数の確認！ 〉

・どうして、そう思ったのか、理由が言える人［ そのまま挙手］！

→〈 挙手した生徒を指名して発言させる！ 〉

・B：イヌイットの人は、「当たり前のことをしている」と思う人［ 挙手 ］！

▷〈 挙手による人数の確認！ 〉

・どうして、そう思ったのか、理由が言える人［ そのまま挙手］！

→〈 挙手した生徒を指名して発言させる！ 〉

③・たとえば、食事のときに、箸に御飯粒がたくさんついたら、どうしている？

→1粒ずつ取る・残さないように食べる・・・

④・イヌイットの人は、箸の代わりに、何を使っているのか？

→ナイフ・角・・・

⑤・血も御飯粒も、残していることは「行儀が悪い」と言う意味では同じこと。

・たとえば〈 焼き肉の写真を提示しながら！ 〉、みんなは、こうした食べ物は好きかな？

　→**好き・大好き・よく食べる・・・**

⑥・こうして焼く前の肉は、〈 肉の写真を提示しながら！ 〉こうなっている。

　・でも、この更に前は、どんな状態なのか？

　→**・・・**

⑦・みんなが食べる焼き肉も、元々は生きた動物だ〈 肉牛の写真を提示！ 〉。

　・みんなは、自分で、生きた動物を殺して、解体して、内臓や肉を食べている？

　→**そんなことはしない・・・**

⑧・それをやってくれているのは、屠場や肉屋の人たちだ。イヌイットの人たちは、
　それを全部一人でやっているに過ぎない。

　・すると、イヌイットの人たちと私たちの生活では、大変なのは、どっちなのか？

　→**イヌイットの人たち・・・**

⑨・もし、氷の平原で撃ち取ったカリブーを、すぐに解体しなかったら、どうなると思う？

　→**凍りつく・カチカチに凍ってしまう・・・**

⑩・それが、－20℃の世界だ。そんな低温の世界で生活をしていると野菜がないため、ビタミンを取
　ることは難しい。

　・だから、（ ビタミンを ）何から取っているのか？

　→**生肉・アザラシ・カリブー・・・**

⑪・動物の新鮮な内臓には、たっぷりの「ビタミン」が含まれている。

5　どんな生活が幸せなのか？（ 文化の違いを理解しよう！ ）

①・もし、イヌイットの人たちが、生肉を食べなかったら、どうなるのか？

　→**病気になる・・・**

②・たとえば、みんなが新鮮な野菜を食べずに好き嫌いをしていると、（ お母さんに ）怒られる。イ
　ヌイットの子どもたちも同じ。

　・子どもが内臓を食べないでいると・・・（ お母さんから・・・ ）？

　→**怒られる・・・**

③・日本では肉は生で食べるのではなく、（ さっきの写真のように ）焼いて食べる。

　・では、イヌイットの人たちも肉を焼いて食べることは、あるのか？（ ないのか？ ）

　→**ある・ない・・・**

④・かつて、冒険家の植村直己さんが、イヌイットの前で、肉を焼いて食べようと
　したら、周りが大騒ぎになったそうだ。

　・でも、何と言って、イヌイットの人たちは騒いだのか？

　→**・・・？**

⑤・肉を焼く匂いを嫌って、大騒ぎになった。そして、「肉を焼くなど、何て野蛮人だ」と文句を言
　われたそうだ。しかし、そんなイヌイットの人たちの生活も変わってきている。

　・〈 マクドナルドの店の写真を提示しながら！ 〉これは何の店？

　→**マクドナルド・・・**

⑥・イヌイットの町にも「マクドナルド」（ の店 ）ができている。

　・このことは、何を意味しているのか？

→イヌイットの人たちもマクドナルドを食べるようになった・食生活が変わった・・・
⑦・しかし、こうした食生活の変化に伴い、イヌイットの間では、ガンにかかる人が増えてきた。つ
　　まり、生肉を食べていた頃のイヌイットの人たちの方が「健康だった」わけだ。
　　・それは、どうしてだったのか？
　　→・・・？
⑧・アザラシが食べるのは「魚」。その魚を食べる「アザラシ」を食べるのが、イヌイットの人たち
　　だった。当然、魚を食べて生きているアザラシの肉を食べるわけだから、イヌイットの人たちの
　　血液はサラサラだった。
　　それが西洋式の食事を取るようになった結果、大量の油や炭水化物、ジュースやスウィーツを取
　　ることになり、ガンにかかりやすくなってしまった。食事以外でも、
　　ソリに代わりスノーモービルに乗るようになり、家の中にも電化製品
　　が増え、以前のような生活ではなくなってきている。
　　・では、極寒の地に住むイヌイットの人たちにとって、以前の生活と現
　　　在の生活では、どっちがいいのか？
　　→以前の生活・現在の生活・・・？
⑨・ただし、「地球温暖化」により以前のようなアザラシ狩りなどはできなくなってきている。では、
　　　イヌイットの人たちは、どうすべきなのか。
　　・Ａ：現在のような生活に変えていくべきだと思う人［ 挙手 ］！
　▷〈 挙手による人数の確認！ 〉
　　・Ｂ：以前のような生活に戻すべきだと思う人［ 挙手 ］！
　▷〈 挙手による人数の確認！ 〉
　　・さて、どうするのがいいのか、班ではなしあい［ ３分間 ］！
　▷班内でのはなしあい
※・ここから、班内でのはなしあい　→　学級全体での討論へとつなげていく

<参考文献>

加藤好一「北極圏に生きる」『世界地理授業プリント』地歴社
宇田川勝司「南極 VS 北極　広いのはどっち？　寒いのはどっち？」『なるほど世界地理』ペレ出版

<板書例>

〈 極地での生活 〉
　1　熱帯の生活・寒帯の生活　　　　　　　　　　　3　イヌイットの人の生活
　2　北極と南極　　　　　　　　　　　　　　　　　　今後は？

❖授業案〈 極地での生活 〉について
　この〈 極地での生活 〉の授業案は、「世界の人々の生活と環境」の中の１つである。世界各地のさま
ざまな生活については、【世界の諸地域】の単元で学ぶ。また、その前提となるいろいろな自然について
は、〈 世界の気候 〉の授業で扱うため、ここでは寒帯でのイヌイットの生活を１つの例として、問題意
識をもってもらうように授業をおこなっている。生徒たちの日常とは違う生活や習慣を取り上げること
で、世界にはいろいろな生活があり、その変化にともなう共通の問題があることがつかめればよい。

地理 学習プリント〈世界の姿：6－1〉

■同じ寒帯に属する北極と南極だが、同じようで違うことがある。何が同じで、何が違うのか？
　また、そんな極寒の地＝北極圏で、人間は、どんな生活をしているのだろうか？

1：【 北極？　南極？ 】

A：北極で見られるもの					B：南極で見られるもの				
	②	③	④		①			④	⑥
⑦		⑨	⑩	⑪	⑦		⑨		⑫

地理 学習プリント〈世界の姿 : 6-2〉

■隠れるところがないツンドラの氷原で、イヌイットは、どうやってアザラシを捕っているのだろ
うか？　また、狩りの後、イヌイットが、すぐにすることには、どんなことがあるのか？

2 :【 狩り直後のイヌイット 】　　　　　　　　　　　　何をしているところなのか？

2. 世界の諸地域／全25時間

（1）アジア州／全5時間

［7］隣国・中国
［8］世界の工場・中国
［9］タイの米づくり
［10］古くて新しいインド
［11］西アジアの遊牧

❖　単元「世界の諸地域／(1)アジア州」について　❖

　「世界の諸地域」のアジア州の単元から、世界の7つの州について学んでいくことになる。日本がアジア州にあるからといって、生徒がアジア州についていろいろ知っているわけではない（むしろ知らないことの方が多い）。お隣の中国についても、漠然ととらえているだけのことが多い。ニュースなどから得る断片的な知識を持っているという感じである。そのため授業では、日本との比較で中国を見ていくようにしてみた。そこに意外性や共感が生まれやすく、「地理って面白い」「地理って知らないことが学べる」という生徒たちの学習意欲につなげることができるだろうと考えてのことである。

　中国以外では、タイの浮稲やインドの計算方法、西アジアの遊牧など、小学校までの授業では、学ぶことがなかっただろう意外な事実を取り上げることで、生徒たちの興味が引けるようにしてみた。

［7］隣国・中国

◎日本との歴史的な関係から隣国・中国について興味を持たせる。中国の自然を基に、農業の特徴に
 ついてとらえさせる。そして、中国が直面している問題について考えさせる。

1　中国の漢字と日本の漢字は、どう違うのか？

①・〈【資料：1】＆フリップを提示して！〉さて、何と書いてあるのか？

　一日（いちに いわく）。以和為貴（わをもって とうとしとなす）。無忤為宗（さからうことな
きを むねとなす）。人皆有黨（ひとはみな ともがらあり）。亦少達者（また さとるもの まれな
り）。是以或不順君父。乍違于隣里。然上和下睦。諧於論事。則事理自通。何事不成。

　→・・・？　　※・【資料：1】も貼りもの資料も漢字の部分しか載せないため、読めないはず。

②・この文章は、何という「文字」で書いてあるのか？

　→漢字

③・でもこの文字は、中国で使っている文字なのに、どうして「中国文字」といわないのか？（どう
　して、「中国文字」ではなく、「漢字」というのか？）

　→・・・？

④・この文字は、中国で一番人口の多い民族が使っている文字だから「漢字」という。

　・では、中国で一番人口の多い民族とは、何民族なのか？

　⇨ 漢民族 （人口の94％）。

⑤・ところで、漢字で書かれているのだから、【資料：1】には、何が書かれているのか、わかりそ
　うだが・・・？（さて、何と書いてあるのか？）

　→・・・？

⑥・（ひらがなやカタカナなど全くなく）、全て漢字で書いてある文章だから読みにくい。でも、こ
　こに書かれている文章は、中学1年生のみんなは知っているはずだ。

　・さて、何だろうか？（歴史の授業で学習しているはずだが・・・？）

　→・・・？

⑦・この文の出だしは、「いちにいわく、わをもってとうとしとなす」と書いてある。

　・つまり、この文章は何なのか？

　→十七条の憲法・・・

⑧・（十七条の憲法は）誰がつくったと言われているのか？

　→聖徳太子

⑨・もっとも「聖徳太子」とは、後の時代の人が呼んだ名前だ。当時は、何と呼んでいたのか？

　→厩戸（王）

⑩・どうして厩戸は、漢字だらけで読みにくい文章にしたのか？

　→・・・？

⑪・厩戸の生きていた600年頃の（日本）列島には、まだ文字がなかった。そのため、文章は全て中
　国の文字（漢字）で書かれていた。

　・では、中国の文字で書かれた、この十七条の憲法を、厩戸は、どのように読んだのか？

　A：中国語の発音のまま読んだ
　B：日本語の語順に変えて読んだ

Ｃ：当時の日常言葉に翻訳して読んだ	
Ｄ：読めなかったので通訳に読ませた	

※・Ａ〜Ｄについて、挙手による人数の確認をする。

⑫・厩戸の時代には、中国の言葉で全ての読み書きがおこなわれていた。当時の（日本）列島には文字がなかっただけでなく、国そのものも、まだなかった。そこで、（日本）列島の人たちは、文字だけでなく、国そのものも中国を手本としてつくることにした。つまり、国としては、中国の方が、倭（その後の日本）よりも、進んで・・・、いた。

・では、現在、国として進んでいるのは（中国？ 日本？）、どっち？

→日本・中国・・・？

⑬・ところで、「文字も漢字を手本にした」とは言っても、現在の中国の漢字と日本の漢字では、多少意味の違いがある。

・たとえば、〈漢字を書いたカードを提示しながら！〉この漢字は、日本では何を意味するのか？

▷ ○○の中に漢字を書いたカードを見て、日本での意味を考える

・ 手 紙 ＝トイレットペーパー　・ 汽 車 ＝自動車　・ 公共汽車 ＝バス
・ 飯 店 ＝ホテル　・ 人 間 ＝世の中・社会　・ 娘 ＝お母さん
・ 愛 人 ＝妻　・ 丈 夫 ＝夫　・ 勉 強 ＝強制する
・ 看 病 ＝診察

⑭・こうした言葉とは逆に、文字は違うけど、日本と中国で同じものをあらわしている漢字もある。

・たとえば、この漢字は、何をあらわしているのか？

▷ 漢字を書いたカードを見て、日本での意味を考える

・ 柯 南 ＝コナン　　・ 蠟筆小新 ＝クレヨンしんちゃん
・ 龍 珠 ＝ドラゴンボール　・ 櫻桃小丸子 ＝ちびまる子

※・はじめに漢字だけを書いたカードを提示し、発問する。しかし、それでは答えられないだろうから、ヒントとして右画像の貼りもの資料を提示して発言を引き出す。

⑮・同じ漢字を使う国・中国。同じようで違っている国・中国。かつて、（日本）列島の人たちが手本とした中国。現在はどうなっているのか（調べてみよう！）

2 中国の自然を見てみよう！

①・まずは、【資料：３】の地形を、地図帳で探して○で囲みなさい！

▷ 【地図帳Ｐ23・24】での以下の地名を探して○印で囲む

※・ヒマラヤ山脈・ゴビ砂漠・チベット高原・チンリン山脈・テンシャン山脈・黄河・長江・チュー川・ホワイ川・タクラマカン砂漠・モンゴル高原

②・次に、いま○印をつけた地名を学習プリントの白地図に書き写し、プリントに書かれている指示に従って、色を塗りなさい！

▷【地図帳Ｐ23・24】で探した地名を【資料：３】に書き写し着色する作業

③・中国の自然についての地図ができたところで、その自然と農業について調べてみる。

・はじめに、【資料：４】の上の地図にあるＡ・Ｂを線で結びなさい！

▷ 【資料：４】の上の地図のＡ─Ｂを線で結ぶ

④・さて、このＡ─Ｂの線は、何を分けた線なのか？

→・・・？

⑤・この線は、大きくみると中国を 沿岸部 と 内陸部 とに分けている。しかしそれだけではない。

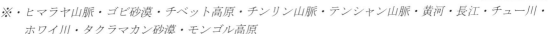

中国の自然との関わりで見ると、このA－Bの線の右と左とでは大きな違いがある。

・さて、それは何が違うのか？

→・・・？

⑥・中国では、沿岸部で雨が多く降るが、内陸部では雨が少ない。

・つまり、このA－Bの線で何が違うのか？

→**降水量・雨の量・・・**

⑦・雨が少ないために、内陸部には、どんな地形が広がっているのか？

→**砂漠・・・**

⑧・A－Bの線の右側＝沿岸部では、季節により吹く向きが逆になる風の影響を受ける。

・この風のことを何というのか？

⇨ 季節風（ モンスーン ）

⑨・モンスーンの影響を受ける沿岸部は雨が多いモンスーンアジアで、日本や韓国と同じ「東アジア」。
　　しかし左側＝内陸部は、乾燥アジアで、「中央アジア」である。

・区別をはっきりさせるために、A－Bの線の「右側を緑」で、「左側を黄色」で塗りなさい！

▷【 資料：4 】のA—Bの線を境に右を緑色、左を黄色で塗る

⑩・ところで、人口が多いのは、この線の右側の沿岸部なのか？　左側の内陸部なのか？

→**右側（ 沿岸部 ）**

⑪・鉱工業が盛んなのは、（ この線の ）右側（ 沿岸部 ）？　左側（ 内陸部 ）？

→**右側（ 沿岸部 ）**

⑫・農作物の生産が多いのは、右側[沿岸部]？　左側[内陸部]？

→**右側（ 沿岸部 ）**

⑬・つまり、このA－Bの線は、中国を見る場合には、大きな境界線になっている。

・地形を断面図で見ても、このように内陸部と沿岸部との違いがわかる！

▷【 中国の東西の断面図 】

3　中国の農業地帯は、どうなっているのか？

①・次に、【資料：4】の下の地図にも、同じようにA—Bを線で結びなさい！

▷【 資料：4 】の下の地図のA—Bを線で結ぶ

②・この線の右側は、農業生産が多い地域。

・今度は、更にチンリン山脈とホワイ川を線で結びなさい！

▷【 資料：4 】の下の地図のチンリン山脈とホワイ川を線で結ぶ

③・さて、今度の線は、何をあらわしているのか？

→・・・？

④・この線を境にして、南の方は年間降水量が「750mm 以上」もあり、降水量が多い。逆に、北の方
　　は「750mm 以下」になっていて、（ 年間の ）降水量は少ない。

・つまり、降水量の多い、このチンリン・ホワイ線より南側では、何が盛んなのか？

⇨ 稲作

⑤・この線より北側の降水量の少ない地域は、小麦やトウモロコシなどの何が盛んなのか？

⇨ 畑作

⑥・【資料：4】の下の地図のイに「稲作」、アに「畑作」と書き入れなさい！

▷【資料：4】に、ア：畑作　イ：稲作と記入

⑦・次に、【資料：4】の下の地図の、Ａ－Ｂの線より右側を薄く緑で塗りなさい！

　　・薄く緑に塗った部分の「チンリン・ホワイ線の南側」を濃く緑色で塗りなさい！

　　　▷【資料：4】に、チンリン・ホワイ線の南を濃い緑色で塗る

⑧・薄く緑に塗った部分の「チンリン・ホワイ線の北側」を茶色で重ね塗りをしなさい！

　　　▷【資料：4】に、チンリン・ホワイ線の北側を茶色で重ね塗りをする

⑨・こうした区別がはっきりしていた農業地帯だったが、今では灌漑施設が整ってきて、かなり北側
　　まで水田耕作が可能になってきている。こうした自然条件などにより、中国の米の生産は日本よ
　　りも多い。中国の農産物を調べてみると、米以外でも世界1は多い。

　　・【地図帳P161】で調べて、ノートに書き写しなさい！

　　　▷世界1位＝米・小麦・綿花・じゃがいも・オレンジ・ぶどう・トマト・茶・綿花・羊毛・豚肉

⑩・ついでに、世界2位も書き写しておこう！

　　　▷世界2位＝とうもろこし・バナナ

⑪・ちなみに、乾燥した内陸部では、主に何が盛んなのか？

　　　⇨ 牧畜

⑫・こうした違いを元に、中国は東北・華北・華中・華南・内陸・（台湾）という地域に分けられて
　　いる。※・板書して、位置を説明する。

4　一人っ子政策とは、どんな政策なのか？

①・中国で農産物の生産が世界的にも多いのは、自然条件だけが理由ではない。そもそも中国は人口
　　が多いから、農産物もたくさん必要になる。

　　・そんな中国の人口って、どれくらいなのか？

　　　⇨ 14億（人）

②・そんな中国に関して、「0.9」という数字があった。

　　・さて、この「0.9」とは、何をあらわしていた数字なのか？

　　　→・・・？

③・（正確には、「中国全体」というよりは）、「上海市の女性が、一生のうちに産む子どもの人数」
　　が平均 0.9 ということだった。いま世界では「1秒間に3人強」の割合で人口が増えている。
　　「1秒間で3人強」と言うことは、3秒間で約10人となる。つまり、「30秒間では100人」。
　　「1分間（60秒間）で200人」。「10分間で2,000人」となる。中学校の授業は50分間が基本な
　　ので、授業が始まって終わるまでの時間で、10,000人もの人口が増えていることになる。この計
　　算を続けると、1年間で約1億人弱もの人口が増えている状況がわかる。しかし、そんな大変な
　　速度で世界の人口増加が進む中で、中国の人口増加は大変少なかった。

　　・それは、中国が何という政策をおこなっていたからなのか？

　　　⇨ 一人っ子政策

④・1949年、現在の中華人民共和国（＝中国）が誕生した。そのとき、「人間の数こそ中国の武器であ
　　る」（毛沢東）と言う方針が取られた。

　　・その結果、何が増えたのか？

　　　→人口

⑤・その結果、5億人だった人口は（「産めよ　育てよ」で）、1970年代後半に9億6千万人へと倍

増していった。しかし、あまりにも人口が増え過ぎて、困った事態が起きてきた。

・たとえば、（ その困った事態には ）どんなことがあったのか？

→食料不足・住宅不足・・・

⑥・そのため、今度は180度、方針を転換して（ 少数民族や一部農民を除き ）2人目の子どもを認めない「一人っ子政策」が始められた。

・みんなの中で、一人っ子の人［ 挙手 ］！

▷〈 挙手による人数の確認！ 〉

⑦・兄弟や姉妹がいる人［ 挙手 ］！

▷〈 挙手による人数の確認！ 〉

⑧・兄弟や姉妹がいるのといないのとでは、どっちがいいのか？

→兄弟姉妹がいる方がいい・いない方がいい・・・

| 5 　一人っ子政策は、どんな問題を引き起こしているのか？ |

①・（ 一人っ子政策によって ）人口増加の割合は、確かに低くなった。しかし一方では（ 一人っ子政策によって ）、新たな問題が起きてきた。

・その問題が、【資料：6】に載せてある！

▷【 資料：6 】

②・まず、Aの「一人っ子だから、親の期待がのしかかってくる」という問題について考えてみる。

・「一人っ子にかかる『親の期待』」とは、どんな期待だったのか？

→・・・？

③・子どもは、自分の、親の、つまり「家族の将来を一人で背負う」ことになった。そのため、Aの（　　）の中に入る言葉が強要された。

・では、Aの（　　）に入る言葉は、何なのか？

→猛勉強・・・

④・次に、Bの「把握大作戦」について（ 考えてみる ）。

・これって、何を把握するのか？

→・・・？

⑤・「各家庭には、子どもは一人しかいない」と言う政策の結果、中国政府は、1年間に180万人も発生した「ある子どもたち」を把握しなければならなくなった。

・それは、どんな子どもたちの把握だったのか？

→・・・？

⑥・たとえば、2人以上子どもを持つと、親は、何を払わなければならなかったのか？

→罰金・・・

⑦・そのため、罰金を払わなくてもいいように、2人目の子どもが生まれたら、親は何をしたのか？

→隠す・養子に出す・・・？

⑧・何らかの方法で、その子どもの存在を隠そうとした。ただ、そうした子どもには、戸籍がつくられなかった。そのため、その子どもたちは「この世には存在しない」ことになってしまった。

・つまり、Bの（　　）の中に入る言葉は、何（ のない子ども ）なのか？

→戸籍のない子ども・・・

⑨・「戸籍がない」くらい、たいしたことないと思うかもしれないが、戸籍がない子どもには、学校

への入学通知はこない。戸籍がない子どもは、病院に行っても診察は受けられない。戸籍がないと結婚することもできない。戸籍のない、そんな子どもたちは、「ヘイハイズ」と呼ばれた。

一人っ子政策を進めていった結果、中国でも、深刻な問題が起きてきた。「中国でも」と言うことは、もちろん、「日本にも」同じ問題があることを意味している。

・でも、それは、どんな問題なのか？

→・・・？

⑩・「一人で２人の親の老後の生活をみなければならない」と言う問題だ。

・つまり、Ｃの（　　）の中に入る言葉は、何なのか？

→親の老後の世話・・・

⑪・そうした問題が出てきたため、「一人っ子政策」は廃止された。現在は、２人目までの子どもは認められている。それでも、人口に関わる問題がなくなっているわけではない。

| 6　中国には、少数民族との間にどんな問題があるのか？ |

①・中国の総人口の約９割（ 94％ ）を超える民族は、何民族なのか？

⇨ 漢民族

②・では、残りの約１割は、何なのか？

⇨ 少数民族

③・つまり、【資料：7】にある中国の紙幣に、「10元」と
　５つの文字で書かれている理由は、何なのか？

→少数民族の人でもわかるように・・・

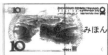

④・中国には、漢民族とその他の少数民族にわけられる。

・では、「少数」民族とは、何人位いる民族のことなのか？

→100人・500人・・・

⑤・実は、「人数」を数えてもあまり意味はない。「少数」民族とは、「少数の民族」（ という意味 ）ではなく、「『漢民族』に対して少数の民族」の意味だからだ。

・では、中国には、どれくらいの数の少数民族がいるのか？

→55・100・・・

⑥・400もの少数民族がいる。しかし中国政府が認めているのは、その中の55の少数民族だけ（ 人口の６％ ）。１番人口が多い少数民族は、チュワン族。人数は、総人口の1.4%にあたる。ただし、「1.4％」といっても、14億人の1.4%だから、人数は1,500万人にもなる。この人数はオランダ（ という１つの国 ）の総人口と同じ位になる。２番目に多いのは、満族の0.9%（ ≒1,000万人弱 ）。３番目以降はウィグル族、イ族、苗族、チベット族・・・となっている。そうした少数民族が集まって生活している地域には、何が設けられているのか？

⇨ 自治区

⑦・その中のチベット自治区での写真！

▷【 北京オリンピックへの抗議の写真 】

⑧・2008年には、中国で何が開催されたのか？

→・・・（ 北京オリンピック ）・・・

⑨・この写真は、北京オリンピックをチベットの人たちが歓迎しているのか？　反対しているのか？

→反対している写真・・・？

⑩・なぜ、中国にあるチベット自治区の人たちは、北京オリンピックに反対していたのか？

　　→・・・？

⑪・チベットの人たちは、中国からの独立を希望している。そのことを伝えるために、北京でオリンピックが開催されるのを利用して、世界にアピールした。

　　・そんな独立を望むチベットの人たちに対して、中国は、どう対応しているのか？

　　→・・・？

⑫・チベット族やウィグル族の住むチベット自治区や新疆ウィグル自治区では、中国からの独立運動がある。しかし、中国政府は（ 独立を ）認めず、ときには武力弾圧をおこなってきた！

　▷【 弾圧現場の写真 】

⑬・一方そうした中国政府を批判して、チベットを支援する行動も世界各地でおこなわれている！

　▷【 チベットを支援する行動の写真 】

⑭・こうした問題は、どうやって解決していけばいいのか？

　　→（ 投げかけのみ ）

<参考文献>

河原紀彦「イーハーウェイクェイ十七条憲法『以和為貴』」河原ほか著『授業がおもしろくなる中学授業のネタ　社会①』日本書籍

川島孝郎「中華人民共和国」『授業中継　最新世界の地理』地歴社

河原和之「新聞記事から考える中国の『一人っ子政策』」河原ほか著『授業がおもしろくなる授業のネタ　社会④』日本書籍

「中国の農業」羽田純一 監修『まるごと社会科　中学・地理（上）』喜楽研

「東アジアのあらまし」若木久造ほか編『くらしと知恵が見える世界地理』わかたけ出版

<板書例>

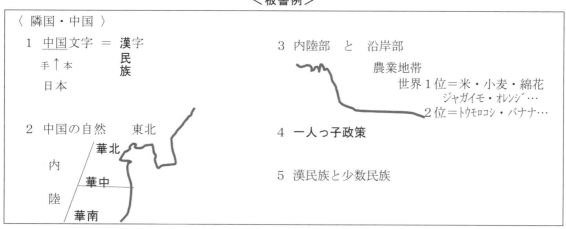

〈 隣国・中国 〉

1　中国文字 ＝ 漢字
　手↑本　　　　民
　日本　　　　　族

2　中国の自然　　東北
　　　　華北
　内
　陸　　華中
　　　華南

3　内陸部　と　沿岸部
　　　　　　農業地帯
　　　　　　世界1位＝米・小麦・綿花
　　　　　　　ジャガイモ・オレンジ…
　　　　　　2位＝トウモロコシ・バナナ…

4　一人っ子政策

5　漢民族と少数民族

❖授業案〈 隣国・中国 〉について

　この授業案は提言が多く、2時間扱いの授業としている。生徒に身近な漢字の問題から入り、その後、地形を探させたり、色塗り作業をさせたりしているため、時間がかかるからだ。通常は問題プリント1枚につき1時間の授業としておこなっている。しかし、こうして2時間になるときには最初に、「今日の内容は2時間かけてやるよ」と伝えている。1時間目と2時間目の境は、生徒の作業の進み具合にもよるが、提言2が終わるか、その途中の切りのいい場面となる。

地理　学習プリント　〈世界の諸地域：01　アジア州：1-1〉

■日本はアジアにある国だ。アジアとは、どんな地域なのか？　そのアジアで中心的な国として存在した
中国とは、どんな国なのか？　また、中国と日本は、どんな関係にあったのか？（あるのか？）

1【 一曰、以和為貴 】

一曰。以和為貴。無忤為宗。人皆有黨。亦少達者。是以或不順君父。乍違于隣里。然上和下睦。諧於
論事。則事理自通。何事不成。

二曰。篤敬三寶。三寶者仏法僧也。則四生之終帰。萬国之極宗。何世何人非貴是法。人鮮尤悪。能教
従之。其不帰三寶。何以直枉。

三曰。承詔必謹。君則天之。臣則地之。天覆地載。四時順行。万氣得通。地欲覆天。則致壊耳。是以
君言臣承。上行下靡。故承詔必慎。不謹自敗。

四曰。群卿百寮。以礼為本。其治民之本。要在乎礼。上不礼而下非齊。下無礼以必有罪。是以群臣有
礼。位次不乱。百姓有礼。国家自治。

2【 漢字の意味すること（中国では？）】次の漢字が意味していることを、その下の欄に書いてみよう！

手 紙	汽 車	公共汽車	飯 店	人 間	娘	愛 人	丈 夫	勉 強	看 病
トイレットペーパー	自動車	バ　ス	ホテル	社　会	お母さん	妻	夫	強制する	診　察

3【 中国の自然 】山脈＝茶（でなぞる）　高原＝緑（でぬる）　砂漠＝黄（でぬる）　川＝青（でなぞる）

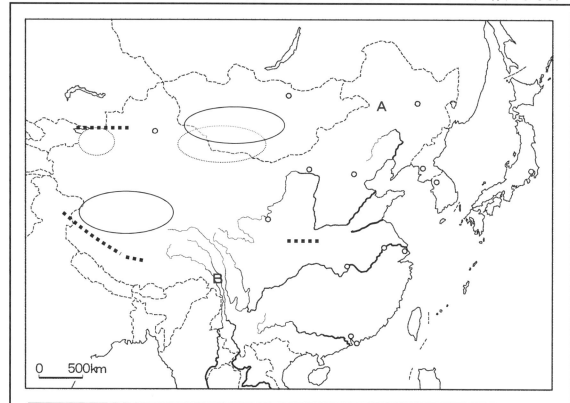

ヒマラヤ山脈	ゴビ砂漠	チベット高原	チンリン山脈	テンシャン山脈
黄河　　長江	チュー川	ホワイ川	タクラマカン砂漠	モンゴル高原

地理 学習プリント 〈世界の諸地域：01 アジア州：1-2〉

■広大な中国には、どんな地形があるのか？　どんな地域があるのか？　そして、そこにはどんな特徴が
あるのか？　東アジアの大部分を占める中国を自然と農業の関係から見てみよう。

4 :【 中国の自然と農業 】

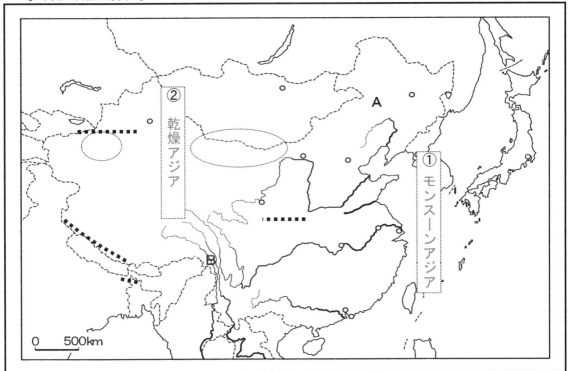

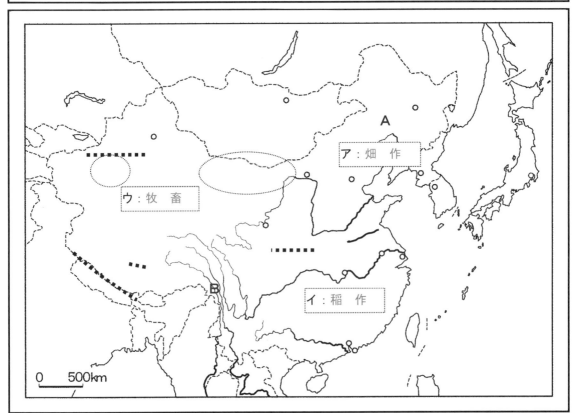

■中国の一人っ子政策の陰では、どんなことが起きていたのか？　また、少数民族をかかえる中国
　では、自治区を設けて、どんなことをおこなっているのか？

5：【 世界の穀物生産量 】

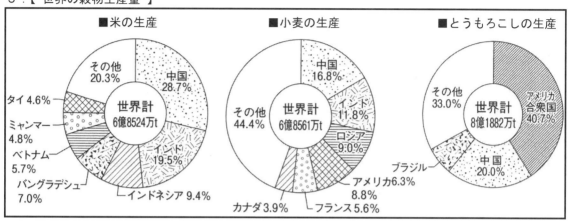

6：【 一人っ子政策の陰で 】

A：中国の一人っ子（　猛　勉　強　）　のしかかる親の期待

B：（ 戸籍のない子 ）把握大作戦　一人っ子政策の陰で　年間 180 万人

C：一人っ子政策曲がり角　（ 親の老後の世話 ）　中国でも深刻に

7：【 中国の紙幣 】　　　　　　　　　　　　中国人民銀行紙幣（10 元）。5 つの民族文字

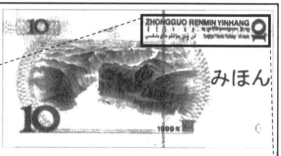

あ：中国語の発音のアルファベット表記

い：内蒙古自治区に住むモンゴル族が使う**モンゴル文字**

う：新疆ウィグル自治区に住むウィグル人の**ウィグル文字**（ 表音文字はアラビア文字 ）

え：チベット自治区に住むチベット人の**チベット文字**

お：チワン族自治区に住むチワン族の言葉：**チワン語**

（『くらしと知恵が見える世界地理』より）

[8] 世界の工場・中国

> ◎「世界の工場」といわれるまでになった中国の工業について理解させる。その上で、国内の経済
> 格差の問題、一国では解決できない環境問題などについて考えさせる。

1　中国の世界一には、何があるのか？

① ・日本と中国とを比べてみる。

　　・まず、国としての面積が広いのは、日本？　中国？（ どっち？ ）

　　→中国

② ・中国の面積は、具体的にはどれくらいなのか？

　　→960万km²

③ ・人口が多いのは？（ 日本と中国、どっちなのか？ ）

　　→中国

④ ・中国の人口は、具体的にはどれくらい？

　　→14億人・13億8,853万人

⑤ ・面積や人口は中国の方が多いが、農業の生産が多いのは？（ どっち？ ）

　　→中国・日本・・・

⑥ ・工業生産が多いのは？

　　→日本・中国・・・

⑦ ・「日本と中国では、どちらが多いのか」を知るために、【資料：1】にあるさまざまな商品の中
　　で、「中国が世界一だ」と思うものを○で囲みなさい！

　　▷ 【 資料：1 】の中の次の商品について、中国が世界一と思うものを○で囲む

※・米・小麦・魚(漁獲量)・石炭・鉄鉱石・化学繊維・綿織物・鉄鋼・バイオリン・ピアノ・エアコ
　　ン・テレビ・カメラ・時計・電話機・冷蔵庫・自動二輪車・自動車を○で囲む。

⑧ ・このままでは、わかりにくいので、少し整理してみる。

　　・この商品の中で、どれとどれが一緒にまとめることができるのか？

　　→米・小麦・・・

※・次のようにまとめ整理したカードを提示していく。

　　| A：米・小麦・魚(漁獲量) | | B：石炭・鉄鉱石 | | C：化学繊維・綿織物 |

　　| D：鉄鋼 | | E：バイオリン・ピアノ |

　　| F：エアコン・テレビ・カメラ・時計・電話機・冷蔵庫・自動二輪車・自動車 |

　　| G：産業用ロボット・工作機械 |

⑨ ・まず、Aグループ。これは、「農業・漁業」グループ。このグループでは、それほど大きな元手
　　(資本)は、いらない。また、それほど高度な技術もいらない。そして、何と言っても中国は、
　　国土が広い。だから、農業や漁業などは、中国が、世界・・・1位。

　　・次は、Bグループ。このグループは「鉱業」(地下資源の生産)。中国の北部や東北部で、た
　　くさん採掘されている。これも、中国は、世界1位。

　　・「繊維製品」のCグループ、も(中国が)世界1位。世界のほとんどの国では、工業は繊維工業
　　から始まっている。

　　・かつて日本で「産業の米」といわれ、産業に必要不可欠なモノである「鉄」をつくるのが、D
　　グループ。日本の技術協力などもあり、[中国が]世界1位。

　　・Eグループは、工業製品というより、「工芸品」のイメージが強かった製品だ。いまでも手作り

の高価なバイオリンやピアノはヨーロッパなどでつくられている。中国では経済発展とともに空前のピアノブームが起こり、大工場で大量生産されるようになり、いまでは生産量も販売数も世界1位だ。ヤマハやカワイ楽器も現地に工場を建て、品質も急速に良くなってきている。

・こうなると、「工業製品」のFグループも「工業機械」のGグループも、中国が、世界1位・・・?

→世界1位・・・?

⑩・Fグループは世界1位だが、Gグループは違う（ 世界1位ではない ）。

・【地図帳P161】の下の段の帯グラフのグループの中で、中国が世界一になっている工業製品には何があるのか？

→自動車・造船・テレビ・パソコン・スマホ・カメラ

⑪・FグループとGグループとでは、何が違うのか？

→・・・?

⑫・Fグループは「使うための製品」で、Gグループは「モノをつくるための製品」。たとえば、「工作機械」とは、「モノをつくるための機械をつくる機械」だ。Gグループの商品は、多額の元手（ 資本 ）と高い技術があって初めてつくれるものだから、今のところまだ中国は世界1位にはなっていない。ただし、こうして見ていくと、農業でも工業でもほとんどは、中国が生産量世界1位だ。

・と言うことは、「中国の方が日本よりも『進んでいる』」となるのか？　ならないのか？

→なる・ならない・・・?

2　「中国膨張」とは、どういうことか？

①・【資料：2】に、中国についての新聞記事が載せてある！

　▷【 資料：2 】

②・新聞の見出しには、何と書いてあるのか？

　→「中国膨張」

③・中国の、何が「膨張」しているのか？

　→・・・?

④・何に加盟したことが、「中国の膨張」につながったことが新聞でわかるのか？

　→ WTO

⑤・「WTO」とは、何なのか？

　→・・・?

⑥・WTO＝ 世界貿易機関 。国際貿易のルールを定める中心的な機関だ。つまり、中国はWTOに加盟したことで、国際ルールに従えば世界中の国々へ輸出を拡大することができるようになった。また逆に、日本や欧米諸国も中国に製品を売り込めるようになった。

・これによって、中国と中国以外の国とでは、どちらに有利になったと言うことなのか？

→中国・・・

⑦・「中国膨張」とは、そういうことを意味している。

・つまり、その後、中国の輸出は、拡大しているのか？　縮小しているのか？

→拡大している・・・

⑧・中国の輸出は「拡大し」、「中国経済が大きくなっている」ことを新聞は伝えている。

・近年、中国の工業は急速に発展していて、現在、中国の工業製品は世界中に輸出されるように

なり、何と呼ばれているのか？

⇨ 世界の工場

⑨・ところで、中国は、どうやって「世界の工場」になったのか？

→・・・？

3 工業発展のために、中国は、どんなことをしたのか？

①・工業を発展させるためには、まず必要なものは何なのか？

→・・・

②・当然、工業製品をつくり出すための 原料 や 燃料 は、ないといけない。そして、それらをもとに加工する人、つまり 労働者 も必要。それに、 工場 や 機械 も必要になる。さらに、原料（ や燃料 ）や製品などを運ぶための 道路 、 鉄道 、 港 、 空港 の整備も必要。

・まず、「原料」や「燃料」は、中国には豊富にあるのか？

→ある・・・

③・【地図帳Ｐ161】の下の段の帯グラフのグループの中で、「原油」「石炭」「鉄鉱石」は、それぞれ世界で何位になっているのか？

→原油＝４位・石炭＝１位・鉄鉱石－１位

④・「労働者」は、たくさんいるのか？

→いる・・・

⑤・しかも、その（ 労働者の ）賃金は、日本と比べると、はるかに・・・？

→安い・・・

⑥・「安い」と言っても、日本の何分の１ぐらいだったのか？（ 1/2・1/5・1/10・1/20 ）

→・・・

⑦・（ 1/20と言われていた ）そんな中で、政府は国の経済をこれまでの統制経済から自由な市場経済に改革しようとしていたから、労働者の生産意欲も盛り上がっていた。こうした面から見ると、中国の工業生産は伸びるはずだ。しかし、「工場」や「機械」は簡単には整えられない。

⑧・これらを、中国はどうしたのか？

→・・・？

※・【資料：３】＆カードを提示

・さて、ここに書かれている数字は何なのか？

→・・・？

1位：アメリカ(2318)	1位：アメリカ(3514)
2位：タ　イ(746)	2位：中　　国(2621)
3位：シンガポール(696)	3位：タ　イ(1320)
4位：香　　港(611)	4位：シンガポール(1089)
5位：台　　湾(573)	5位：香　　港(1067)

⑨・1992年は、「アメリカ」に2318、「タイ」に746、・・・。それが、2001年になると、「アメリカ」に3514、「中国」に2621、・・・。この数字は、「海外に進出している日本の企業の数」だ。この２つの年を比べて、２つの変化が読み取れなければならない。

・さて、その「２つの変化」とは、何と何なのか？

→全体的に増加している・中国への進出が増加している

⑩・どうして、日本の企業は中国へ進出するようになったのか？

→・・・？

⑪・中国政府は、工場や機械を整えるためのお金（ 資金 ）が不足していた。そこで、外国の企業に来てもらい、中国国内で生産活動をしてもらうようにした。

・でも、そのためのサービスとして、中国政府は、何を整備したのか？

　　→・・・

⑫・それが、「道路」、「鉄道」、「港」、「空港」だった。また、中国に来てもらった外国の企業からは
　　数年間は税金を取らないなどの政策もおこなった。

　・そうしてつくられた地域を、何というのか？

　　⇨ 経済特区

⑬・その結果、中国では、工業が発展することになった。こうした中国政府の政策は、日本などの企
　　業にとっても、ありがたいことだった。10億人を超える人口を持つ中国だから、生産したもの
　　は現地で飛ぶように売れる。

　・こうして中国は、何としても注目されているのか？

　　⇨ 世界の市場

⑭・ただ、日本をはじめとした外国の企業が中国に進出することで、別の問題も生まれた。

4　日本企業は、どこの地域に進出しているのか？

①・【資料：4】に写っているバイクは、どこのメーカーなのか？

　　→ＨＯＮＤＡ・ホンダ・・・

②・ホンダのエンブレムは、こうなっている！

　　▷【 ホンダの本物のエンブレムの写真 】

③・どこが違うのか、わかる？

　　→・・・

④・ここに写っているバイクは、いわゆるコピー製品（偽物）だ。欠陥があれば日本のホンダの信
　　用が落ちることになる。実は、（本物の）日本企業が中国に進出をしているのには、こうした
　　コピー製品をなくす目的もあった。では、どんな日本
　　企業が中国へ進出しているのか。

　・【資料：3】にあるので、Ａ～Ｄの日本企業が何な
　　のか、答えを書き入れてみよう！

Ａ：豊田汽車有限公司	トヨタ
Ｂ：新大洲本田摩托有限公司	ホンダ
Ｃ：兄弟工業有限公司	ブラザー
Ｄ：西科姆電子安全有限公司	セコム

　　▷【 資料：3 】への答えの記入

⑤・こうした日本企業の進出状況が【資料：5】に描かれている。

　・プリントの指示に従って、色塗りをして確認してみよう！

　　▷【 資料：5 】への色塗り作業

⑥・日本企業の中国進出状況には、どんな特徴があることがわかった？

　　→沿岸部に多い・・・

⑦・外国企業に有利な「経済特区」が沿岸部（沿海部）に集中していたからだ。こうして沿岸部は経
　　済発展して、労働者の所得も向上した。

　・しかしその結果、中国では沿岸部の都市と内陸部の農村との間で、何が広がったのか？

　　⇨ 経済格差

5　中国の地域格差は、どうなっているのか？

①・こうした沿岸部と内陸部の格差は、産業に限ったことではない。

　・【資料：6】の新聞記事の見出しには、何と書いてあるのか？

→鉛筆３センチ・希望小学校・・・

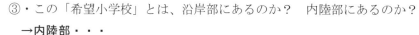

② ・「３センチ」の鉛筆とは、これくらいだ！

　　▷〈 ３センチの長さにした鉛筆を提示！ 〉

③ ・この「希望小学校」とは、沿岸部にあるのか？　内陸部にあるのか？

　　→内陸部・・・

④ ・希望小学校の子どもは、どうしてこんなに短い鉛筆を使っているのか？

　　→新しい鉛筆が買えないから・・・

⑤ ・【資料：６】の新聞記事からは、小学校の校舎も、かつては何だったことがわかるのか？

　　→寺・・・

⑥ ・これは、つまり内陸部の方の生活が、沿岸部の生活に比べて、どうだと言うことなのか？

　　→貧しい・遅れている・・・

⑦ ・中国では、内陸部の農村と沿岸部の都市との間で経済格差が
　　広がったために、農村から都市への何が増えたのか？

　　▷ 出かせぎ

⑧ ・【資料：７】の写真のように、多くの人々が沿岸部の都市へと、出かせぎに行っている。

　　・その結果、こんな変化が起きている！

　　▷【　人口移動の図　】

⑨ ・２つの図を比べると、どんな変化がわかるのか？

　　→人口が沿岸部に移動している・・・

⑩ ・2006 年に約３億５千万人いた農業従事者が、2016 年に約３千５百万人も減少している。そ
　　の代わりに増えたのが、 限界集落 だ。

　　・どうして、限界集落が増えたのか？

　　→多くの人が沿岸部に移動して戻ってこないため・・・

⑪ ・一人っ子政策で人口の高齢化が進み、子どもは沿岸部の都市に「出かせぎ」に行ったきり、
　　内陸部の村には帰ってこない。中国の経済発展は、こうした地域格差や貧富の格差や限界集落
　　を生み出しただけではなく、日本もかかわる問題を生み出している。

　　・それは、どんな問題なのか？

　　→・・・？

6 　中国の環境問題は、どうなっているのか？

① ・中国の首都は、どこなのか？

　　→北京

② ・2008年、北京では、何が開催されたのか？

　　→（ 北京 ）オリンピック・・・

③ ・北京オリンピック開催にあたって、心配されていたことは、何だったのか？

　　→・・・？

④ ・〈 上海の夜景の写真のコピーを提示して！ 〉これは、近代的建築物が建ち並ぶ、
　　上海の夜景の写真だ。

　　・昼の風景を写した写真は、こうなっていた！

　　▷【 上海の昼の写真 】（ 下 ）

⑤・同じく、北京の風景は、こうなっていた！

　▷【 煙でかすむ北京市内の写真 】

⑥・こんな北京に暮らす人にとって、必需品なのが・・・(何なのか)？

　→マスク

⑦・大変な状況になっているが、これはオリンピックのときだけの問題ではない。
　　現在も問題になっている。

　・どこの国で？

　→中国・日本・・・

⑧・佐賀県でも、５月頃になると、「注意報」が出される。

　・何の(注意報なのか知っている)？

　→PM2.5・・・

⑨・偏西風の関係で、中国の大気汚染が日本にやってきている。

　・ところで、こうした大気汚染の原因は、何なのか？

　→自動車の排気ガス・工場からの煙・・・

⑩・じつは工場からの影響は、大気汚染と、もう１つある。

　・それは何なのか？

　→水質汚濁・・・

⑪・ここに中国の川の写真がある！

　▷【 色とりどりの中国の川の写真 】

白い川　黄色い川　赤い川　青　緑

⑫・「中国の川は、色とりどりできれいだなぁ」と、呑気なことは言っていられない。

　・それは、どうしてなのか？

　→日本に流れてくる・日本に影響が出る・・・※・海洋汚染の地図を提示！

⑬・中国と日本は、海を通じて繋がっているからだ。

　・中国での環境破壊は、これだけじゃない！

　▷【 砂漠化の写真 】

⑭・では、中国は、こうした環境問題に、どんな対策を立てているのか？

　→・・・

⑮・北京オリンピックに向けての「緑化運動」では、こんなこともおこなわれていた！

　▷【 緑のペンキを塗る写真 】

⑯・環境問題に関しては、１つの国だけの対応ではなく、多くの国が連携・協力して取り組まなけ
　　れば、大変なことになっていく。

　・では、どうすればいいのだろうか？

　→(投げかけのみ)

⑰・環境問題については、かつて日本でも「公害」という形で大きな社会問題となった。しかし、そ
　　の解決に取り組んできた経験があるため、中国に対しても解決のための協力ができる。そのため
　　対立するのではなく、協力していく姿勢が、国境を越えた環境問題の解決に必要となる。

　・環境省地球環境局の小川晃範環境協力室長は、次のように述べている。
　　「中国との環境協力は・・・公害対策について様々な技術移転がおこなわれ、また研究者、ＮＧ
　　Ｏ、企業などによる交流も広がってきている。・・・しかし、中国の環境保全は、まだ軌道に乗

ったとはいえない。従来型の公害問題への対応にも更に力を入れていかなければならないし、更に 貧困 、 経済のグローバル化 、 地球環境問題の悪化 などを踏まえた対策も求められている。

　　・・・中国では『 循環型社会の形成 』への関心が高まっている。・・・『循環』は英語では適当な言葉がなく説明に苦労するが、日中では同じ『循環』で通じる。しかし、日本では循環型社会形成は、もっぱら廃棄物の観点から取り組まれているのに対して、中国では 廃棄物の問題 はもちろんのこと、 クリーン生産技術 、 都市と農村の物質循環 、 地元の資源の活用 、 自然エネルギーの利用 など、生産－消費の在り方全体が対象となっている。今後、一層の経済成長を目指す中国において、開発の初めから持続可能性を組み入れて、これまでの先進国とは違った発展パターンを作っていくことは極めて重要である。

　　このような取組は、他の途上国においても参考になるだろう。」（ 環境省ホームページより ）

＜参考文献＞

川島孝郎「中華人民共和国」『授業中継　最新世界の地理』地歴社
河原和之「中国のオートバイは『HONTO』」河原ほか編『授業がおもしろくなる授業のネタ④』日本書籍
馬場一博「中国への進出企業」河原ほか編『授業がおもしろくなる授業のネタ④』日本書籍
倉持重男「アジア(1)中国」歴史教育者協議会編『わかってたのしい中学社会科地理の授業』大月書店

＜板書例＞

〈 世界の工場・中国 〉
1　中国膨張　←　欧米　　　　　　　　　　　　　　3　環境問題

　　　　　　　　←　日本

2　世界の工場　・　世界の市場

　　　経済格差（ 内陸部と沿岸部 ）

❖授業案〈 世界の工場・中国 〉について

　前時の授業内容で学んだ「倭（ その後の日本 ）が国づくりの手本としていた中国」とは違い、現在は日本の方が進んでいると考えている生徒が多いことから、まず中国の実力を確認することから授業を始めている。そうして中国に興味を持たせて、日本とのかかわりなどについても考えさせている。

　なお、この授業案も提言の数が微妙に多かったりもするため、2時間扱いにすることも多い（ どうするかは作業の進み具合で決めることが多い ）が、テンポよく進めていけば1時間で収まる内容ではある。

　なお、提言6の助言⑰にある小川環境協力室長の言葉は、そのままでは生徒には難しいことや時間との兼ね合いでは省いてもよいが、紹介する場合には表現をわかりやすくするなどの工夫をおこなう必要がある。

■中国と日本の関係を工業の面で考えると、どんなことが見えてくるのか？　確かに、現在は中国
に追い抜かれつつある日本だが、そこには、どんな事情があるのか？

1【 中国のイメージ 】　　　　　中国が世界一なのは、次の中のどれなのか？　赤〇で囲んでみよう！

米	小麦	魚(漁獲量)	テレビ	バイオリン	鉄鉱石	カメラ	綿織物
石炭	鉄鋼	ピアノ	自動二輪車	エアコン	工作機械	スマホ	冷蔵庫
自動車	時計	産業用ロボット	ビデオ	化学繊維	ロケット	ミサイル	

2【 中国膨張 】

3：【 1992年(左)と2001年(右) 】

1位：アメリカ	1位：アメリカ
(2318)	(3514)
2位：タ　イ	2位：中　国
(746)	(2621)
3位：シンガポール	3位：タ　イ
(696)	(1320)
4位：香　港	4位：シンガポール
(611)	(1089)
5位：台　湾	5位：香　港
(573)	(1067)

4：【 バイクのメーカーは？ 】

中国での企業名	日本での企業名
A：豊田汽車有限公司	トヨタ
B：兄弟工業有限公司	ブラザー
C：西科姆電子安全有限公司	セコム
D：新大洲本田摩托有限公司	ホンダ

■中国国内では、沿岸部と内陸部、つまり都市部と農村部では大きな差がある。その大きな格差の
存在が人々の不満を高めている。それは、どんな形で現れてくることになるのか？

5【 中国への進出状況 】　　300以上＝赤　299〜200＝ピンク　199〜150＝オレンジ　149〜50＝青　49以下＝水色

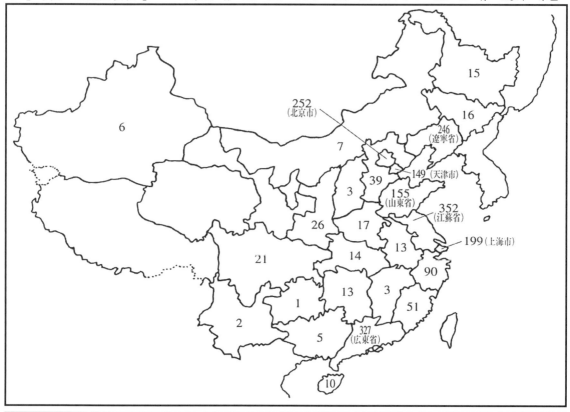

15

16

6

252
（北京市）

7

246
（遼寧省）

149（天津市）

3

39

155
（山東省）

352
（江蘇省）

26

17

199（上海市）

21

14

13

13

3

90

1

3

51

2

5

327
（広東省）

10

6【 3㎝の鉛筆 】

劉輝君(13)の母親は文
字が読めなかった。1988
年、家で料理を作ってい
るとき、食用油と誤っ
て、毒性の強い農薬を口
にして亡くなった。容器
に書かれていた字がわからなかっ
たからだ。だから、劉君は勉強の
必要性を誰よりも強く感じている。

　・・（ 中略 ）・・

上級生の教室はきれいになって
きたが、下級生の教室は電球もなく
薄暗い。昔は寺だったという。土壁の一部は崩れ、床は
デコボコした地面だ。イスは子どもたちが家から持って
くる。長さ3㎝もない鉛筆を、指先でつまんで文字を書
く。それでもみんなは、「学校は楽しい」と言う。

鉛筆3センチ 希望小学校
大河の南で

（『朝日新聞』1997.5.27）

7【 大移動 】

[9]タイの米づくり

◎タイの浮稲に注目させ、具体的な作業から農民の暮らしを向上させるには、どうすべきなのかについて考えさせ、さらにその結果について考える。

1 プランテーションでは、どんな作物が栽培されているのか？

①・日本は、アジア州の中では「東アジア」にある。インドあたりは、「南アジア」という。

　　・では、その間のインドネシアやマレーシア、タイ、ベトナムなどは、何アジアなのか？

　　→・・・東南アジア

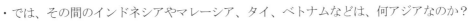

②・その東南アジアの熱帯地域には、大規模な農園が広がっている。

　　・そんな（ 大規模な ）農園を、何というのか？

　　⇨ プランテーション

③・フィリピンのプランテーションでは、何が生産されているのか？

　　⇨ バナナ

④・マレーシア（ のプランテーション ）では（ 何が生産されているのか ）？

　　⇨ 天然ゴム

⑤・インドネシアでは？

　　⇨ 油やし

⑥・（ フィリピンの ）バナナはわかるね〈 バナナの写真を提示 〉！

　　・では、「天然ゴム」って何だかわかる？

　　→天然のゴム・自然のゴム・・・

⑦・ゴムには、「天然ゴム」と「人工ゴム」がある。石油からつくられるのが「人工ゴム」。

　　・では、「天然ゴム」は（ どうやってつくられるのか ）・・・？

　　→・・・

⑧・「天然ゴム」は、こうやって取られている！

　　▷【 天然ゴムの写真 】

⑨・天然ゴムは、ダンプカーや飛行機のタイヤ、医療用のパイプなどに使われている。

　　・〈 油やしの写真を提示しながら！ 〉では、これは何の写真だと思う？

　　→・・・油やし・・・

⑩・これが「油やし」で、この実からパーム油が取れる。このパーム油は、いろいろな
　　物に使われている。

　　・では、次の中で、パーム油を使っている製品は、どれなのか？

　　▷【 パーム油が使われている商品の写真 】

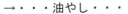

⑪・パーム油は食料品から化粧品まで、いろいろなものに使われている。そのため、マレーシアでは、
　　かつては「天然ゴム」の生産が多かったが、現在は「油ヤシ」の栽培面積が急速に増えている。
　　こうしたプランテーションによる熱帯の作物の栽培は、ヨーロッパに植民地支配されてからのこ
　　とだった。それに対して、東南アジアで、古くから人々の主食として作られてきた作物がある。

・さて、その作物とは何なのか？

⇨ 米

2 　東南アジアの米の生産は、どうなっているのか？

①・日本人もタイ人も、「米」が主食である。しかし、「米を主食にしている」と言っても、食べている米は違っている。

・ではタイの米は、Ａ・Ｂのどっちなのか？〈 ジャポニカ種（Ａ）
とインディカ種（Ｂ）の写真を提示して！ 〉

→Ｂ・・・

②・こっち（ ＝Ａ ）の日本の米は、粘り気が強い。

・それに対して、タイの米は？

→パサパサしている・粘っり気がない・・・

③・だから、タイの米でおにぎりを作ろうとすると、どうなるのか？

→握れない・すぐに崩れる・・・

④・このような米をどうやって作っているのか？

→（ 投げかけのみ ）

⑤・地図帳のＰ161の【3　世界のおもな産物】のグラフを見て、【資料：１】世界の米の生産高ベスト10の表を完成させなさい！（ ただし、地図帳の資料でわかるのは、ベスト７まで ）

▷ 【 資料：１ 】の表を完成する

⑥・完成した表の中で、東南アジアにある国を上位から順番に発表しよう！

→1位=中国・2位=インド・3位=インドネシア・4位=バングラデシュ・5位=ベトナム・6位=タイ・7位=ミャンマー・8位=フィリピン・9位=ブラジル・10位=日本

⑦・［ 世界の米の生産高 ］ベスト10の中に、６ヶ国も東南アジアの国がある。と言うことは、東南アジアには水田が広がっているはずだ。それも大きな川の流域に（ 広がっているはずだ ）。

・では、東南アジアの大きな川には、何という川があるのか。

・地図帳のＰ31・32で見つけて、【資料：２】に書き込みなさい！

▷ 【 地図帳Ｐ31・32 】→【 資料：２ 】への作業

⑧・何という川があった？

→Ａ= エーヤワディー川 ・Ｂ= タンルイン川 ・Ｃ= チャオプラヤ川 ・Ｄ= メコン川 ・・・・

⑨・【地図帳Ｐ31・32】を見て、東南アジアで米の生産の多い国を緑で塗りなさい！

▷ 【 地図帳Ｐ31・32 】→【 資料：２ 】への作業

⑩・こうして東南アジアでコメの生産が多い国に色をつけてみると、チャオプラヤ川などの大きな川の流域には、広い平野があることがわかる。

・しかし、インドネシアのような島国では、水田はどんなところに広がっているのか？

→棚田・・・〈 棚田の写真を提示！ 〉

⑪・こうして東南アジアの国々は、さまざまな方法で米づくりに取り組んでいる。その中で、タイの米づくりを取り上げてみよう。

3 　タイは、どんな気候のところなのか？

①・【資料：３】の写真を見てみよう！

▷ 【 資料：３ 】

②・タイの農家の家の作り方で、気がつくことは？

　　→高床になっている・瓦がない・木造である・・・

③・その中で、特にタイの農家の家の特徴といったら、何なのか？

　　→高床になっていること・・・

④・日本では、まず、こうした作りの農家はない。

　　・でも、どうしてタイでは、高床式の家の作りになっているのか？

　　→水が来るから・洪水になるから・・・

⑤・水は、（ 家の ）どのあたりまで来るのか？

　　→床下まで・・・？

⑥・床下まで水が来るのは、毎年のことなのか？　数年に１度ぐらいのことなのか？

　　→毎年・・・

⑦・つまり、ここは熱帯の中の何という気候なのか？

　　→サバナ気候

⑧・〈 雨温図を提示して！ 〉このサバナ気候の雨温図でわかる特徴はどんなことなのか？

　　→気温が年中暑い・雨季と乾季がある

⑨・つまり、毎年、雨季になると川の水量が増え、床下まで水がやってくる。そのため
　　高床にしておかないと生活ができない。

4 　タイの米づくりは、どのようにおこなわれているのか？

①・家の床下まで川の水が来るような雨季の洪水の中、いったい農民は、どうやって米を作っている
　　のか。

　　・次の中から、答えを考えてみると・・・。

　　　Ａ：雨季の洪水がひいてから農作業をおこなう
　　　Ｂ：洪水の水をひかせるための設備が整っている
　　　Ｃ：あえて、この洪水の中で農作業をおこなう

　　・さて、この３つの中で正解はどれなのか、（ 班内の ）グループではなしあい［ １分間 ］！

　　▷班内のＡ・Ｂ各グループでのはなしあい

※・ここからグループでのはなしあい　→　指名発言による意見発表をおこなう

②・正解は、「Ｃ」だ。でもそうすると、稲はどうなるのか（ 水を被ってしまわないのか ）。

　　・次の中から、答えを考えてみると・・・。

　　　Ａ：大丈夫、稲は必ず水の上に首を出すようになっている
　　　Ｂ：水の中で穂を出し、実りをつけるようになっている
　　　Ｃ：とにかく大量に栽培して、生き残った稲だけを刈り取る

　　・さて、この３つの中で正解はどれなのか、（ 班内の ）グループではなしあい［ １分間 ］！

　　▷班内のＡ・Ｂ各グループでのはなしあい

※・ここからグループでのはなしあい　→　指名発言による意見発表をおこなう

③・正解は、「Ａ」だ。タイの稲は、水面の上に穂が実る不思議な稲（ 浮稲 ）だ。
　　その背丈は、６～７ｍにもなる。

　　・こんな感じだ！

　　▷〈 ドライフラワー状の稲に６ｍ程の長さの紙テープをつけ、伸ばして見せる！ 〉

④・この本に紹介がしてあるので、読んでみます！

▷〈 『人間は何を食べてきたか』日本放送出版協会　Ｐ260〜261を範読！ 〉

⑤・日本とは、かなり違っている。

　　・では、田植えは、どうしているのか？

　　→・・・

⑥・肥料をやったり草を刈ったりするのは、どうやっているのか？

　　→・・・

⑦・稲刈りは、どうなっているのか？

　　→・・・

⑧・具体的には、【資料：４】に書かれている！

　▷【 資料：４ 】

| 5 | 農家が取り組むべき「近代化」は、何なのか？ |

①・こうして、日本では考えられないような農作業をしながら収穫までこぎつける農家の暮らしは、
　　どうなっているのか。

　　・【資料：５】を見てみよう！

　▷【 資料：５ 】

②・資料からわかるように、サナンさんの手元には 36,000 円しか残らない。

　　・収穫したコメは、誰の元へ行ってしまうのか？

　　→地主・・・

③・これでは、生活は大変だ。もう少し収穫を増やせないものなのか。たとえば、反（ 10 アール ）
　　当たりの収穫高を見ると、日本は 5.2 トン。

　　・それに対して、タイは・・・？

　　→1.9 トン

④・どうして、こんなに少ないのか？

　　→・・・？

⑤・しかし、ここは熱帯だ。だから、１年間に２回稲を栽培することもできる。

　　・そんな（ １年間に２回栽培する ）米の作り方を、何というのか？

　　⇨ 二期作

⑥・ところが、タイでは、ほとんどが年に１回、雨季の水を利用して米を作るだけだった。乾季には
　　水がないため、米づくりができないからだ。しかしこのことは、「乾季にも水が得られれば米は
　　作れる」と言うことでもある。

　　・では、どうすれば、乾季にも水を得て米をつくる（ つまり二期作をする ）ことができるのか？

　　⇨ かんがい

⑦・これまでのことを考えると、サナンさんたち農家が、もっと暮らしを豊かにするためには農業を
　　近代化する必要がある。近代化には大きく２つある。

　　　１つは、Ａ：灌漑設備や肥料を使うなどの米づくりの技術的なこと。で、もう１つが、Ｂ：地主
　　制をなくすなどの土地改革に関わること。

　　・では、まずサナンさんたちが取り組むべき近代化は、どっちなのか？

　　→Ａ・Ｂ・・・

※・ここで時間があれば、グループでのはなしあいをさせてもよい。

⑧・近年、タイの米づくりは近代化が進んでいる。そして、その近代化により、「増えたもの」と「減ったもの」がある。

　・では、「増えたもの」とは、何なのか？

　→・・・

⑨・一方、「減ったもの」とは、何なのか？

　→・・・

⑩・灌漑施設や排水施設の整備が進み、化学肥料や農薬の使用、さらに高収量品種の導入などの近代化により、　稲の収穫量　は増加した（これが「増えたもの」）。

　　しかしその結果、浮稲の栽培などは、あまりおこなわれなくなった。それどころか近代化が進んだ結果、　水田　は埋め立てられて、工業用地に変わった場所も多い（これが「減ったもの」）。

　・つまり、近代化を進めた結果、サナンさんたち農家の暮らしは、豊かになったと、言えるのか？言えないのか？（どっちなのか？）

　→・・・

＜参考文献＞

「東南アジアの農業」羽田純一監修『まるごと社会科　中学・地理(上)』喜楽研

安井俊夫「タイの米づくり」『発言をひきだす社会科の授業』日本書籍

「稲が10mにのびるわけ？」若木久造ほか『くらしと知恵が見える世界地理』わかたけ出版

井田仁康「タイでは、洪水を利用して稲を栽培していた?!」『授業をもっと面白くする！　中学校地理の雑談ネタ40』明治図書

＜板書例＞

❖授業案〈　タイの米づくり　〉について

　この授業案は、以前は「タイの米づくり」のみを扱っていた。しかし、それでは時間が余るようになったため、プランテーションでの作物も取り入れるように変更した。特に、パーム油が使われている製品は身近なものが多いため、生徒の興味を引く面白い教材になる。

　タイの米づくりでは、以前の授業案では、農民の暮らしを豊かにするための近代化として、何に取り組むべきかを考えさせる場面で終わっていた。しかし、タイ政府が、その後、米の輸出競争力を高めようと農地の集約と大規模な機械化農業への転換策を本格化するなかで、近代化については農業だけの問題ではなく、生活のあり方そのものについて考える必要があると判断し、「近代化により農民のくらしは良くなったと言えるのかどうか？」との問いかけを追加した。ただ、その点をもっと深められればいいのだが、この授業案では内容が膨れ上がり、その投げかけの時間までしか取れていない。

■米づくりの盛んな国には、東南アジアの国が多い。具体的には、どこの国なのか？ また、それ
　らの国々の気候は、どんな特徴があるのか？

1：【 世界の米の生産高ベスト10 】地図帳P161「3 世界のおもな産物」を見てベスト7までを書き入れよう！

1位	中　国	2位	インド	3位	インドネシア	4位	バングラディシュ	5位	ベトナム
6位	ミャンマー	7位	タ　イ	8位	フィリピン	9位	ブラジル	10位	日　本

2：【 東南アジア 】　　　①米の生産の多い国を緑で塗りつぶそう！　②大きな川を青でなぞろう！

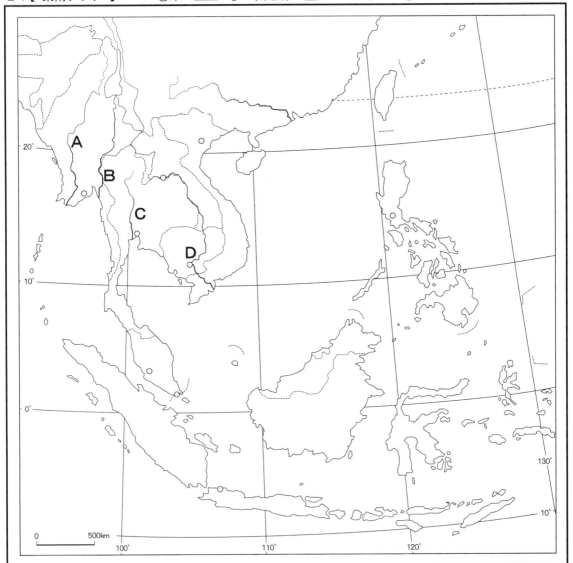

東南アジアを流れる大きな川

A：(エーヤワディー)川　B：(タンルイン)川　C：(チャオプラヤ)川　D：(　メコン　)川

■米づくりの盛んなタイの自然は、どうなっているのか？　また、その自然のために農家のつくり
　などには、どのような工夫がしてあるのか？　写真から見つけてみよう！

3：【 タイの農村風景① 】　　　　　　　　　　　　　　　　　　　　タイの自然と農業

■上の写真を見て、タイの農村の特徴を２つ見つけ出しなさい。

①		②	

■タイの人たちは、どんな米を作っているのだろうか？　また、どのようにして米を作っているの
　だろうか？　米づくりに取り組んでいる人たちの暮らしは、どうなっているのだろうか？

4：【 タイの米づくり① 】

　雨季がやってくると、タイでは毎日のようにスコールがある。降
った雨はメナム川（ チャオプラヤ川 ）に集まり、上流からゆっくり
と洪水がやってくる。1日毎に水かさが増していく。
　こうして平野は、雨季になると、まるで湖のようになる。

　タイの農家は、一戸当たり 2.5 ㌶ほどの水田を耕す。
　雨季（6月）が始まる。苗代に種をまき、7月に田植え。8月にな
ると、水田の水位は1mを越える。

　農民は、肥料はほとんど使わない。除草のため農薬を1回まく程
度で、あとは自然に取れるのを待つ。だから、収穫も、その年の自
然条件、特に"洪水"に左右される。

　11月。水田は、まだ満々と水があふれ、農民は胸まで水に浸か
り水中でカマを動かしながら稲を刈る。
　ここでは鋤起こしに水牛の力を借りるほかは、ほとんどの農作業
を人の力でおこなう。

5：【 タイの米づくり② 】

　サナンさんの家でも、夫婦で舟を浮かせて稲を刈り、少したばねては舟に積み込んでいく。サ
ナンさんは、収穫を地主に納めなくてはならない。
　1ライ（＝40m×40m）で収穫した米は、300バーツ（＝2,700円）になるが、地主に納めるので、
手元に残るのは200バーツ（＝1,800円）ほどだ。20ライを耕すサナンさんの年間収入は、だから400
バーツ（＝約36,000円）にしかならない。アヒルを飼ったり、出かせぎに行ったりして、なかな
か大変だ。
　　　　　　　　　　　　　　　　　　　　　　（ 安井俊夫『発言をひきだす社会科の授業』日本書籍より ）

【タイの農村風景②】

[10] 古くて新しいインド

◎インドの人々の生活に影響を及ぼしているヒンドゥー教について、生活でのさまざまな面から紹介する。そうした昔ながらの考え方がある一方、最先端のIT産業が発達している現状があることを理解させ、古くて新しいインドの姿について学ばせる。

1　インドカレーは、なぜないのか？

①・前回の授業のタイは、東南アジアにある国だった〈 東南アジアの地図を提示 〉！

　　・では、その西側は、何アジアと言ったのか？

　　→南アジア・・・？　※・南アジアの地図を提示！

②・その南アジアの中で、一番大きい国は、どこなのか？

　　→インド・・・

③・その「インド」の料理といったら、何(を思いつく)？

　　→インドカレー・カレー・カレーライス・・・　※・カレーの写真を提示！

④・カレーを作ったことがある人[挙手]！

　▷〈 挙手による人数の確認！ 〉

⑤・カレーを作る場合、A：カレールーを使うやり方と、B：香辛料を使うやり方がある。

　　・では、インドでは、どっちのやり方で作っているのか？

　　→A・B・・・

⑥・正解は〈 【調理の場面の写真】を提示しながら！ 〉、【資料：1】にも載せてあるが、カレーを作っている様子からわかるね？

　　→B

⑦・ただし、〈 【インド料理の写真】を提示しながら！ 〉 この写真に写っているような「インドカレー」という固有の料理は、インドにはない。

　　・それ(「インドには、インドカレーという料理はない」)は、どういうことなのか？

　　→・・・？

⑧・インドのレストランで、「インドカレーください」と注文しても、料理は出てこない。なぜなら、インドで「インドカレーください」と言うのは、日本で「日本料理ください」と言っているのと同じことだからだ。

　　・たとえば、日本料理の店に入って、「日本料理ください」と注文して出てくる料理は何なのか？

　　→さしみ、天ぷら、寿司・・・？

⑨・「インドカレーください」は、それと同じこと(具体的に注文しないと、料理は出てこない)。

2　食べるのは右手、お尻を洗うのは左手なのは、どうしてなのか？

①・ところで、そのカレーを、インドの人は、どうやって食べているのか？

　　→スプーンで・フォークで・箸で・・・？

②・フォークやスプーンを使うこともあるが、インドでは「手で食べる」習慣がある。

　　・では、手で食べるとき、どの手を使っているのか？

　　　A：右手　B：左手　C：利き手

※・Aだと思う人[挙手]！→〈 人数の確認！ 〉　・Bだと思う人[挙手]！・・・と続ける。

③・どうして右手なのか？(つまり、なぜ左手は使わないのか？)

→・・・

④・答えの前に、食べたら「出す」のが一般的だ（「食べたのに出さない」と言う人［ 挙手 ］！ ）

・どこで出すのか？（ 出す場所は、どこ？ ）

→トイレ・便所・・・

⑤・これがインドのトイレだが〈【インドのトイレの写真】を提示！ 〉、
日本のトイレとは、少し違っている。

・さて、（ 日本のトイレとは ）何が違うのか？

→バケツがある・前後がわからない・レバーがない・紙がない・・・

⑥・（「トイレに紙がない」と言うことは ）では、インドの人はウンコをした後、どうしているの
か？

A：お尻は拭かない　B：トイレの外で拭く　C：バケツの水で洗う

※・Aだと思う人［ 挙手 ］！→〈 人数の確認 〉　・Bだと思う人［ 挙手 ］！・・・と続ける。

⑦・手を使って、水でお尻を洗っている。（ お尻＝肛門 ）　これはいわゆる、「ウォシュレット」だ
（ 日本より導入は早かったようだ ）。

・ところで、お尻を洗うとき、どの手を使っているのか？

A：右手　B：左手　C：利き手

※・Aだと思う人［ 挙手 ］！　→人数の確認　・Bだと思う人［ 挙手 ］！・・・と続ける。

⑧・どうして左手なのか？　つまり、なぜ右手を使わないのか？

→・・・？

⑨・これは、インドの多くの人が信仰している宗教に関係している。

・それは、何という宗教なのか？

⇨| ヒンドゥー教 |
| --- |

・ヒンドゥー教の教えでは、「左手は不浄」と考えられている。そのため、お尻を洗うのは「左手」
で、ご飯を食べるのは「右手」となっている。

3　ヒンドゥー教とは、どんな宗教なのか？

①・〈【ヒンドゥー教の神々の絵】を提示して！ 〉ここに描かれ
ているのは、ヒンドゥー教に関する何なのか？

→・・・？

②・この方々は、ヒンドゥー教の神様たちだ。左から、世界を創造する神＝ブラフマー神。真ん中
が、世界を維持する神＝ヴィシュヌ神。右が、世界を破壊する神＝シヴァ神。

・そんな神様と関係があるのが【資料：4】の写真だ！

▷【 資料：4 】

③・（ 写真を見ると ）街中をたくさんの牛が歩いていることがわかる。

・どうして、街中に、こんなに牛がいるのか？

| A：個人が牛を放し飼いにしているから　B：町で牛を飼っているから　C：牛の飼い主が
いないから |
| --- |

※・Aだと思う人［ 挙手 ］！→〈 人数の確認 〉　・Bだと思う人［ 挙手 ］！・・・と続ける。

④・でも、どうして飼い主のいない牛が、町中にウロウロしているのか？

→・・・？

⑤・【資料：5】からもわかるが、インドは世界でも2番目に牛が多い国だ。

・それほどたくさんの牛がいるのにもかかわらず、その牛の飼い主がいなくて、街中にウロウロしているのであれば、インドでは牛肉は食べ放題・・・？

　→うらやましい・そんなことはない・・・？

⑥・インドにはたくさんの牛がいるが、インドの人は、牛（ ＝牛肉 ）は食べない。なぜなら、ヒンドゥー教の教えでは、牛は神様の使いだからだ（「ビーフカレー」なんて絶対にありえない ）。ヒンドゥー教の教えは、日常生活の中で守られている。

・たとえば、〈 町で掃除をしている人の写真を提示して！ 〉この人の職業はわかる？

　→清掃・掃除・・・

⑦・では、この人の子どもの職業は、何なのか？

　→清掃・・・

⑧・（ この人の ）孫の職業は、何（ なのか ）？

　→清掃

⑨・どうして、孫の職業までわかるのか？

　→決まっているから・・・？

⑩・ヒンドゥー教では、職業が限定されている。そのため、親が清掃の仕事だと、その子どもも清掃の仕事しかできない。

・この身分制度を何というのか？

　⇨ カースト制度

⑪・これは、ヒンドゥー教の教えの中にある。

※・カースト制度＝「人は生まれながらにして『ジャーティ』と呼ばれる社会集団から成り立っている」との考え方に基づく身分制度。ジャーティ毎に職業や出身地があり、その数は数千とも数万とも言われている。子どもは親の所属するジャーティを引き継ぎ、親と同じ仕事につく。

・しかし、これは明らかに差別なので、インドの憲法では禁止されている。にもかかわらず、現実のインドの社会では、未だになくなっていない。

４　ヒンドゥー教が、どのように根付いているのか？

①・【資料：3】に、インドの100ルピー紙幣が載せてある！

　▷【 資料：3 】上

②・紙幣の表に描かれている人物は、誰だか知っている？

　→ガンジー・・・？

③・「ガンジー」って、（ インドで ）何をした人なのか？

　→・・・？

④・インドの独立を指導した人物だ。そのため、こうして紙幣に肖像画が載せてある。インドの紙幣には、インドにとって大事なことが書かれている。

・そこで次に、裏を見てみる！

　▷【 資料：3 】下

⑤・Aの部分には、何が書いてあるのか？

　A：紙幣に描かれている絵の説明　B：偽札を造ると厳罰に処すという警告　C：1000ルピーと13回書いてある

※ ・Aだと思う人［ 挙手 ］！→〈 人数の確認 〉　・Bだと思う人［ 挙手 ］！・・・と続ける。

⑥ ・答えは「 C 」だが、正確に言えば、「13の違う文字で100ルピーと書いてある」。

　　・でもなぜ、13もの違う文字で「100ルピー」と書く必要があるのか？

　　→多くの人がわかるように・13の違う文字が必要だから・・・？

⑦ ・実際には、インドには13以上の民族がいる。インドには多様な民族がいるため、その多くの民族がわかるように、紙幣にも多くの文字が使われている。

　　たくさんの民族がいるインドだが、その約80％の人たちが信仰している宗教がヒンドゥー教だ。つまり、ヒンドゥー教は、大多数のインドの人たちの日常生活に深く根付いている。その（ ヒンドゥー教の ）教えには、昔の日本にあったようなものも残っている。だからと言って、インドは遅れている国ではない（ むしろ進んでいる ）。

5　インド式計算方法をやってみよう！

① ・インドの進んでいる面を【資料：6】をもとにみていこう！

　▷【 資料：6 】

② ・最初の（　　）の中には、どんな文章が書かれているのか？

　　→頭の中だけで・・・計算機で・・・？

③ ・では、「333333×333333」（ 33万3,333×33万3,333 ）の問題に答えている、最後の「　　」の中の数字は、何になるのか？

　　→111110888889（ 1,111億1,088万8,889 ）・・・？

④ ・どうして、こんな複雑な計算が、「頭の中だけで」できるのか？

　　→・・・？

⑤ ・インドの計算方法は、日本の方法とは違っている。ためしに、そのインド式計算方法をやってみよう。

　　・ | 78 × 72 |（ ＝ 5616 ）この式の答えは、いくらになるのか、計算で答えを出しなさい！

　▷**各自で計算**

※ ・「どれくらいの時間でできるのか、計ってみます」「計算が終わった人は筆記用具を置きなさい」などの指示で進めていくと、計算に集中して取り組む。

⑥ ・答えは、いくらになった？

　　→5616

⑦ ・たぶん、今みんながやった計算方法は、こうしたやり方だったと思う！

※ ・ここで、この問題を（ 右のように ）板書しながら、解いてみせる。

⑧ ・これをインド式計算方法でやってみると、こうなる！

```
   78
 ×)72
  156
  546
 5616
```

十の位の数字	×	十の位の数字＋1
7	×	8（ 7+1 ） ＝ 56

一の位の数字	×	一の位の数字
8	×	2　　＝ 16

　　答えは、この2つをつなげて、「5616」となる。

　・では、問題を2つ出すので、インド式計算方法で解いてみなさい！

　▷ | 35 × 35 | ・| 46 × 44 |　　各自で計算

- 88 -

・ $\boxed{35 \times 35}$
　　・十の位の数字×十の位の数字＋1
　　　　3　　　×　4（3＋1）＝12
　　・一の位の数字×一の位の数字
　　　　5　　　×　　5　　＝25
　答えは、この2つをつなげて、1225。

・ $\boxed{46 \times 44}$
　　・・？十の位の数字×十の位の数字＋1
　　　　4　　　×　5（4＋1）＝20
　　・一の位の数字×一の位の数字
　　　　6　　　×　　4　　＝24
　答えは、この2つをつなげて、2024。

⑨・今度は、違うパターンでの計算方法でやってみる。
　　・ $\boxed{99 \times 48}$（＝4752）この式の答えは、いくらになるのか、計算で答えを出しなさい！
　▷各自で計算
⑩・答えは、いくらになった？
　→4752
⑪・こうした数字になると、さっき（⑧の方法）とは違ったやり方になる！
　　$\boxed{小さい数字-1}$
　　　48－1　＝　47（A）
　　$\boxed{99 - (A)}$
　　　99－47　＝　52
　答えは、この2つをつなげて、4752となる。
　・では、また問題を2つ出すので、インド式計算方法で解いてみなさい！
　▷ $\boxed{99 \times 61}$ ・ $\boxed{999 \times 683}$ 　各自で計算

・ $\boxed{99 \times 61}$
　　・小さい数字-1
　　　　61－1　　＝　60（A）
　　・99　－　（A）
　　　99－60　　＝　39
　答えは2つをつなげて、6039。

・ $\boxed{999 \times 683}$
　　・小さい数字-1
　　　　683－1　　＝　682（A）
　　・999　－　（A）
　　　999－682　＝　317
　答えは2つをつなげて、682317。

⑫・どうして、こうした計算方法で答えが出るのか。数学の先生によると、このやり方は3年生の数学で習うことが基本になっているそうなので、3年生になったら、数学の先生に訊ねてみなさい（先生は、数学は苦手なので）。とにかく、インドでは、かなり数学は盛んにおこなわれている。
　・でも、どうしてインドで数学が盛んなのか？
　→・・・？
⑬・それは、インドの産業が関係している。

$\boxed{6 \quad インドでIT産業が盛んなのは、どうしてなのか？}$
①・【資料：7】のAのグラフを見ると、近年インドで伸びているのは、第何次産業だとわかるのか？
　→第3次産業
②・第1次産業とは、具体的には何？
　→農林漁業・農林水産業・・・
③・つまり、自然を活かした産業だ。
　・では、第2次産業とは、何？

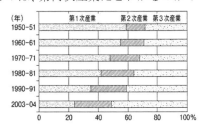

→工業・・・

④・自然から取れる原材料を基に、モノを作り出す産業だ。第3次産業とは、それ以外の産業だ。

・具体的には、こんな産業がある！

▷【 第3次産業 】

⑤・この中で、著しくインドで伸びていて、注目されている産業はどれなのか？

⇨ |IT産業|

⑥・IT産業とは、コンピューターを使った産業だ。そこには、コンピューターをつくる|ハードウェア|とコンピューターを動かす・コンピューターで動かす|ソフトウェア|の2つがある。

・では、インドで盛んなのは、どっちなのか？

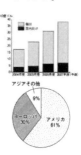

→ソフトウェア・・・

⑦・ソフトウェアの開発・販売が盛んだが、【資料：7】のBのグラフを見ると、それは、輸出＝外国向けなのか？　国内向けなのか？

→輸出＝外国向け

⑧・【資料：7】のCの円グラフをみると、（ 外国とは具体的には ）どこの国の会社がインドのIT産業に仕事を頼んでいるのか？

→アメリカ・・・

⑨・アメリカのIBM、インテル、マイクロソフトなどだ。アメリカの会社が、インドの会社に仕事を頼むのは、もちろんインドでIT産業が発展しているからだ。

・では、インドのIT産業が発展した背景の2つとは、何と何なのか？

⇨ |数学の教育水準が高い| ・ |英語を話せる技術者が多い|

⑩・1つめの「数学の教育水準が高い」のは、インド式計算方法でもわかるように、もともとインドでは数学が盛んだった。

・では、「英語を話せる技術者が多い」のは、なぜなのか？

→かつてイギリスの植民地支配を受けていた・・・

⑪・アメリカの会社が日本などではなく、インドに仕事を頼むのには、時差も関係している。アメリカとはインドでは、12時間の時差がある。

・このこと（ 12時間の時差 ）が、なぜアメリカがインドに仕事を頼む理由になっているのか？

→・・・？

⑫・12時間の時差があると、アメリカの本社が夜になって仕事が終わっても、インターネットでインドの支店とつなげておくと、24時間仕事ができる。

・さらに、人件費は、アメリカに比べてインドは・・・？

→安い

⑬・また、IT産業は、近年生まれた新しい産業であるため、「カースト制度には影響されない職業」と言うインド国内の理由もある。IT産業では、能力さえあれば、身分に関係なく（ IT ）企業に就職でき、安定した生活ができる。そうしたことがインドの人々にとって大きな魅力となり、IT産業の発展にもつながっている。

<参考文献>

辻健司ほか「インドってどんな国？」「新しいインド」「数学を大好きにさせるインド」羽田純一監修
　『まるごと社会科中学・地理(上)』喜楽研
宇田川勝司「IT大国インド、その発展のウラにはカースト制の存在があったというのは真実だろうか？」
　『なるほど世界地理』ペレ出版

<板書例>

〈 古くて新しいインド 〉

　1　インドカレー？　　　　　　　　　　　　　3　インド式計算方法　－　数学

　2　ヒンドゥー教　－　80％のインド人　　　4　IT産業　　　　　　　　　　イギリスの
　　カースト制度(身分制度)　　　　　　　　　　　　　　　　　英語　　　　植民地

❖授業案〈 古くて新しいインド 〉について

　インドについては、まずはインドカレー、ヒンドゥー教、カースト制度という伝統的なインドを中心に授業案をつくってみたが、さすがにそれでは、地理の授業案としては成り立たなかった。そこで「何か新しいインドの姿がわかる内容を取り入れることはできないだろうか」と悩むこととなった。

　結果的には、『まるごと社会科中学・地理(上)』に頼ることになった。そこにはインド式計算方法という面白い内容が書かれていたからだった。ただ困ったことに、私は中学生の頃から数学が苦手だったため、本を読んだだけでは、その計算方法が理解できなかった。そこで同僚の数学の先生に解き方を教えてもらった(そのため、「先生は数学が苦手なので、もし詳しい説明をして欲しい場合には、数学の先生に、3年生になったら訊ねてみなさい」という苦しい言い訳を授業案の中に書いている)。そして、このインド式計算方法からインドで数学教育に力を入れていることを知り、IT産業へのつながりがあることを知った。さらに、それは新しい職業を成立させ、伝統的なカースト制度にとらわれない人々を生みだしていることも知り、授業内容の全体をつなげることができて、1時間の授業案を完成させることができた。

■インドと言えば「インドカレー」。インドの人たちは、どうやって食べているのか？ 「食」に限らず、
インドの人たちは、どんな生活を送っているのか？ 宗教では、どんなことを信じているのか？

1：【 調理の様子 】

2：【 インドカレー 】

3：【 インドの紙幣 】 Aの部分には、何が書いてあるのか？

■インドでは、街のなかを牛が平然と歩いている。なぜ牛が街をうろつきまわっているのか？ インドは昔ながらのように見えるが、近年はＩＴ産業の成長が著しい。それは、どうしてなのか？

4 :【 街中の風景 】

5 :【 牛の頭数ベスト7 】

	国	頭数
1	（ ブラジル ）	218,225
2	（ インド ）	185,987
3	（ アメリカ ）	91,918
4	（ 中 国 ）	84,375
5	（ エチオピア ）	59,487
6	（ アルゼンチン ）	52,637
7	（ パキスタン ）	42,800

6 :【 インド式数学 】　　　　　　　　（NHK スペシャル取材班『インドの衝撃』文藝春秋より）

　インドでは、理数系の成績がいいことは、何よりも高く評価されるという。

　「インド式数学」の実際を探ろうと訪れたのは、デリーの隣ハリヤナ州のグルガオンにある学校である。この学校では算数の授業は全学年で毎日必ずあり、日によっては1日に2時間の日もある。まずは3年生の算数の授業をのぞいてみた。

　教室に入って、まず日本の学校の授業との違いに気づいた。生徒たちの机の上には教科書もノートも鉛筆も一切ない。先生は黒板には何も書かずに、口頭で計算問題を次々と出していき、生徒たちは（　頭の中だけ　）で計算してドンドン答えていく。

　『８９×７３は？』、『１４２×５６は？』、『２５６÷１６は？』　いずれも計算式を目で見て、日本式に紙に書いて計算すれば難しいことはないが、問題を耳だけで聞き、かつ紙に書かずに計算しようとすると意外と難しいことに気づくはずだ。

　「暗算は、生徒たちの脳を活性化してくれます。脳を鍛え、記憶力も高めてくれるのです」と担任の先生は話す。

　5年生の授業でも、生徒たちの机の上には何もなく、暗算で計算をしている。しかも、ものすごい桁数の計算である。『３３３３３３×３３３３３３は？』「電卓がないと無理だな・・・」と我々が思っていると、生徒たちが勢いよく次々と手を挙げる。先生が、『みなさん、一緒にどうぞ』と言うと、「１１１１１０８８８８８９」と、全員が合唱するように答えた。

7 :【 インドに関するグラフ 】

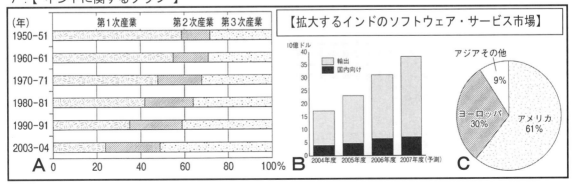

[11] 西アジアの遊牧

◎イスラム教について紹介し、その教えが広まっている理由について考えさせるように投げかける。
また、遊牧と牧畜のどちらが大変なのかを考えさせ、遊牧について理解を深める。

1　イスラム教のお祈りは、どうなっているのか？

①・前回（の授業で）学んだ、インドで生まれた宗教には、何があったのか？

　→**ヒンドゥー教・仏教・・・**

②・そのインドは「南アジア」にあるが、その西の地域は、何アジアなのか？

　→**西アジア・・・**

③・西アジアで生まれた宗教には、「キリスト教」と「イスラム教」がある。

　・〈【祈りの場面を写した写真】を提示して！〉では、この写真でお祈りをして
　　いる人は、イスラム教徒なのか？　キリスト教徒なのか？

　→**イスラム教徒・・・**

④・この写真の、どこから、そのことが判断できるのか？

　→**十字架がない・・・**

⑤・イスラム教は、ムハンマドが始めた宗教で、唯一神アラーを信仰する。偶像崇拝を厳しく禁止
　　しているため、礼拝場には何もない。そのため、この写真に写っている人が「イスラム教徒」
　　だとわかる。ところで、イスラム教での礼拝＝お祈りは、1日1回ではない。

　・では、イスラム教では、1日何回お祈りをするのか？

　→**2回・3回・・・**

⑥・「夜明け前」「昼過ぎ」「午後」「日没後」「夜」の1日5回だ。【資料：1】にあるような動作で、
　　お祈りをする。場所は、どこでもよいが、時間になったら、イスラム教の「聖地」に向かって
　　祈る。

　・でも、イスラム教の「聖地」とは、どこなのか？

　→**メッカ**

⑦・メッカはイスラム教の聖地で、サウジアラビアにある。

　・【地図帳 37C6】で、場所を確認してみよう！

　▷【地図帳 37C6】で、メッカを探して印をつける作業。

⑧・メッカに向かって、1日5回、約10分間のお祈りをするのは、イスラム教徒の義務の1つだ。

※・時間に余裕がありそうなら、次のようなエピソードを紹介してもよい。

　・ある日本人が、イスラム教の国で飛行機に乗った。それは小さな飛行機だったため、座席から操縦
　　席が見え、パイロットの様子がわかった。しばらくすると、「正午」になった。その時、その日本人
　　は、何気なく操縦席を見てビックリした。

　・このとき、何に驚いたのか？

　→**・・・？**

　・パイロットが操縦席にいなかったのだ。

　・このとき、パイロットは操縦席を離れて、何をしていたのか？

　→**（イスラム教の）お祈り・・・**

　・時間になったため、イスラム教徒のパイロットは、操縦席を離れて、お祈りをしていた。

　・では、その後、この日本人を含む乗客は、どうなったのか？

　→**飛行機が墜落して亡くなった・何とか助かった・・・**

　・今は「自動操縦」というのがあるので、パイロットが操縦席を離れても、飛行機はそのまま飛んで

　　　　行ったとのことだった。

⑨・平日は、このようなお祈りがおこなわれるが、金曜日にはモスク（イスラム教のお寺）で、集
　　　団礼拝がおこなわれる。そのため、日本などとは曜日の感覚が違う。

　　・その感覚の違いとは、何なのか？

　　→・・・？

⑩・カレンダーを見ると、その違いがわかる！

　　▷【 イスラム教のカレンダー 】

⑪・（ イスラム教のカレンダーは ）日本のカレンダーとは、何が違うのか？

　　→金曜日が休日・１月は30日まで、２月は29日までになっている・・・

⑫・イスラム教では、金曜日が休日になっている。そのため木曜日の午後は仕事など休みになって
　　　いる。

　　・また、一か月は、何日か何日になっているのか？

　　→29日か30日・・・

⑬・どうして一か月が29日か30日しかないのか？

　　→・・・？

⑭・それは、イスラム教では太陽暦ではなく、月の運行に基づく太陰暦を採用しているためだ。太
　　　陽暦と太陰暦のズレがわかるように、イスラム暦カレンダーの日にちの下に太陽暦の日付が書
　　　いてある。

※・太陽暦＝１年365日　太陰暦＝１年354日。ムハンマドがメッカからメジナへ移ったヒジュラの年＝ユ
　　リウス暦622年７月16日を紀元元年１月１日としている。

| 2 | イスラム教には、どのような教えがあるのか？ |

①・カレンダーに書かれている９番目の月＝ラマダン（ ラマダーン＝Ramadhanと発音されることも
　　　ある ）は、イスラム教の義務をおこなう月だ。

　　・では、「ラマダン」とは、何をする月なのか？

　　→・・・断食・・・？

②・断食。ただ、正確に言えば、「夜明けから日没まで、一切食べたり飲んだりしてはいけない」と
　　　言う断食だ（ １ヶ月間「何も食べない、飲まない」と言うわけではない ）。

　　・そんな断食ならば、みんなにもできそう？

　　→できる・・・？

③・でも、どうしてイスラム教では、断食をするのか。

　　・【資料：２】から、その理由を探してみよう！

　　▷【 資料：２ 】の断食をする理由の部分に線引き作業

④・イスラム教徒が断食をするのは、理にかなって、いるのか、いないのか？

　　→かなっている・・・？

⑤・その断食をおこなう９番目の月の季節とは、いつなのか？

　　→秋・・・？

⑥・イスラム教では月の運行に合わせる太陰暦を採用しているため、太陽の運行とはズレが生まれ
　　　る。そのため９番目の月が「秋」とは限らない。（ ９番目の月の季節が ）「真夏」の年もある。

　　・それでも、夜明けから日没までの断食なら、できそう？（ できそうにない？ ）

→できそう・できないそうにない・・・？

⑦・イスラム教では、こうした大きな義務以外にも、日常生活で守らなければならないことは多い。たとえば、イスラム教の国の電車の中で守らなければならないことがある。これに違反すると罰金を取られる。

・さてそれは、次の中のどれなのか？

| A：つばを吐く | B：ゴミを捨てる | C：落書きをする | D：居眠りをする |
| E：酒を持ち込む | F：座席に座る | G：酒を飲む | H：座席に足を置く |

※・Aだと思う人［ 挙手 ］！と、1つひとつ挙手により確認を取る。

⑧・さすがに、「F：座席に座る」では、罰金は取られない。しかし、それ以外は全て罰金の対象となっている。また女性は、他人に肌を見せてはいけない（ 海水浴場は男女別になっている ）。

・そのため、女性は、このような衣装を着ている！

▷【 アバヤを着ている女性の写真 】

⑨・これは、体をすっぽりと覆っているため、暑そうに見えるが・・・。

・そもそも、この西アジアの気候帯は何だった？

→乾燥帯

⑩・温度計に、「ハ〜っ」と息を吹きかけると、どうなるのか？

→上がる・下がる・・・？

・どうして「下がる」のか？

→・・・？

⑪・吹きかける息の方が、外気温よりも・・・「低い」ためだ。つまり、それだけ気温が高く暑い。だから、アバヤを着て、体をすっぽりと覆っていると、直射日光を避けることができ、水分の蒸発も防ぐことができる。

・これは、理にかなっているのか？（ いないのか？ ）

→かなっている・・・？

※・アバヤはアラビア半島の女性の伝統的衣装で、サウジアラビアでは法律で着用が義務づけられている。アバヤの下に着るものは何でもいいので、便利だとも言われている。

⑫・その他には、「お酒は飲んではいけない」「豚肉は食べてはいけない」などの決まりもある。

・こうした教えのイスラム教なら、「信仰してもいいかなぁ」と思う人［ 挙手 ］！

▷〈 挙手による人数の確認！ 〉

⑬・では、現在、イスラム教を信仰する人は、世界で、増えているのか、減っているのか？

→減っている・増えている・・・？

⑭・【資料：3】や【資料：4】を読むと、イスラム教を信仰する人は、増えていることがわかる。

・こうした「厳しい教えを信仰する人が増えている」と言うことは、世の中が、どうなってきているとのあらわれなのか？

→・・・？

3　遊牧と牧畜とでは、仕事として大変なのはどっちなのか？

①・ところで、西アジアからひろがったイスラム教を信仰する人々は、乾燥帯に住んでいる人々が多い。そこで生活するためには何か仕事をしなければならない。どんな仕事があるのかと言うと、古くから西アジアに住む人々は、「遊牧」をして暮らしていた。

・あぁ「遊牧なら、うちでもやっている」と言う人［ 挙手 ］！

▷〈 挙手による人数の確認！ 〉

② ・誰もいないようだ。

・では、「隣の家でやっている」と言う人［ 挙手 ］！

▷〈 挙手による人数の確認！ 〉

※・同じ要領で、「友だちのうちがやっている」と言う人［ 挙手 ］！　▷〈 挙手による人数の確認 〉　「親戚がやっている」と言う人［ 挙手 ］！　▷〈 挙手による人数の確認 〉と、挙手による確認を取っていく

③ ・やはり、誰もいないようだ。では（ 日本では、やっていないようだから ）、遊牧については調べないとわからない。

・【資料：１】に２枚の写真がある！

▷【 資料：１ 】

④ ・Aは、ニュージーランドで、羊を飼っている牧場の様子。
　Bも同じような場面で、羊を飼っている様子。

・では、遊牧とは、A・Bのどっちなのか？

　→B・・・

⑤ ・A・Bともに、羊を飼っている場面が写されている。

・では、遊牧と（ 牧場で家畜を飼う ）牧畜とでは、何が違っているのか？

　→・・・

⑥ ・「家畜を移動させながら飼う」、これが遊牧（ での家畜の飼い方だ ）。

・では、A：家畜を牧場で飼う牧畜と、B：移動させながら飼う遊牧とでは、［ 家畜を飼う ］仕事として、大変なのはどっちなのか。

・A：牧畜だと思う人［ 挙手 ］！

▷〈 挙手による人数の確認！ 〉

・B：遊牧だと思う人［ 挙手 ］！

▷〈 挙手による人数の確認！ 〉

・班ではなしあい［ ３分間 ］！

※・ここから班内でのはなしあい　→　学級全体での討論へとつなげていく

⑦ ・はたして、本当に大変なのはどっちなのか。遊牧について、具体的に調べてからもう一度考えてみよう。

| 4 | 遊牧とは、何を連れて歩くのか？ |

① ・「家畜を連れて移動する」のが遊牧だが、これは、毎日移動するのか？　年に数回ほど移動するのか？

　→年に数回ほど・毎日・・・

② ・ところで、家畜を連れて移動する目的は何なのか？（ 家畜に、何を食べさせるためなのか？ ）

　→餌を求めて・草を与えるため・・・

③ ・餌となる「草を求めて移動」をする。だから、そこが問題になる。

・たとえば、この辺りで草がなくなったときには、どうするのか？

　→移動をする・・・

④・草がある間は、そこに留まる。それは2〜3日かもしれないし、1週間かもしれない。1日しかもたないかもしれない。そうすると、1つ問題がある。それは、遊牧をやっている人たち＝「遊牧民」の家だ。

・遊牧民には、家は、あるのか？　ないのか？

・Ａ：遊牧民にも家はあると思う人［ 挙手 ］！

▷〈 挙手による人数の確認！ 〉

・どうしてそう思うのか、理由を言える人［ そのまま挙手 ］！

→・・・

・Ｂ：遊牧民には家はないと思う人［ 挙手 ］！

▷〈 挙手による人数の確認！ 〉

・どうしてそう思うのか、理由を言える人［ そのまま挙手 ］！

→・・・

⑤・この写真は、西アジアではないが、やはり乾燥帯にあるモンゴルの遊牧の様子が写っている！

▷【 モンゴルの遊牧の写真 】

※・西アジアの遊牧民は円形ではなく、方形で開放的なテントを張る。

⑥・ここには家は、あるのか？　ないのか？

→ある・ない・・・

⑦・〈 写真の中のパオ（ ゲル ）を示しながら！ 〉 これは、家なのか？　家じゃないのか？

→家だ・家じゃない・・・

⑧・これは「家」だといっていい。ただし、みんなの生活している家とは違っている。

・と言うのは、ここで家畜が草を食べつくしたら、この家はどうするのか？

→移動する・・・

⑨・たたんで、家も一緒に移動をする。

・「僕の（ 私の ）家も、たたむことができる」と言う人［ 挙手 ］！

▷〈 挙手による人数の確認！ 〉

⑩・みんなの家とは違うけど、住むところはきちんとある。「家も一緒に移動させながらおこなう」のが遊牧民の暮らしだ。ところで、遊牧民は、どんな家畜を飼っているのか。

・西アジアの人たちが飼っている家畜とは、何なのか？

→ラクダ・ヤギ・羊・馬・牛・豚・・・

5　どうやって家畜を動かしているのか？

①・ただ、そうした家畜を連れて歩いて、それで生活ができるわけではない。

・では、遊牧民は、家畜を飼って、どうやって暮らしているのか？

→・・・？

②・ラクダやヤギや羊などを飼って、どうやって収入を得ているのか？

→家畜を売る・肉にする・毛を刈り取る・・・

③・主にヤギや羊の「乳」を利用している。ただし、搾った乳を牛乳のようにそのまま売るわけではない。

・では、何にするのか？

→チーズ・バター・・・

④・このような〈『人間は何をたべてきたのか』P89の写真を見せながら！〉搾っ
た羊乳やヤギ乳をチーズやバター、ヨーグルト（乾燥させたヨーグルトもある）
などにして、収入を得ている。すると、羊やヤギにはウンと草を食べてもらわな
いと困る。つまり、「草を食べさせる」ことが、遊牧の基本的な仕事となる。ただ、
ここは乾燥気候で大変に暑い気候の土地だった。

・温度計に「ハァ〜」と息を吹きかけると、どうなったのか？

　→下がる・・・

⑤・そんな暑いところでは、餌を食べさせることさえ大変な仕事になる。

・遊牧民は、どれくらいの数の家畜を連れて移動しているのか？　

　→・・・？

⑥・この写真を見ると、100頭は超えている？（そんなにはいない？）

　→越えている・・・

⑦・たとえば、 ムスタファさんの場合 、 羊145頭、ヤギ244頭、らくだ6頭、馬9頭、牛44頭 で、
合計 すると 448頭 。 ベギルさんの場合 、 羊33頭、ヤギ385頭、らくだ3頭、牛9頭 で 合
計 430頭 の家畜を飼っている。

・しかし、それだけの数の家畜を、一体どんなやり方で連れて歩いているのか？

> A：鞭や棒など家畜に触れるものを使う
> B：縄（ロープ）を張り囲い込みながら
> C：言葉（声）をかけて動かしている

・この3つの中で正解はどれなのか、（班内の）グループではなしあい［1分間］！

▷ 班内のA・B各グループでのはなしあい

※・ここからグループでのはなしあい　→　指名発言による意見発表をおこなう

⑧・「家畜」といっても、一緒に暮らしている仲間のようなものだから、声をかけないと安心して草
を食べないそうだ。つまり、正解はCの「言葉、声をかける」だ。
でも「声をかける」と言っても、相手は家畜だから、そう簡単には通じるわけではない。「特別
な言葉」が必要になる。「こういう声をかけると、こうしたことをする」と言うのが必要になる。

・では、「どんなとき」に、「どんな声」をかけるのか？

　→・・・？

⑨・具体的に、1日の動きを追ってみる。まず、朝だ。朝になったら、草を食べさせに行かなけれ
ばならない。

・つまり、寝ている家畜を起こす必要は、あるのか？　ないのか？

　→ある・・・

⑩・家畜を起こすのは、遊牧民の仕事だ。だから、「起きろ」とか、「おはよう」の声かけが必要に
なる。そして、起きて活動を始めると、また声かけが必要になる。

・たとえば、どんな場面で？

　→・・・

⑪・全てはわからないが、まず 起きろ という場合にかける声は、 シーチュチ、シーチュチ 。
さぁ行くぞ は、 ヘイ・ヘーイ、ヘイ・ヘーイ 。この声で、家畜は歩き始める。動き始める
と、ときどき 早く行け の声かけが必要になる。これは、 アフ・アフ、アフ・アフ 、これで
歩き方が早くなる。

でも、そのままドンドン先に行ってもらっても困るため、 止まれ という声も必要になる。

それは、 アイ・アイ、アイ・アイ で、これで家畜は、みんな止まる。

ただ中には、必ず集団からはみ出すヤツもいるため、 はみ出すな という意味の ブー・ブー、 ブー・ブー という声をかける。

そして、目的地に着いたら、家畜は草を食べ始める。草を食べ始めると、結構あちこちバラバラになっていくので、これを集める必要がある。 集合 という声は、 ユクチャ・エーイ という。こうした掛け声で、家畜たちは集まってくる。こうしたいろいろな掛け声で、400頭近い家畜を引き連れて毎日歩いて行く。これが遊牧の仕事だ。

6 夜・雨の日・病気のときには、どうするのか？

① ・さて、1日が終わって夜になる。そうすると、どうするのか。

・A：夜も草を食べさせに行った方がいいのか？　それとも、B：夜はやめておくのか？

・A：夜も草を食べさせに行った方がいいと思う人[挙手]！

▷〈 挙手による人数の確認！ 〉

・どうしてそう思うのか、理由が言える人[そのまま挙手]！

→・・・

・B：いや、夜はやめておいた方がいいと思う人[挙手]！

▷〈 挙手による人数の確認！ 〉

・どうしてそう思うのか、理由が言える人[そのまま挙手]！

→・・・

② ・夜は、いや「夜も」食べさせに行く。と言うか、夜の方が草を食べさせるのに都合がいい。

・でも、どうして（ 夜の方がいいのか ）？

→・・・

③ ・ここでの気候を考えると、夜の方が・・・涼しい。人間もそうだが、涼しい方が食欲も出る。これが、夜がいい1つ目の理由。それと、もう1つ（ 夜がいい ）理由がある。

・これも、夜と昼の違いによることだが・・・（ 果たして、どんなこと ）？

→・・・

④ ・夜は暗い。暗いと「周りが見えない」。周りが見えないと、目の前の草に集中して、しっかりと食べる。これも人間同じで、隣でうまそうなものを食べていると、気になる。家畜も昼間は、あっちこっちに行ってしっかりと食べない。「あっちがうまそうだ」とか、「いや、こっちが良さそうだ」と言う感じになる。夜は暗くて、それがないため、集中して草を食べる。だから、夜も草を食べに連れて行く。

・また、ここは砂漠だが、少ないけれど雨は降る。

・雨の日は、どうするのか？　A：草を食べさせに行くのか？　B：行かないのか？

・A：雨の日も草を食べさせに行くと思う人[挙手]！

▷〈 挙手による人数の確認！ 〉

・どうしてそう思うのか、理由が言える人[そのまま挙手]！

→・・・

・B：いや、雨の日には行かないと思う人[挙手]！

▷〈 挙手による人数の確認！ 〉

・どうしてそう思うのか、理由が言える人［ そのまま挙手 ］！

　→・・・

⑤・これは、ずぶ濡れになりながらも行く。「草を食べさせるために移動をする」のが遊牧だから。

　　しかし、そうやって移動を続けていると、困った事態に遭遇することもある。

　　たとえば、家畜が病気になったときだ。

・家畜が病気になった場合、遊牧民は、どうしているのか？（ 近くに動物病院があるわけではないし・・・ ）。

　→・・・？

⑥・家畜が病気になった場合には、自分たちで治療をする。場合によっては、手術をすることもある。これは、家畜の命に関わることだからだ。

・さて、遊牧についてわかってきたけど、結局のところ、牧畜と遊牧とでは、どっちが家畜を飼う仕事としては大変なのか？

・A：それは、牧畜だと思う人［ 挙手 ］！

▷〈 挙手による人数の確認！ 〉

・B：いや、遊牧だと思う人［ 挙手 ］！

▷〈 挙手による人数の確認！ 〉

・班内でのはなしあい［ ３分間 ］！

※・ここから班内でのはなしあい　→　学級全体での討論へとつなげていく

<参考文献>

「金曜日が休みの国」若木久造ほか『くらしと知恵が見える世界地理』わかたけ出版
春名政弘「西アジアと北アフリカ」歴史教育者協議会編『中学社会科地理の授業（上）』あゆみ出版
「西アジアの文化にふれてみよう」羽田純一監修『まるごと社会科 中学・地理（上）』喜楽研
安井俊夫「『１時間の授業』の論理と技術」歴史教育者協議会『歴史地理教育』1987年４月号
NHK取材班『人間は何をたべてきたのか』日本放送出版協会

<板書例>

〈 西アジアの遊牧 〉

　１　イスラム教　　　　　　　　　　２　遊牧 と 牧畜 － 牧場
　　　ムハンマド － アラー（ 神 ）　　　　　　　　│
　　　　１日５回のお祈り　　　　　　　　　　移動 ＝ 家畜＆家
　　　　ラマダン（ 断食 ）

❖授業案〈 西アジアの遊牧 〉について

　この授業案は、もともとは遊牧のみの１時間の授業だった。しかし、時間の余裕が出てきたため、イスラム教について取り入れることにした。その結果、前半がイスラム教、後半が遊牧についての内容となった。宗教について生徒に理解させることは難しいため、もう少し丁寧に教えるべきなのかもしれないが、あくまで１時間で西アジアを取り扱うことを前提に授業案をつくっている。

　ベドウィンに代表される西アジアの遊牧民は、各国の政策によって急速に定住に向かっている。しかし、厳しい環境で規律を尊び独立した生活を営もうとする彼らの伝統は、イスラム教の精神として今も生きている。偶像など何もない地面の上で祈ることも、遊牧民に適しているといえる。

■西アジアの国々で信仰する人が多い「イスラム教」とは、どんな宗教なのか？　イラクと戦争した
　アメリカ人の中から、キリスト教からイスラム教に改宗する人が増えているのは、なぜなのか？

1：【 イスラム教の礼拝の仕方 】　　　　　　　　　　（片倉もとこ『イスラームの日常世界』岩波新書）

　　祈りの時間は、結果として仕事中のよい休憩タイムとなり、身体を動かすので、ストレッチがわり
ともなって、社会に「ゆとり」をもたらしている。暑さの中、人々は仕事を2時頃に終わり、夕食は
必ず家族全員でとった後、やすらかな気持で夕べの祈りをおこなう。「仕事」に追われない、そうい
う社会の在り方を、多くの人は「よいもの」と考えている。断食の月は、夕方までみんなで我慢し合
った後、夜中まで飲食して大騒ぎとなり、友だちも増える。もちろん老人や子ども、病人などには、
その（ 断食をする ）義務はない。

2：【 なぜ断食を？ 】　　　　　　　　　　　　　　　　　　　　『私のアラブ・心の日本』より

　　1つは体の健康である。1年間3食ずつ食べ続け、それが一生となると、どこか体にムリが出てく
る。1ヶ月にわたる断食は、体の状態を健康にするという原点に立ち返らせる役割をはたすのである。
　　第2に食欲を抑制することで、困難に勝つ強い精神力を養成することになる。
　　第3に飢えに苦しんでいる人々への同情心を育てる。「自分一人が豊かになれば、それでいい」と
いうものではないことを、断食は教える。

3：【 イラクには勝ったが、イスラムに負けた 】　　　　　　　　　（ 朝日新聞 1991.7.12 ）

　　サウジアラビア駐留のアメリカ軍兵士の中から、イスラム教に改宗する人々が続出している。サウ
ジアラビア側の布教者によると、「改宗者は 2,500 人」と言う。イラク軍に完勝したアメリカ軍も、
思わぬイスラム攻勢にタジタジの体だ。

4：【 なぜイスラム教に 】　　　　　　　　　　　　　　　　　　（朝日新聞 1991.7.12）

　　シャビドー一等兵は、牧師を父に持つ黒人兵。「イスラムの厳しい態度に心をうたれた。ニューヨ
ークでは麻薬、酒、ケンカ、何でもやった。楽しかったけど、目的のない生活だった。今は生まれて
初めて、平和と安定感にひたっている」

→ アブダビのモスクの内部
← アブダビのモスク

■西アジアの乾燥地帯では、遊牧がおこなわれている。遊牧とは、どんなことをするのか？　牧場
　でおこなう牧畜とは、どう違うのか？　またそこには、どんな苦労があるのか？

5：【 遊牧と牧畜 】

6：【 遊牧のようす（ モンゴルの場合 ）】

7：【 遊牧民の生活 】

　・・・ムハマド に、「町に住みたい
か？」と聞くと、彼は厳しい顔をした。
「自分には、砂漠で生活していること
が誇りであり、喜びである」
「遊牧生活は確かに苦しいが、砂漠は
空気が澄み自由がある。私は決して町
には住まない・・・」

（『人間は何を食べてきたか』日本放送出版協会）

2. 世界の諸地域／全 25 時間

(2) アフリカ州／全 2 時間

[12] 飢えるアフリカ
[13] 変わるアフリカ

❖単元「世界の諸地域／(2)アフリカ州」について❖

　私たちが持っているアフリカのイメージとしては、大自然の野生動物、欧米諸国による植民地支配、そして飢餓と難民などがある。しかし、いまアフリカは急速に変わりつつある。そのため、いつまでもこうした昔のイメージでアフリカをとらえるべきでない。もちろん、そうした歴史があったことはおさえた上で、現況をとらえさせ、これからを考えさせる。そこで、アフリカを学ぶ必須の前提として、大自然や野生動物、植民地支配、飢餓などを比較的詳しく扱い、変わりつつあるアフリカの現況について考えさせようとしてみた。

[12] 飢えるアフリカ

◎生徒が持つアフリカのイメージを導入に、砂漠化の進行や飢餓の実態をつかませる。その上で、アフリカからの食糧輸出の是非について考えさせ、アフリカのこれからについて投げかける。

1　アフリカには、どんな気候があるのか？

①・「アフリカ」といえば、こうした自然のイメージが強い！

　▷【　サバナ・キリマンジャロの写真　】

②・このアフリカの大自然の中に生きる「野生動物」には、どんな生き物がいるのか？

　→ライオン・象・シマウマ・キリン・サイ・カバ・・・

※・生徒の発言に沿って、それぞれの動物の絵を黒板に貼っていく。ただし、すぐに発言がなければ、先に動物の絵を提示して、何という動物なのかを訊ねてもよい。

③・では、アフリカ全体に、こうした動物が生息しているのか？

　→いる・いない・・・

④・アフリカの全てが熱帯で、暑い気候なわけではない。

　・アフリカ大陸の気候を確認するために、【地図帳Ｐ41・42】を開きなさい！

　▷【　地図帳Ｐ41・42　】

⑤・【地図帳】を見て、【資料：1】のアフリカ大陸の白地図に、(1)赤道＝赤色、

　(2)南北回帰線＝青色を書き入れなさい！

　▷【　資料：1　】への記入作業

⑥・ここで「世界の気候帯」について、おさらいをしてみる。

　・〈〈　世界の気候　〉の授業で使った気候帯の基本図を提示して！〉赤道を挟んだ、この地域の気候帯を何といったのか？

　→熱帯・・・

※・このあと、赤道から離れるに従って「乾燥帯」「温帯」「亜寒帯（冷帯）」「寒帯」と気候帯が分布していることを確認する。

⑦・アフリカ大陸は、その真ん中あたりに赤道が通っているのだから〈〈　世界の気候　〉の授業で使った気候の基本図を提示しながら！〉、こうした形で気候が広がっているはず・・・だが。

　・その確認のために、（いま赤道と南北回帰線を書き入れた）【資料：1】のアフリカ大陸の白地図を、指示に従って色分け作業をしてみよう！

　▷【　資料：1　】への色塗り作業

※・ 熱帯雨林気候 ＝赤色　 サバナ気候 ＝桃色、 砂漠気候 ＝黄色、 ステップ気候 ＝黄緑色、 地中海性気候 ＝緑色と、気候名を書いたカードに色をつけておき黒板に貼り出し、カードの色に従って白地図の気候を塗らせる。なお、この段階では答えを提示することはせず、〈　世界の気候　〉の授業で使用した気候帯の図に従って、各自の考えで色塗り作業をするように指示をする。

　　ただし、生徒の作業が進まないような状況であれば、答えを提示して気候の分布を説明した方がよい。

⑧・答えは、こうなる！

　▷【　資料：1　】を気候別に色分けをした白地図

⑨・〈　アフリカ大陸の気候図を指し示し！〉この中の、どの気候に、ライオンやゾウ・キリンは生

息しているのか？

　→サバナ気候・・・

⑩・ライオンやゾウなどはアフリカでお馴染みの動物だが、南アフリカには、珍しい動物がいる。

　・さて、その動物とは、次の中のどれなのか？

　▷【　動物の写真　】　※・ケープタウンペンギン

⑪・（　ケープタウン　）ペンギンの生息する「南アフリカ」を

　　【地図帳P41・42】で探して印を付けなさい！

　▷【　地図帳P41・42　】

⑫・南アフリカは、何気候なのか？

　→地中海性気候・・・

⑬・アフリカ大陸は暑い熱帯だけではなく、いろいろな気候帯が分布している。

　・ところで、その気候帯が、どうして赤道に平行に広がっていないのか？

　→・・・？

┌─────────────────────────────────┐
│ 2　アフリカの自然は、どうなっているのか？ │
└─────────────────────────────────┘

①・アフリカ大陸の西側（ 左側 ）は平行になっているが、東側（ 右側 ）はなっていない。それはア
　　フリカ大陸の東部には、高い高原や山があるからだ。

　・何という高原や山があるのか？

　⇨ エチオピア高原・キリマンジャロ山

②・こうした地形の影響で、気候帯が赤道に平行になっていない。では、他には、どんな地形があ
　　るのか。

　・【地図帳P41・42】を見て、 ナイル川 ・ コンゴ川 ・ ビクトリア湖 を青色でなぞって書き
　　入れ、 キリマンジャロ山 の場所を△で、 サハラ砂漠・カラハリ砂漠 のそれぞれの範囲を黄
　　色で書き入れなさい！

　▷【　資料：1　】への記入作業

※・時間がかかるようであれば、「地図帳で探して印をつけなさい」で済ませてもよい。

③・熱帯の低地では、年中30℃を越える高温になる。

　・しかし、高山では、こうなっている！

　▷【　キリマンジャロ山の写真　】

④・どうして、山頂に雪があるのか？

　→気温が低いため・・・

⑤・こうした地形のため、気候が赤道に平行にはなっていない。

　　また、南北回帰線付近では（〈 世界の気候 〉の授業でも説明したように ）、年中高気圧となる
　　ために、降水量が少ない。

　・そのため、何が広がっているのか？

　→砂漠・・・

⑥・〈 地図で指し示しながら！ 〉南回帰線上に広がっている砂漠を、何砂漠というのか？

　→カラハリ砂漠・・・

⑦・では、北回帰線上に広がっている世界最大の砂漠を、何砂漠というのか？

　→サハラ砂漠・・・

3　どうしてサハラ砂漠に、カバの絵が描かれていたのか？

① ・そんなサハラ砂漠の中に、「タッシリ・ナジェール」と呼ばれる場所がある。

　・【地図帳P41・42】で、見つけてみなさい！

　▷【 地図帳P41・42 】タッシリ・ナジェールを探し、印をつける

② ・ここで（ 1933年、フランス軍ラクダ部隊による ）驚くべき発見があった。

　・こんな絵が発見された！

　▷【 タッシリ・ナジェールでの絵の写真 】

③ ・これは、何の絵なのか？

　→・・・カバ・・・

④ ・この発見についての話が、【資料：2】に載せてある！

　▷【 資料：2 】の前半

⑤ ・①の（　　　）の中に入る動物の名前は何なのか？

　→カバ・・・

⑥ ・でも、どうして砂漠の真ん中で「カバ」の絵が描かれていたのか？

　→昔、カバが生息していたから・・・？

※ ・発言がなかった場合には、グループでのはなしあいをさせてもよい。

⑦ ・確認のために、【資料：2】の後半部分を読んでみよう！

　▷【 資料：2 】の後半

⑧ ・さて、②～⑤の（　　　）の中に入る動物の名前は何だろう？

　→②＝カモシカ ・ ③＝牛 ・ ④＝馬 ・ ⑤＝ラクダ

⑨ ・かつてはサハラ砂漠にも、こうした動物が生息していた。

　・さらに、こんな動物の絵もあった！

　▷【 キリンの絵 】

⑩ ・でも、こうした動物がいなくなった大きな原因は、何だったのか？

　→水がなくなった・砂漠が広がった・・・

⑪ ・だんだんと水が枯れて、乾燥したことが原因だった。

　・そうした現象を何というのか？

　→ 砂漠化

⑫ ・タッシリ・ナジェールは、今から約1万年前の遺跡だ。その頃には、水も緑も多く、いろいろな動物も生息していた。しかし、今では見られない。

　・それは、この地域が、今では何になっているからなのか？

　→サハラ砂漠・砂漠・・・

⑬ ・こうした「砂漠化」とは、遠い昔の話なのか？

　→そんなことはない・そうだ昔の話だ・・・

⑭ ・現在も、このサハラ砂漠は広がっている。

4　アフリカの国々が苦しめられている飢餓とは、どんなことなのか？

① ・北緯12度～15度付近（ ＝サハラ砂漠の南 ）は、砂漠化が激しい地域で、 サヘル という（ サヘルとはアラビア語で「岸辺」という意味。砂漠が海に見立てられている ）。

　・ところで、砂漠が拡大している原因は、何なのか？

→雨が降らない・乾燥化している・・・

②・その原因とは、| A：雨が降らなくなった　　B：森の木を切り過ぎた　　C：家を造り過ぎた
　　D：家畜を飼い過ぎた　　E：畑をつくり過ぎた　　F：動物を捕り過ぎた | の中の、どれなのか？

　・班内のグループで、はなしあい！

※・ここからグループでのはなしあいをさせる。

※・A：長い旱魃（かんばつ）　　→　天候不順（気候変動）で雨が降らず、草木が育たなくなった
　　B：樹木の乱伐　　　　→　薪（たきぎ）や建築用材として木を切り過ぎた
　　D：牧草地での過放牧　　→　家畜の飼い過ぎ＝餌として草などを食べさせ過ぎた
　　E：畑地の過開墾　　　→　畑の作り過ぎ＝草木を切って畑にし過ぎた

※・近年のサハラ砂漠の拡大は、サハラ南部でヤギやヒツジが増え、草原の植物を食べ尽くしていること
　　が大きな原因である。また、過去数千年にわたるサハラの砂漠化の進行は、自然要因による気候変動
　　によって起きたものと考えられている（田家康『気候文明史』日本経済新聞出版社）。

③・原因がわかれば、その対策を立てることもできる。

　・では、砂漠化を防ぐ対策としては、どんなことが考えられるのか？

　→木を切らない・家畜を飼い過ぎない・畑を減らす・・・？

④・対策は、いろいろと考えられる。しかし、その実行が困難な国が多い上に、そうした対策がお
　　こなわれても、すぐに効果があらわれるわけでもない。その間、アフリカの人々には困った事
　　態が続くことになる。

　・では、砂漠化により、一番困っていることは、何なのか？

　→食料不足・・・

⑤・砂漠化によって「食料不足」になると深刻な事態になる。そこに住んでいる人は全員 | 飢餓 |状
　　態に陥ってしまう。

　・では、「飢餓」とは、どんな状態のことをいうのか？

　→食べ物が食べられない・空腹が続く・喉が渇く・・・？

⑥・飢餓状態の子どもの写真が、これだ！

　▷【　痩せ衰えた子どもの写真　】

※・写真に写っている子どもの「どこに注目すればいいのか？」など、写真を見る視点を示す。

⑦・ただ実際の「飢餓」は、もっと厳しい。

　・アフリカの飢餓の状況を報告した、この本（『飢餓と難民』）の中から紹介しよう！

　▷〈　【　『飢餓と難民』　】Ｐ４〜５より範読　〉

> 　　さて、みなさんの中に「落とし卵」を作ったことのある方は、もちろんいらっしゃると
> 思います。特に女性に。落とし卵は、お湯に入れて作りますが、お湯の中で卵はどうなり
> ますか。最初うっすらと膜がかかってくるでしょう。「同じような膜をおびた目の小さな子
> たちがいた」と大使夫人は言われました。『ロンドン・エコノミスト』の記事も同じことを
> 指摘しています。子どもたちの全身はもう骸骨で、お腹（なか）だけがマリのように膨れている。
> 写真で数々ご覧になったと思いますが、飢餓幼児の肉体的特徴が、このマリのお腹（なか）です。
> 　　ところで、飢餓と空腹は違います。一週間ぐらい食べないのは飢餓じゃない。元に戻っ
> て―― 落とし卵とたった１つ違う点は、子どもたちの目の膜が水色を帯びて、いやに灰色
> っぽくなっている点。この原因について、医学的に詳しいことは私にはわかりませんが、

- 108 -

ビタミン、特にビタミンAの極度の不足、そして体中に持っているありとあらゆる病気が原因に違いない。飢餓状態の末期には結核菌からヴィールス性肝炎など、全ての病気が体に取りつくからです。言い換えれば、飢餓問題は直ちに免疫問題です。そして、それら疫病のさまざまは、小さな子の場合、最後に眼球を後ろから襲うと思われます。

とにかく、落とし卵が鍋の中でできてくるにつれ、卵は独りでに、1つにまとまっていきます。白身が5つくらいに分かれるようなことはない。ですから、これをお皿に移すのは、とても簡単です。お鍋を傾げさえすればいいから。そうするとゾロッと卵が出てきます。同じことが起こるのです。目の後ろの骨は、腐りかけた目を、もう支えることができず、目は「ゾロッ」と出てしまう。マリのように膨れたお腹にへばりついているものもあれば、お腹の上を滑って地上に落ちるのもある。これには、ありとあらゆる惨い戦場を体験してきた国際赤十字のベテランの看護師が、気を失いました。酷さ。惨めさ。哀れさ。イタリア大使の奥さんは、それを見たのです。自分の目の前で、子どもの目がゾロリと出る！恐ろしさのあまり、失神しそうな自分を励まして、一人の子の手を握ったら、氷のように冷たかった。

大使の奥さんは、泣きながら私にこう言ったものです。「私も人の子の母、この子をせめて最期のとき、自分の子として死なせたいと思って、腕に抱いた。人間を抱いているという感じはまったくなく、冷え凍えた棒を抱いている感じだった。肉は、もう一片もその子の体になかったから。しかし、背中に手を回そうと思って、握っていた手を放したとき、氷のように冷たい小さな手が微かに動いて、私の手を探しました・・・」

このような死は密かです。抱いていてさえ、いつ死んだかわからないほど、ふっと息が消えていくのです。末期症状の飢餓とは、こういうものです。

⑧・食べ物が無いために、痩せ細り、体が弱り、あらゆる病気に見舞われる。そして、その影響は最後に目にくる。眼球を支える筋肉が弱り目玉を支えきれず、その目玉が膨れ上がった腹に落ちてくる。

・そんなアフリカについて、話題となった1枚の写真がこれだ！

▷ 【 子どもを狙うハゲタカの写真 】

⑨・この写真が撮られたあと、どんなことが起きたのか？

→(子どもが亡くなると)ハゲタカが襲った・・・

⑩・このあと、この写真を撮ったカメラマンは、非難された。それは、「写真を撮る前に、なぜ目の前でハゲタカに狙われている子どもを助けなかったのか」と言う非難だった。

・でも、どうして、このときカメラマンは、この写真を撮ったのか？(何を世界に伝えようとしたのか？)

→アフリカの大変な状況を伝えたかった・世界の人々に知って欲しかった・・・

⑪・その後、この写真を撮ったカメラマンは、あまりの非難に耐えかねて自殺したと伝えられている。しかし実際には、この写真を撮った後、カメラマンは、この子どもを助けていた。この1枚の写真で、アフリカの大変な飢餓の状況を伝えようとしたわけだった。

・実は、この写真は、砂漠化に悩むサヘル地域ではなく、スーダンで撮影されたものだった。スーダンの飢餓の原因は、度重なる紛争(戦争)にあった。そのスーダンの隣国「エチオピア」も飢餓に苦しめられていた。

・【地図帳P42】で、エチオピアを探して、印を付けなさい！

▷【 地図帳Ｐ42 】

5　飢饉に苦しむアフリカの国からの輸出品は、おかしくはないのか？

①・「エチオピアとは、どんな国なのか」、貿易の面から見てみる！

　▷【 エチオピアの輸出グラフ 】

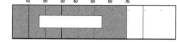

②・エチオピアからの輸出の70％を占める品物とは、何なのか？　　A：食料品　　B：工業製品　　C

　：野生動物　　D：木材

　→野生動物・・・？

③・答えは、Ａの食料品だ。

　・飢餓に苦しむ国が、多くの食料品を輸出するのは、おかしなこと？　おかしなことではない？

　→・・・？

④・飢餓に苦しむ国が、どうして食料品を輸出しているのか？

　→・・・？

⑤・この「食料品」とは、具体的には何なのか？

　→・・・？

⑥・これは「コーヒー豆」だ。

　・それであれば、おかしなことではない？　やはり、おかしなこと？

　→・・・？

⑦・コーヒー豆では、空腹も満たされないし、栄養も取れない。だから、コーヒー豆など作らず、腹
　　も一杯になり栄養になる小麦などの穀物を栽培すればいい。

　・では、どうして、そんな（ 食料となる ）作物を栽培しないのか？

　→・・・

⑧・エチオピアなどのアフリカの国々は、コーヒー豆などの原材料となる食料品を欧米諸国に輸出し
　　て、その代金で国づくりに必要な製品や機械などを輸入している。

　・でも、アフリカの国々が、欧米諸国へ食料品などを輸出するのは、なぜなのか？

　→・・・

⑨・アフリカ大陸のほとんどは、かつて何として分割されていたからなのか？

　⇨ ヨーロッパ諸国の植民地

⑩・欧米諸国は、植民地にしたアフリカ大陸に、自分の国に必要な原材料を手に入れるため、広いプ
　　ランテーションをつくった。また、特定の鉱産資源だけを採掘させることもあり、国毎に種類分
　　けをして大量に輸出させた。

　・そのような「数種類の農作物や鉱産資源だけを生産する経済のシステム」を、 モノカルチャー
　　経済 （ 単一生産経済 ）という。

　→モノカルチャー経済〈 一斉発言で確認させる 〉

6　モノカルチャー経済は、何が問題なのか？

①・しかし、このモノカルチャー経済には、大きな問題があった。

　・たとえば、モノカルチャー経済の国で困るのは、栽培している農作物の価格が、上がったときな
　　のか？　下がったときなのか？

　→下がったとき・・・

② ・どうして、価格が下がると困るのか？

　→収入が減るから・他の作物を作っていないから・・・

③ ・確かに、価格が下がると困る。しかし、鉱産資源の場合、上がっても困る。

　　・それは、どうしてなのか？

　→・・・？

④ ・鉱産資源の場合、価格が上がると、その鉱山の採掘権をめぐり紛争が起こる。紛争になると農地
　　は荒れ果て、やがて飢餓に襲われる。その現実を「新生児の死亡率」で見てみる。

　※・新生児死亡率＝生後１ヶ月未満の赤ちゃんが、「1,000人当たり何人死亡しているのか」の割合。
　　・「日本の新生児死亡率が 1,000人当たり1.8人 」に対し、コンゴ民主共和国では何人なのか？

　→ 68.2人

⑤ ・新生児の死亡率ワースト30のうち、25ヶ国がアフリカの国だ。

　　・どうして生まれたばかりの赤ちゃんが死んでしまうのか（原因は、何なのか）？

　→飢饉・飢餓・栄養不足・・

⑥ ・では、そうした（アフリカの）飢餓を生み出している「一番の原因」は、何なのか？

　→モノカルチャー経済・紛争・飢饉・欧米諸国から植民地支配を受けていたこと・・・

　※・ここでは、上の予想される生徒の発言を選択肢にして、貼りもの資料で提示して考えさせてもよい。

⑦ ・以前、【世界の姿】の単元の〈いろいろな国〉の授業で、「平均寿命の低い国」を考えてみた。

　　・（平均寿命の低い国）、それは、どこに多かったのか？

　→アフリカ・・・

⑧ ・アフリカの国々の平均寿命の低い理由が、ここにある。しかし、そんなアフリカも大きく変わっ
　　てきている。その変化については、次の授業でみていこう。

<参考文献>

川島孝郎「アフリカ」『授業中継　最新世界の地理』地歴社
加藤好一「自立への課題〔アフリカⅡ〕」『世界地理授業プリント』地歴社
犬養道子『飢餓と難民－援助とは何か－』岩波ブックレット
石井健夫「飢餓の国から食糧輸出」石井郁男ほか編『１単元の授業　中学社会地理』日本書籍
「コーヒーの故郷、エチオピア高原」若木久造ほか編『くらしと知恵が見える世界地理』わかたけ出版

<板書例>

〈飢えるアフリカ〉
　1　アフリカの自然　　　　　　　　　　　　　3　砂漠化　→　食糧難
　　　サバナ　－　野生動物　　　　　　　　　　　　サヘル
　　　砂　漠
　　　　　｜　　　　　　　　　　　　　　　　　4　食料輸出　←→　飢餓
　2　タッシリ・ナジェール

❖授業案〈飢えるアフリカ〉について

　アフリカの気候については、一度、〈世界の気候〉の授業で取り扱っている。にもかかわらずゾウ
やライオンなどの野生動物はアフリカ全域に生息していると思っている生徒がいる。そのため、この
授業案で再度確認しているわけである。そのことを踏まえた上で、タッシリ・ナジェールの遺跡へと

話を進めていくため、「どうしてカバの絵が、サハラ砂漠に残されているのか」の発問を活かすことができている。

　飢餓について教えるには飢餓児童の「写真」も有効だが、この授業案では『飢餓と難民』の中の1つのお話を紹介している。飢餓については、この話の方がよりリアルに伝わるものがある。そうして飢餓について理解させた上で、アフリカからの食料輸出・鉱物輸出について考えさせている。そして次時の授業で、アフリカの変化について取り上げている。

　なお、生徒の作業に時間がかかり、先に進みにくい状況になった場合には、2時間扱いの授業にしている。その場合、1時間目の授業としては、助言3の手前までとなることが多い。

地理　学習プリント〈世界の諸地域：06　アフリカ州1-1〉

■アフリカといえば、ゾウやライオンなどの野生動物を思いつく。こうした野生動物は、アフリカ
　の各地にいるのだろうか？　そもそもアフリカの自然は、どうなっているのか？

1：【 アフリカの自然 】

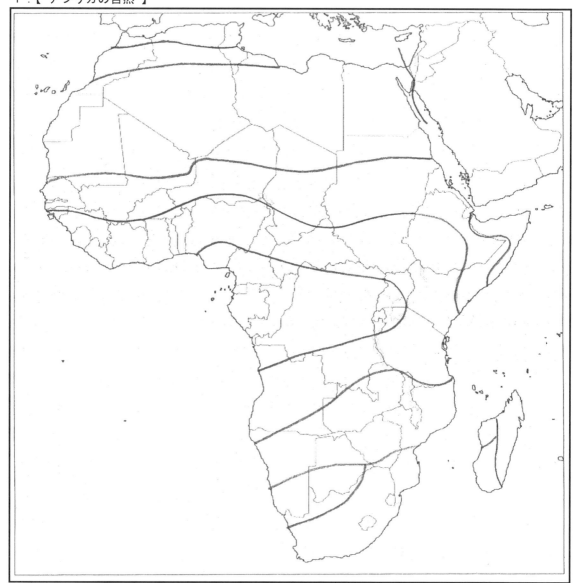

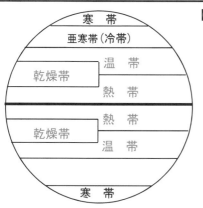

【 アフリカ大陸の衛星写真 】

熱帯雨林気候	：赤色
サバナ気候	：桃色
ステップ気候	：黄緑
砂漠気候	：黄色
地中海性気候	：緑色

■タッシリ・ナジェールにある岩絵。いろいろな動物が描かれているが、この絵から何がわかるのか
　？サハラ砂漠には、どんな変化があったのか考えてみよう！

2：【 タッシリ・ナジェール 】

　　北アフリカのサハラ砂漠の真ん中に、「タッシリ・ナジェール」と呼ばれる岩山がある。20世紀になって、その谷間で、岩に描かれた絵が見つかった。人の姿もあったし、動物も描かれていた。描きぶりから見て、大昔の人が描いたらしい。そして驚いたことに、辺りの谷間で数え切れないほどの絵が次々見つかった。多いところでは600m四方の岩の壁に、何と5000もの絵が描かれていた。

　　動物を追いかける人、棒や弓で戦う人、踊っている人、象、サイ、キリン、カモシカ、牛、馬、ラクダの絵もあった。不思議なことに、砂漠の真ん中なのに①（　カバ　）まで描かれていた。

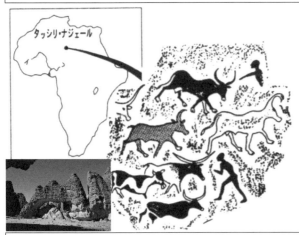

　　やはり大昔ここに①（ カバ ）が住んでいた。岩に絵が描かれている谷間から、大昔の人の住居の跡、焚き火の灰やカモシカや魚や①（ カバ ）の骨などが一緒に見つかった。昔の人が①（ カバ ）を食べた跡だ。時代が経つにつれ、絵の描きぶりもうまくなる。ところによって、古い絵の上に新しい絵が重ねて描いてある。そして動物を描かれた時代順に並べてみると、驚くべきことがわかった。象、サイ、①（ カバ ）などは早いうちにいなくなっていた。その後は②（ カモシカ ）の時代、③（ ウシ ）の時代、④（ ウマ ）の時代、⑤（　ラクダ　）の時代の順になっていた。

　　たくさんの草と水があったはずの①の絵が古くて、水がなくてもよい⑤の絵が新しいのは、だんだん水が少なくなり、草が育たなくなっていったからだ。昔は草が育つくらい雨がたくさん降ったのに、時代が経つにつれて雨が降らなくなり、ついに⑥（　砂漠　）になってしまったのだ。

―（ 赤木昭夫『ひろがるさばく』岩波新書 ）

→タッシリ・ナジェールの風景

←タッシリ・ナジェールの壁画

■飢餓に苦しむエチオピアの輸出品は、食料品が半分以上を占めている。どうして食べるものが無
　い国から食料品が輸出されるのか？　エチオピアのコーヒー農家の生活は、豊かなのか？

3：【 エチオピアの主食 】

　エチオピアには野生種から栽培品種化されたテフやシコクビエ、モロコシなどの雑穀や小麦、大麦
などがある。主食になっているのはイネ科の植物であるテフで、実は約0.7ミリ。とても小さい。テフ
の粉を練って、土鍋の上に螺旋状に流して、薄く焼いたのがインジュラだ。これをちぎりながらシチ
ューのように煮込んだ牛肉や野菜を包んで食べる。なかなかおいしい食べ物である。

――（『くらしと知恵が見える世界地理』わかたけ出版 ）

4：【 エチオピアのコーヒー農家 】

　以前は、チェリー（ 収穫したばかりの未処理のコーヒー豆）を7袋生産していた。それで服や薬を
買い、必要なサービスを受け、何の問題もなかった。でも今では、その4倍もの量を売っても必要な経費
をまかなうことができない。

　トウモロコシのための肥料や改良種子を買うために、以前借りていた借金を返すために、牛を売ら
なければならなくなった。

　このあたりはマラリア汚染地域なので、医療費に多くのお金が必要だ。1年に必ず家族の誰かが治療
を受けに病院に行かなくてはならない。1回の治療につき6ドルかかる。また、テフや塩・砂糖・石
鹸、それからランプ用に灯油も買わねばならない。学費も払わなくてはならない。

　前は、これら全ての経費をまかなえたが、今では到底無理だ。制服代が払えないために、3人の子
どもたちは学校に行っていない。テフや食用油を買わないようにして、自分たちで栽培したトウモロ
コシを食べた。子どもたちの皮膚はカサつき始めていて、栄養不良の気がする。

　36歳の彼には、死んだ兄の家族の子どもを含めて12人の家族がある。5年余り前までは、コーヒー
とトウモロコシを含めて、年間およそ320ドルの収入があった。ところが、2002年には、およそ60ドル
の収入しか見込めないという。売るはずのトウモロコシは、家族が食べてしまった。

――（『くらしと知恵が見える世界地理』わかたけ出版 ）

5：【 コーヒー価格 】

　コーヒー豆が生産コスト以下でしか売れない大きな原因は、1989年までは他の一次産品と同じよう
に、輸出割り当て量や価格安定帯を通じて、コーヒー豆の供給を調整する国際コーヒー機関があった。
しかし今では、コーヒーの価格は、コーヒー農家の生産コストに関係なく、ニューヨークやロンドン
の市場で価格が左右されるようになった。

――（『くらしと知恵が見える世界地理』わかたけ出版 ）

→ハゲタカは、何をねらっているのか？（何を待っているのか？）

[13]変わるアフリカ

◎ガーナのカカオやコンゴ民主共和国のウランを取り上げ、欧米諸国とのつながりを断つべきなのか
どうか、また、中国が経済進出するなか、日本は今後どんなことをすべきなのかを投げかける。

1　カカオは、どんなところでつくられているのか？

①・〈 ガーナミルクチョコレートを示しながら！ 〉これは、何というチョコレート？

　　→ガーナミルクチョコレート

②・どうして、チョコレートに、[ガーナ]という名前がついているのか？

　　→・・・

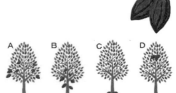

③・チョコレートの原料は、何？

　　▷ [カカオ豆]

④・このチョコレートの箱に描かれているのが、カカオの実だ。

　　・カカオの実は、（ カカオの ）木の、どの部分になるのか？

　　▷【 カカオの実のなり方（ A・B・C・D ）】

※・Aだと思う人[挙手]！と、順に訊ねていく。

⑤・カカオは不思議な植物で、こんな場所に実がなる！

　　▷【 カカオの実の写真 】（ 答えは「B」だ ）

⑥・ところで、チョコレートの名前にもなるくらいだから、ガーナでの
　　「カカオの生産」は（ 多いのか？　少ないのか ）・・・？

　　→多い・少ない・・・

⑦・カカオの生産ベスト5には、どんな国があるのか。

　　・【地図帳P161 [3]　世界のおもな産物 】の表でベスト6を調べてみよう！

　　→1位=[コートジボワール]・2位=[インドネシア]・3位=[ガーナ]・4位=[ナイジェリア]・5位=[カメルーン]・6位=[ブラジル]

※・国名を書いたカードを貼りながら、ベスト6を確認する。

⑧・この中で、アフリカにあるのは、どの国なのか？

　　→コートジボワール・ガーナ・ナイジェリア・カメルーン

⑨・それらの国々の位置を、【地図帳のP41・42】で確認してみよう！

　　▷【 地図帳P41・42 】

⑩・それらの国々は、何湾に面している？

　　→ギニア湾

⑪・ギニア湾の沿岸は、どんな気候なのか？

　　▷ [1年中雨が多くて気温が高い]

⑫・そうした気候を、何気候といったのか？

　　→熱帯雨林気候

⑬・カカオは、熱帯雨林の作物と言うことだ。つまり、日本やヨーロッパの国では作れない。

2　なぜ、ガーナの子どもたちは、チョコレートを食べないのか？

①・ところで、「チョコレートの『味』を知らない」と言う人[挙手]！

　　▷〈 挙手による人数の確認！ 〉

②・（ 手が挙がらないことを前提に ）あ〜、残念。もし（ チョコレートの味を ）知らない人がいた

ら、このことは今日の授業にかかわる大切なことだから、「今ここで知ってもらう」と考えていたんだが・・・。では、もう１度、聞きます。

・チョコレートの味を知らない人［ 挙手 ］！

▷〈 挙手による人数の確認！ 〉

※・手が挙がったら、各班からチョコレートを取りに来させ、そして食べさせる。以前は板チョコを班の人数分に割っていたが、最近は個別包装のチョコを買ってきて班毎に人数分を渡している。

③・さぁ、これで全員、チョコレートの味はわかっただろう。

・どんな味だった？

→甘い・おいしい・・・

④・では、同じ質問を、ガーナの子どもたちにしたら、何と答えるのだろうか？

→おいしい・甘い・・・

⑤・【資料：１】を見てみよう！

▷【 資料：１ 】

※・資料の出所は古いが、状況はそれほど変わっていない。

⑥・ガーナでは、子どもたちは「チョコレートを食べない」と言っている。

・と言うことは、質問に対して、何と答えるのか？

→わからない・知らない・・・

⑦・でも、どうしてガーナの子どもたちは、チョコレートを食べないのだろうか？

→値段が高い・・・

⑧・では、どうしてガーナでは、チョコレートの値段は高いのか。

> Ａ：カカオは豊富にあるけど、砂糖やミルクの値段が高いから
>
> Ｂ：ガーナでは、国が政策としてチョコレートの値段を高くしているから
>
> Ｃ：ガーナでは、チョコレートを輸入しているため値段が高くなっているから

・この３つの中で正解はどれなのか、（ 班内の ）グループではなしあい［ １分間 ］！

▷班内のＡ・Ｂ各グループでのはなしあい

※・ここからグループでのはなしあい　→　指名発言による意見発表をおこなう

※・あるいは、Ａ・Ｂ・Ｃのそれぞれに挙手をさせ、理由を発表させるなどの方法を取る。

⑨・答えは・・・、【資料：１】の続きには、こんなことが書いてあった！

> 「ガーナには、チョコレートをつくる工場がありません。それで、カカオを外国に輸出して、外国の工場でチョコレートをつくって、またガーナに輸入します。それで値段が高くなって・・・」

⑩・答えは・・・「Ｃ」だ。ガーナのカカオは、イギリスなどへ輸出されている。

・では、そのとき「カカオの値段」を決めるのは、ガーナなのか？　イギリスなのか？

→イギリス

⑪・どうしてイギリスに、そんなことができるのか？

→かつて植民地支配をしていたから・・・

⑫・イギリスは、ガーナを植民地支配していた時代に、カカオ栽培の大規模農園をつくった。

・そんな熱帯作物栽培の大規模農園を何というのか？

⇨ プランテーション

⑬・そんな植民地時代の歴史があるため、未だにイギリスの力は強い。

・では、そんなイギリスとの関係は、断つことは、できるのか？　できないのか？

→できない・・・

⑭・［できないのであれば］では、チョコレートをたくさん食べることが、ガーナを救うことに、
　なるのか？　ならないのか？

　→ならない・・・

⑮・では、何をすることがガーナへの「援助」になるのか？

　→・・・？

<u>3　コンゴ民主共和国の鉱産資源は、誰のものなのか？</u>

①・【地図帳のP42】を開いて、コンゴ民主共和国を探して印を付けなさい！

　▷【地図帳P42】で「コンゴ民主共和国」を探して印をつける

※・「コンゴ民主共和国」は、アルジェリアに次いでアフリカで2番目に大きな国である。かつてはコン
　ゴ王国として栄えていたが、ヨーロッパの国々によって植民地化され、ベルギー領が「コンゴ民主共
　和国」、フランス領が「コンゴ共和国」になった。

②・コンゴは、とても恵まれた国だ。

　・では、何に恵まれているのか？

　⇨ 鉱産資源

③・たとえば、【地図帳P44　⑦アフリカの鉱工業】からは、どんな地下資源があることが、わかる
　のか？〈【地図帳P44】を開かせる！〉

　→ダイヤモンド・金・・・

④・［ダイヤモンドや金など］地下資源が豊富に採掘されているのだから、
　すごく豊かな国だと考えられる。

　・しかし、【資料：2】を読んでみよう！

　▷【資料：2】

※・資料2の出所である堀田善衞『スフィンクス』は小説だが、著者が経験した次のような事実にもとづ
　いている。
　　「（1962年のアジア・アフリカ作家会議で）コンゴのジャーナリストと話していて、その真黒い人が
　涙を流して、もしわれわれがもっと早く独立していて、カタンガ州のウラニウム鉱山の完全な管理権
　を手にしていたら、広島や長崎での、あんなにひどく、あんなに多数の犠牲者を出さなくともすんだ
　はずだったのだ、と私にわびたことがありました。」（『展望』1965年1月号）

⑤・この「アフリカから来た代表」と言うのは、コンゴの人だった。このコンゴの人が、「広島・長
　崎の人にあやまりたい」と言っている。

　・とすると、この人は、何のことで「あやまりたい」のか？

　→原爆・・・

⑥・では、このコンゴの人は、原爆に対して、一体「何をした」と言うのか？

　→・・・？

⑦・原爆を日本に落としたのは、どこの国だった？

　→アメリカ

⑧・［原爆を投下したのは］アメリカであって、コンゴの人ではない。

　・なのに「あやまりたい」とは、何を「あやまりたい」と言っているのか？

　→・・・？

※・「B29の黒人パイロットがコンゴ人だった」「原爆工場で働かされていた」「昔、奴隷としてアメリカ

に連れ去られ、アメリカ人になってしまった」「原爆にするとは知らないで、ウランを売ってしまった」・・・など、考えられることを出させる。出てこなければ、すぐに先に進める。

⑨・これは、「地下資源」に関係がある。

・地下資源の中で、「原爆」と関係のあるものは何（ か知っている ）？

　→ウラン

⑩・原子爆弾＝アトミックボム（ atomic bomb ）。アトム（ 原子 ）とウランは切り離せない関係にある[鉄腕アトムの妹はウランだし・・・]。

・とすると、コンゴの人が、そのウランをどうしたと言うのか？

　→・・・

※・再び考えられることを出させる。その後、資料には載せずにいた次の文章を紹介する！（ 資料で空白にした部分に入っていた文章 ）

> 　「あなたは、もちろんご存知だと思いますが・・・」と前置きして彼が言い出したことは、広島と長崎へ落とされた原子爆弾の第1号と第2号は、実は我々のコンゴのカタンガ州にある鉱山から出たウラン鉱によって造られたものであった。
>
> 　その当時、言うまでもなく我々はまだ独立を獲得していなかった。従って、鉱山の管理権もなく、ウラン鉱が出ていって、それが精製されて原子爆弾になることも傍観していなければならなかった。それどころか、それを掘り出すために奴隷のように働かねばならなかった。
>
> 　そうして今も、我々は形式的には独立したとはいえ、未だにカタンガ州にあるアメリカ、ベルギー、イギリス、フランスなどの合同資本による鉱山を我々コンゴ国民は管理していない。彼らは今も、この鉱山に居直って座り込み、手放そうとはしない。

⑪・では、いまコンゴの地下資源は、どこの国が掘り出しているのか？

　→・・・

⑫・ 鉱物資源メジャー と呼ばれる欧米系の鉱山会社が、まだ力をもっている。鉱山がある国の政変やクーデター、鉱山周辺での紛争とのかかわりも指摘されている。ウランなどは国の安全保障にかかわるとして、欧米諸国は国策として鉱山を手放そうとはしない。

※・現在、特に問題とされるのは、武装勢力が支配している鉱山で採掘されている鉱物だ。性暴力が住民支配の手段に使われ、児童労働もおこなわれているとされ、「紛争鉱物」と呼ばれて国際的な管理の必要性が主張されている。スマホなどに使われているタンタルは、その代表といってよい（ 話題になることもあるため、授業案の最後に補足資料として掲げておく ）。

・コンゴには鉱物資源が豊富にあるが、住民は飢餓に苦しんでいる。コンゴ国民は、その豊かな鉱山を自分たちのものにできていないからだ。そのためコンゴの英雄ルムンバは、「アフリカはサハラの北であれ、南であれ、自らの手で歴史を書き綴るだろう。」と呼びかけた。ムルンバは殺されてしまったが、「農地や鉱山をアフリカ人が管理すること」を主張していた。

・では、その主張のように、植民地時代から続く欧米諸国との関係は絶つべきなのか。

・Ａ：やはり、欧米諸国との関係は絶つべきだと思う人[挙手]！

▷〈 挙手による人数の確認 〉

・Ｂ：いや、欧米諸国との関係を絶つのはマズいと思う人[挙手]！

▷〈 挙手による人数の確認 〉

| 4 　フェアトレードで解決できるか？ |

①・すでにアフリカの国々は独立している。 中央アフリカ(1960) ・ ナイジェリア(1960) ・ ソ

マリア(1960) ・ セネガル(1960) ・ タンザニア(1961) ・ アルジェリア(1962) ・ ザンビア(1964) ・ スワジランド(1968)

・何年の独立が多いのか？

→1960年　　※・17カ国が独立。

②・そのため、1960年は「アフリカの年」と呼ばれている。こうして独立をしたにもかかわらず、いまだに飢餓に苦しむ国々は少なくない。

・ガーナやコンゴなどのように、特定の農産物や鉱産資源の輸出に頼った経済のあり方を何といったのか？

▷ モノカルチャー経済

③・モノカルチャー経済では、どんな問題を生み出すのか？

▷ 収入が安定しない

④・特定の産物に頼っていたら、その産物の国際市場価格が下がると、収入が激減してしまう。そこで、アフリカなど工業が進んでいない国々の人々の生活と自立を支える運動が世界で広がっている。

・その運動を何というのか？

▷ フェアトレード

⑤・フェアトレードとは、たとえ国際市場価格が下がっても、生産を継続できる価格で購入する「フェア＝公正」な「トレード＝取り引き」をするというものだ（ コーヒー、バナナ、アクセサリーなどがよく知られている ）。

・では、フェアトレードによって、アフリカの人々の生活と自立を支えることはできるのか。

・Ａ：フェアトレードでできると思う人［ 挙手 ］！

▷〈 挙手による人数の確認 〉

・Ｂ：いや、フェアトレードではできないと思う人［ 挙手 ］！

▷〈 挙手による人数の確認 〉

5　中国からの投資はいいことなのか？

①・フェアトレードにより、現在の生産による生活は安定するが、他の産物を生産する「資金」を生み出すことは難しい。自立していくためには、やはり、お金が必要になる。

・では、（ フェアトレードの ）他に、何かお金を得る方法はないのか？

→ない・借りればいい・・・

②・「お金が必要なのに『ない』」のであれば、借りればいい。

・でも、アフリカの国々に「お金を貸してくれる国」があるのか？

→ある・ない・・・

③・近年、アフリカへの投資を盛んにおこなっている国がある。

・それは、どこの国なのか？

→中国・・・

④・日本などを追い越し、「世界の工場」となって、急速に資金を増やした中国のアフリカへの経済進出が目立っている。中国は、アフリカの国々に対して、2017年には約430億ドルもの投資をしている（ 日本のアフリカの国々に対する投資額は、約90億ドル ）。

・でも、それは、アフリカにとって、いいことなのか？　困ったことなのか？

→いいこと・困ったこと・・・？

6　将来のアフリカは、どうなるのか？

①・ところで、どうしてアフリカの国々の自立を助けることが必要なのか？

　　→飢餓をなくす・貧しさを救う・・・

②・アフリカが注目されている理由の１つに、 人口増加 がある。2010〜2015年の 世界 の人口増
　　加率は、平均で 1.19% だった。世界の地域別に見ると、 アジア は 1.05% 、 ヨーロッパ
　　は 0.1% 、 北アメリカ は 0.75% 、 南アメリカ は 1.13% だった。

　・そんな中、（ アフリカの ）サハラ砂漠より南の国々は何％だったのか？

　　→１％・・・？

③・ 2.74% もあった。現在の世界の人口は、 75億6,600万人（ 2019年 ） 、国連が出した2050年
　　の世界人口予測は、 97億7,182万人（ 2050年 ） となっている（ 日本 の人口は 9,500万人
　　と、現在より減ることが予測されている ）。

　・では、サハラ砂漠より南の国々の人口は、どれくらいと予測されているのか？

　　　A：約５億人　　B：約10億人　　C：約15億人　　D：約20億人

　　→・・・

④・ 21億2,755万人 。実に、世界の５人に１人が、サハラ砂漠より南の国々の人たちになる予測
　　がなされている。

　・サハラ砂漠より南の国々で食料が不足すると、世界は、日本は、どうなるのか？

　　→世界や日本でも食料不足になる・・・

⑤・人口増加が激しいアフリカでの食料不足の問題は、当然、世界にも、日本にも大変な影響を与
　　えることになる（ つまり、アフリカだけの問題ではない ）。

　・こうした予測に対して、アフリカの国々は、どう考えているのか。現在、アフリカの国々から
　　は （　　　　　）ではなく（　　　　　）を との声が増えている。（　）の中に入る言葉は、 投資 と 援
　　助 だ。

　・では、どっちに、どの言葉が入るのか？

　　→ 援助 ではなく 投資 を

⑥・アフリカの国々が「投資」を望んでいるのは、このままでは欧米諸国に従属した状態から抜け
　　出せないからだ。しかし最近、アフリカの中で経済が急成長を始めている国々がある。それは
　　たとえば、携帯電話の普及率からもわかる。

　・2002年、ガーナやケニアでの携帯電話普及率は、人口の10％だったのが、2014年には（ ガーナと
　　ケニアの普及率は ）、何％になっているのか？

　　（ ちなみに、 アメリカ の携帯電話普及率は 89% ）

　　→ ガーナ＝83% ・ ケニア＝82% 　※・日本の携帯電話普及率は190％を超えている。

⑦・この物凄い普及率の急上昇からも、経済の急成長がわかる。そこに（ 欧米諸国ではない ）中国
　　が投資をして、経済進出をしてきている。

※・アフリカに工場や研究所をつくって、携帯電話市場を制覇しているのも中国のメーカーである。

　・それは、アフリカにとって、いいことなのか？　困ったことなのか？

　　→いいこと・困ったこと・・・？

⑧・こうした投資により、アフリカの国々も変わってきている。

・では、これからアフリカは、どうなっていくのか？（日本は、どう関わっていけばいいのか？）
　　→・・・？

※・時間があれば次の文章を紹介する。

> 　エチオピアの首都アディスアベバの国連機関で食料援助を担当する上野きよりさんは、中国の
> クレバーさ［賢さ］を以下のように指摘する。
> 　「中国はアフリカを人道援助の対象ではなく、『ビジネスパートナー』ととらえ、そのように公
> 言し、そのスタンスがアフリカを喜ばせると知っているんです。アフリカは『貧しい支援の対象』
> ととられるよりも、パートナーととらえられることが好きなのです。このアフリカの立場を日本
> 人のわれわれは、どれほど認識しているでしょうか」　　　（税所篤快『ゆとり世代の愛国心』PHP新書）

※・補足資料４の「変わるエチオピア」も、上野きよりさんのルポを参考にしている。

＜参考文献＞

> 安井俊夫「カカオとウラン」『発言を引き出す中学社会科の授業』日本書籍
> 石井健夫「ザイール人の涙」『新たのしくわかる中学校社会科地理の授業（上）』あゆみ出版
> 白戸圭一『アフリカを見る　アフリカから見る』ちくま新書

＜板書例＞

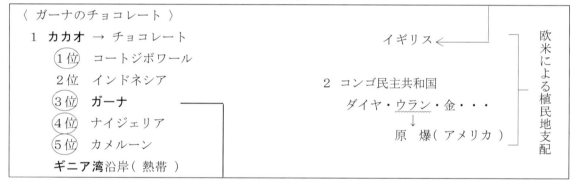

〈ガーナのチョコレート〉
1　**カカオ** → チョコレート
　①位　コートジボワール
　2位　インドネシア
　③位　**ガーナ**
　④位　ナイジェリア
　⑤位　カメルーン
　ギニア湾沿岸（熱帯）

イギリス ←
2　コンゴ民主共和国
　　ダイヤ・ウラン・金・・・
　　　↓
　　原　爆（アメリカ）
欧米による植民地支配

❖授業案〈変わるアフリカ〉について

　この授業案では、前半にカカオ、後半にウランを取り上げている。この構成は、ほとんど安井実践の「カカオとウラン」のままである。ただし授業案の最後の方は、２時間の単元のまとめとして今後のアフリカについて投げかける形を取っている。

　ガーナミルクチョコレートを使っての授業は、かなり以前からおこなっている。授業中にモノが食べられることは、生徒にとって楽しみであり、それだけに記憶にも残りやすい。珍しいカカオの実の生り方も取り上げているが、使用している絵はカカオの木ではない。自作の資料であるため、実のなり方がわかればよいだろうとの判断で、カカオの木に見立てて描いているに過ぎない。

　チョコレートの話もコンゴの人の涙の話も、生徒にわかりやすく、また共感を呼びやすい教材となっているため、今でも資料として使っている。

　しかし、それだけでは「貧しいアフリカ」という認識のままで終わってしまう。そこで最後に、アフリカの経済成長を取り上げて、今度どうなるのかを投げかける内容にしている。

　その中でも人口増加率については、生徒の興味を引くようだ。食糧問題などがアフリカだけの問題ではなく、世界中で考えなければならない問題であることを気づかせることができるからだ。今後は

アフリカのパートナーとして、この問題について深めていく授業展開を新たに考えてもよいだろう。そのための資料として「補足資料：4」を載せている（ 他の補足資料も、今後の授業づくりの参考にしてもらえたら幸いである ）。

　ただし、こうした資料は、そのままの形で生徒に提示しても、理解させたり、受け止めさせたりすることは難しい。そのため、生徒に提示する場合には、具体的な言葉に直しての助言（ 発問や説明 ）にすることを考えなければならない。どのような授業内容にしていくのかのヒントは、この授業案の中にも書いている。それは、「アフリカの飢餓を助ける」のではなく、「アフリカの自立を助ける」ためには、どうすればいいのかを考えさせることである。そのため、この授業案を最初につくったときには「援助」と書いていた助言の部分を、全て「自立」に書き換えている。「アフリカの飢餓を何とかしよう！」「どうすればいいのか？」との発想では、結局は「何とかしてあげよう」と言う「援助」止まりになってしまう。そうした発想でではなく、「アフリカの自立を考える」ことで、世界の（ ひいては日本の ）人口問題にもかかわってくる、共に考える発想とならなくてはならない（ これは、この単元の後のヨーロッパ州での学習での「移民の受け入れをどうするのか」にも通じるところがある ）。

　なお、具体的な数字をあげて説明をする場合には、その数字をカードに書いて提示するようにしている。耳で聞いただけでは記憶に残らないからである。かなり以前は、説明だけでも生徒に伝わっていたが、最近は視覚に訴えるようにしないと、生徒の耳を素通りすることが多くなった。そのため、手間はかかるがカードを準備するようにしている。また、カードを使用するのは、具体的な数字を覚えきれないと言う私の能力的な理由もある。特に最近は、細かな数字を記憶することが苦手になっているため、カードに書いておくと間違えずに説明することができる利点がある。

■ガーナの子どもたちがチョコレートを食べないのはなぜか？　ガーナのカカオは、どこへ行くのか？
　同じようにコンゴ民主共和国の地下資源は、どこへ行くのか？

1：【 ガーナの子どもたちとチョコレート 】

　私たちは、ガーナの小学校で先生にたずねられた。

「日本の子ども "チョコレート" 食べますか？」

『大好きです！　・・・ガーナの子どもは、どうですか？』

「ガーナの子どもは、" チョコレート " 食べません」

『えっ!?　どうしてですか？』

「値段が高いからです。ガーナは世界一のカカオの生産国ですが、値段が高いので子どもも大人も "チョコレート" 食べません」

— (野間寛二郎『ジャンボ・アフリカ』) —

2：【 広島・長崎の人にあやまりたい！ 】

　それは、カイロでおこなわれた国連保健機構の会談の時のこと・・・通訳として駆り出され、そこでコンゴからオブザーバーとして来ていた当時のルムンバ政権の代表に出会った時のことである。

　このコンゴ代表は、・・・廊下の向こうから駆け出して、・・・出し抜けに、「あなたが、日本人だということを知らなかったので・・・」と息せき切って、しかも完璧なフランス語で話しかけてきた。・・・「えぇ、私は日本人ですが・・・」と答えると、・・・黒い丸い顔の中の丸い目から、途端に涙がごぶごぶと湧き出してきて、その大きな涙の粒が黒い頬を伝い、まるで音を立てるように真っ白なワイシャツの胸にこぼれ落ちていった。・・・

　「私は、いつか一度 日本の方に出会ったら、広島と長崎の人々に詫びたいと思っていた。そうして広島や長崎の人々だけでなく、日本人の全体が、我々の独立闘争を、二度とあの悲劇をくり返させず、また我々のウラン鉱があんな武器に使われないように、完全な独立と鉱山の管理権を獲得するための闘争を支持ししてくれるよう、お願いしたいと思っていた・・・。あなたが、私が生まれて初めて出会った "日本人" でした」

　この話の間じゅう、黒い丸い顔の丸い二つの目からは、大粒の涙がばらばらとこぼれ続けていた。

— (堀田善衛『スフィンクス』) —

補足資料1：【 コンゴ民主共和国の悲劇 】

　アフリカ中部に位置するコンゴ民主共和国。人口は7,800万人に上り、その面積は西ヨーロッパに匹敵する。鉱物資源にも恵まれており、金、ダイヤモンド、銅の他に、リチウムイオン電池に使用されるコバルトは世界生産量の5割以上を占める。しかし豊かであるはずのこの国は、実は大きな混乱のなかにあり、世界最大の避難民を生み出している。

　コンゴは、1960年にベルギーから独立（資料2にあるルムンバが首相になった）。しかし独立から1週間も経たずに動乱がはじまった。独立を認めたはずのベルギーが、南部の豊かな鉱山地帯であるカタンガ州を分離独立させて影響力を残そうとして兵力を残し、分離独立に肩入れをした。ベルギーとアメリカの後押しを受けた軍部のモブツが、クーデターにより当時の首相ルムンバを逮捕し、後にルムンバが殺害されたことで動乱が拡大した。

　1965年にモブツが大統領となり軍政を敷き、一応動乱は収拾されたものの、モブツは国名をザイールに変更したのち、アメリカに支えられて独裁体制を強め、国の資源・財源を私物化した。そして1994年、隣国ルワンダの内戦から発生した多くの難民や武装勢力が東ザイールに滞在するようになり、それがきっかけで、ルワンダ、ウガンダなど数カ国による侵攻で1997年にモブツ政権が倒された。そしてローラン・カビラが大統領となり、コンゴ民主共和国という国名に改名された。

（ 参考：Madoka Konishi「世界に知られていない悲劇」Global News View 。GNV は大阪大学にあるメディア研究機関 ）

補足資料2：【 コンゴ人・ムクウェゲ医師の話 】

　2018年、コンゴで性暴力被害者の治療に取り組んできたデニ・ムクウェゲ医師に対し、ノーベル平和賞が授与された。ムクウェゲ医師が性暴力問題と対峙しなければならない背景には、コンゴにおける性暴力と紛争鉱物の結びつきがあった。大規模かつ組織的に行われる性暴力によって、人間性が破壊され、レイプから生まれた子どもたちは暴力の連鎖にしか生きられず、経済能力は破壊され、支配者の鉱物違法採掘が維持される。

　ムクウェゲ医師はこれに対し、コンゴ東部にワンストップ・センターを作り、被害者を医療的、精神的、経済的に、包括的に支援している。

　翌年来日したムクウェゲ医師は、次のように訴えた。

　「コンゴには鉱物資源が豊富に眠っており、武装勢力が資源のある地域を支配するために、武器として性暴力を使っています。住民が抵抗できないよう、性暴力で恐怖心を植えつけています。こうして奪われた鉱物資源は、世界中に行き渡っています。私たちはみなつながっており、世界のどこかが苦しんでいるときに、無関心でいることはできません。無関心に立ち向かわなければなりません。紛争を終わらせるのは武器ではなく、一人一人の声です。」

　ムクウェゲ医師が特に時間を割いたのは、若者との対話だった。

　学生「（ タンタルという鉱物が使われている ）スマートフォンを使うなといわれても、なかなか難しいのが現状かなと思うんですけれども。」

　医師「スマートフォンが悪いというわけではありません。私たちは、消費者として、私たちが買う商品の中にどのようなものが使われ、どのようなところからきているのかを確認する責任があります。それが、女性の破壊、人権侵害を経て作られたものでないかどうかを、販売する人に尋ねて、確認して買うことが必要です。まずは疑問を持って、ともに声をあげてくれたら嬉しいです。」

　そして広島を訪問したムクウェゲ医師は、「広島とコンゴはつながっている」と繰り返し語った。コンゴの武力紛争が続くことは、ウランを含む鉱物の不安定な管理が続くことであり、それは核兵器

の拡散にもつながり、世界中の人々を不安に陥れる。医師は、被爆者から直接被爆体験を聞き、70年あまりが経った今でも原爆の苦しみと被害が終わっていないことを知り、「現在の世界でも脅威であり続けている核兵器を減らすのでは不十分。廃絶するべきである」と述べた。

(参考 : https://www.nhk.or.jp/ohayou/digest/2019/10/1011.html　https://toyokeizai.net/articles/-/243038
　https://peaceboat.org/30218.html)

補足資料３：【 国連で食糧支援をしている人の話 】

　ジャーナリストの上野きよりさんは、新聞記者として９年間働いたあと、2010年から５年間、国連世界食糧計画（WFP）のローマ本部や食糧支援の現場（ エチオピア、ネパール、ナイジェリア ）で働き、2018年から日本事務所の広報官を務めている。

　ある問題を知っている社会は問題を無くそうと行動して行くので、知ってもらいたいと思っています。国連は2015年に、2030年に達成すべき国際社会共通の目標を定めました。それがＳＤＧｓ（ Sustainable Development Goals 持続可能な開発目標 ）です。このSDGsは、2000年に国連で採択されたＭＤＧｓ（ ミレニアム開発目標 ）が2015年に達成期限を迎えたことを受けて、（ また MDGsの内容は先進国が決めたものだとして、途上国から反発もあったため ）新たな世界の目標として定められたものです。誰ひとり取り残さないことをめざし、先進国と途上国が一丸となって達成すべき目標で構成されているのが特徴です。目標は全部で17あり、その２番目が「飢餓をゼロに」です。

　ところが、世界の飢餓人口は10年間減少していたのに、2016年以降、３年連続で増加しているのです。現在の世界の飢餓人口は８億2,100万人、実に９人に１人が必要な栄養が摂れていません。なぜ飢餓が増えているのでしょうか。2018年５月24日、国連の安全保障理事会は、「食料安全保障は世界の紛争の結果でもあり要因でもある」とする歴史的な決議を全会一致でおこないました。国際社会は、紛争と飢餓の関連を初めて正式に認めたのです。現在世界で最も深刻な３つの食料危機のうち２つは紛争の影響で発生しています。紛争が飢餓を作り出しているのであり、紛争を防ぐことができれば飢餓を減らすことができるのです。

　そして、近年、アフリカやアジアは気候変動にさらされています。たとえばサヘル地域では砂漠化が進行しており、その対策が求められています。

　WFPがおこなっているのは、紛争・災害発生地帯に対する緊急食料支援、母子栄養支援、学校給食支援などです。支援する食料は、なるべく地元で調達するようにしています。その方がコストも安く、地元経済にも貢献するからです。また、マーケットが機能している地域では、現金や引換券で支給しています。自分で食材を選んで料理できるのがうれしいと好評ですし、支援される側の人権に配慮することにもつながります。

　2016年の日本の食品ロスの量は643万トン。WFPによる食料支援量の約1.6倍に相当します。

　飢餓の問題を知ってもらうことは、今の飽食の時代の日本ではなかなか難しいと思いますが、余裕のある人間が考えていかなければいけないことだと思います。

(参考 : http://asuhenokotoba.blogspot.com/2018/11/blog-post_18.html　https://food-mileage.jp/2019/10/06/blog-222/)

補足資料４：【 変わるエチオピア 】

　“人類に残された最後の成長大陸”と言われるアフリカ。その代表格が、アフリカ第２位の人口を擁するエチオピアだ。10年間連続で約10％の経済成長を達成し、2014年の経済成長率は10.3％で世界１位を記録した。1980年代の大飢饉から30年あまり、この国は大きく変わりつつある。

　エチオピアは1974年、革命により帝政が廃止され、メンギスツ議長による社会主義的な政権が発足した。しかしソ連が消滅すると、この政権も崩壊した。その後1995年に政権を握ったメレス首相の主導のもと、経済発展が急速化した。2010年に国の５カ年計画である“成長と変革計画”を策定し、2012年に亡くなったメレス首相を引き継いだハイレマリアム首相は、「エチオピアは農業国から工業国へ移行する」と宣言し、鉄道、道路網、高速道路、巨大ダム、携帯電話やインターネットの普及など驚くべき速さで次々と計画、整備を進めた。

　エチオピアは、少数民族の抑圧やメディア規制などの強権支配を行う半独裁国家として人権団体からは批判されているが、強い政府主導の計画経済を実行することで、アフリカで最も大きな経済成長を成し遂げてきた。そのモデルは東アジア、特に中国を模していると言われている。

　経済発展がエチオピアにもたらしたものは、インフラ整備だけでない。ユニセフによると、出生時の平均余命は、1974年の43年から2013年には64年に延び、５歳未満児の死亡率も、1990年の1,000人当たり205人から2013年には64人に減少、確実に人々が豊かになっていることがうかがえる。

　2018年に首相に就任したアビィ氏は就任演説で、紛争が続く隣国エリトリアとの対話路線を表明し、和平合意を実現したことから、翌年ノーベル平和賞を授与されている。

　しかし問題も少なくない。エチオピアで支援をおこなっているNGOオックスファムのリカルド・リカルディさんは、「多くの農民が、いまだに雨に頼った農業を行っているのが現状で、農村部と都市部の差はとても大きい。政府は、このような貧しい農家の支援をしたいと言ってはいるものの、それは経済発展の妨げにならない程度でのみ、とも言っている。この国は人口が多く、それも貧しさの大きな要因だ。経済成長のための施策と農民たちへの支援を両方とも成し遂げるのは難しい」と話す。

　エチオピアの農業政策は、どうなっているのだろうか。農業が抱える問題の解決を専門とした機関を創設したことが第１にあげられる。なかでもATA（ Agriculture Transnfomation Agency ）が果たした役割は大きい。全国の土壌をマッピングしデジタル化して、農家のための無料ホットラインを提供している。これにより、各地域でどの肥料が適しているか把握することができ、農家に肥料についてアドバイスできるようになった。それによって農家は自分の農地に適した肥料を使うことができるようになり、生産は増加しているという。

　ATAは、携帯の普及をうまく活用している。農家は、ATAの農業専門家グループに農業に関する様々な質問をすることができる。ATAの農業専門家グループは、関連するデータを用いて干ばつ、害虫などの情報も提供している。ガーナ、ナイジェリア、タンザニアでも同じようなプロジェクトが開始されているという。

　第２に、エチオピア商品取引所の開設がある。「生産を増やすだけではいけない。生産したモノを、市場を通して効率よく分配する必要がある。そうしないと、ある地域では余剰があるのに、ある地域では不足がある状態から脱することができない。」と商品取引所の幹部は語っている。

　（ 参考：https://toyokeizai.net/articles/-/121233?page=5　　http://agrinasia.com/archives/928 ）

2. 世界の諸地域／全 25 時間

（3）ヨーロッパ州／全 4 時間

[14] ４つのヨーロッパ
[15] ヨーロッパというまとまり
[16] フランスパンのふるさと
[17] 先進国（?）ロシア

❖　単元「世界の諸地域／(3)ヨーロッパ州」について　❖

　ヨーロッパ州の単元の授業をつくるにあたって、ヨーロッパという地域がどれだけ生徒にとって関心があるのか、あるいは身近なイメージを持っているのかを考えてみた。私が中学生の頃は、洋画といえばヨーロッパの映画でフランスやイタリアの俳優に憧れたものだった。また、フランス料理などは高級過ぎて、一生涯食べることさえないだろうと思っていた。そうした昔の思いがあるため、授業案にもそんなヨーロッパ観が出てしまっているかもしれない。しかし今ではヨーロッパとそれ以外の諸地域との関係も大きく変わった。授業では実感に即して、その歴史的構造的な変化を伝えたいと思う。

　それでは、今の生徒たちのヨーロッパに対する思いやイメージには、どんなものがあるのだろうか。少なくとも、フランスパンくらいは知っているだろう。EU については、どうだろうか？サッカーについては知ってはいても、それは一部の興味ある生徒ぐらいのようである。ニュースなどで取り上げられるのも、スポーツか、あるいは最近ではイギリスの EU 離脱問題くらいではないだろうか。

　そのようなことを考えながら教科書を見ていたら、ロシアが取り上げられていた。ロシアをヨーロッパの単元で授業することには、少し違和感があった。かつては、ロシア（その頃はソ連だったが）と東ヨーロッパを１つの単元でまとめて、社会主義国として授業をしていたと言う記憶があるからだった。そのため、ロシアは別に扱おうかとも考えたのだが、ロシア１国だけの単元をつくるのも無理があり、どこか他の単元に入れるのも変なので、やはりヨーロッパの単元しかないようにも思われた。そのため、ヨーロッパ州の単元の最後の授業として位置づけけた。

[14] ４つのヨーロッパ

◎ヨーロッパ州を地域・気候・農業・民族の４つの面からとらえさせる。地球上の位置や家畜に対する考え方などについては、日本との比較で理解させる。

1 ヨーロッパとは、どんなところなのか？

①・【地図帳】Ｐ45〜46を開くと、「ヨーロッパ」という地域が出ている。

・その中で、知っている国や名前を聞いたことがある国には、どこがあるのか？

→イギリス・フランス・ドイツ・イタリア・・・

②・「アフリカ」という国がないように、「ヨーロッパ」という「国」はない。正確には「ヨーロッパ州」という１つの大きなまとまりがある。ただし、一言に「ヨーロッパ」といっても、地域による違いがある。ヨーロッパは、大きく４つにわけられる。【資料：１】のＡの白地図に、その「ヨーロッパの地域区分」が描かれている。①が 北ヨーロッパ 、②が 西ヨーロッパ 、③が 東ヨーロッパ 、④が 南ヨーロッパ と呼ばれている。

※・【資料：１】のＡの白地図の（　　）の中に、それぞれ地域の名称を記入させる。次に、それぞれの地域を色分けして塗らせる（　①：北ヨーロッパ＝青、②：西ヨーロッパ＝緑、③：東ヨーロッパ＝茶、④：南ヨーロッパ＝赤　）

③・このように４つにわけられるいくつかの理由の１つに、「気候」がある。

・【資料：１】のＡの白地図に、Ａ：北緯43°［ 札幌 ］とＢ：北緯33°［ 塩田 ］（ 勤務校の所在地 ）が書かれているので、この２本の緯線を赤ペンでなぞりなさい！

▷【 資料：１ 】のＡの白地図に記入作業

④・この「北緯33°」とは、日本のどこの町を通る緯度なのか？

→・・・塩田町・・・

⑤・では、「北緯45°」とは（ 日本のどこの都市を通る緯度なのか ）？

→・・・札幌市・・・

⑥・こうして比較してみると、ヨーロッパの国々は、日本よりかなり「北」に位置していることがわかる。

・と言うことは、気候的には、日本よりも・・・？（ 暑いのか？　寒いのか？　）

→寒い・・・

⑦・（ ヨーロッパのほとんどの国は「札幌よりも北に位置している」からと言って ）それほど寒いわけではない。その理由は、以前の授業（ ＝〈 世界の気候 〉）で説明をしている。理由は、２つあって、１つは「海流」だった。

・（ それは ）何という海流の影響だったのか？

→北大西洋海流・・・

⑧・もう１つは「風」だった。

・何という風だったのか？

→偏西風・・・

⑨・（ 暖流の北大西洋海流と偏西風の影響で ）、ヨーロッパは、緯度が高い割には温暖になっていた。

※・生徒の記憶がはっきりしていない場合には、【地図帳】Ｐ11で北大西洋海流を確認させ、偏西風の説明をする。

⑩・【資料：１】のＢの白地図に、「ヨーロッパの気候区分」が書かれている。③・④が日本と同じ

「温帯」の気候。その中で、③が 西岸海洋性気候 で、④が 地中海性気候 である。

・では、①は (何という気候帯だった)？

→ 亜寒帯 ・・・

⑪・②はアルプス山脈がある 高山気候 。

※・【資料：1】のBの白地図の（　　）の中に、それぞれの気候の名称を記入させる。そして、それぞれの気候を色分けさせる（ ①：亜寒帯＝青、②：高山気候＝水色、③：西岸海洋性気候＝緑、④：地中海性気候＝赤 ）。

2　ヨーロッパの位置や地域区分は、どうなっているのか？（ その２ ）

①・こうした気候の違いは、作物に影響するため、農業にも違いが出てくる。【資料：1】のCの白地図に、「ヨーロッパの農業の分布」が書かれている。①は 酪農 地域。

※・酪農＝牛などを飼育して、乳や乳製品を生産する農業。

②は「地中海性気候」の地域とほぼ一致する。そのため、この地域での農業は、 地中海「式」農業 という。乾燥に強いオリーブやブドウ、自給用の小麦の産地になっている。

③は 混合農業 の地域。日本では、米を中心に野菜や果実を栽培するのが農業と考えられているが、ヨーロッパでは、牛や豚などの家畜が多く飼育されている。そのため、混合農業では、小麦などの 穀物の栽培 と牧草などの飼料作物を輪作して、牛や豚などの 家畜飼育 が組み合わせられている。

※・【資料：1】のCの白地図の（　　）の中に、それぞれの農業の名称を記入させる。そして、それぞれの農業地域を色分けさせる（ ①：酪農＝緑、②：地中海式農業＝橙、③：混合農業＝茶 ）。

②・農業は、自然条件に影響されやすいため、Bの気候区分とCの農業地域はよく似ていることがわかる。また、こうしたヨーロッパの農業では日本と違い人と家畜のつながりが深い。それは動物の見方にも違いとしてあらわれている。

・例えば、みんなが知っている、このお話〈 絵本『三びきのこぶた』を提示！ 〉。

・このお話を知っている人［ 挙手 ］！

▷〈 挙手による人数の確認！ 〉

③・ほとんどの人が知っているようだが・・・。

・では、このお話の最後はどうなっていたのか、答えは、次の中のどれだった？

A：豚が狼を食べておしまい。
B：狼が豚を食べておしまい。
C：狼が逃げておしまい。
D：豚が仕返しをしておしまい。

▷〈 挙手による人数の確認！ 〉

※・ほとんどの生徒がD（ C ）と答えるはずだが、実際はA。

④・答えを知るために、今から、この絵本を読んでみる！

※・それほど長い内容ではないので、全文を教師が読んで聞かせてもよい。

⑤・これって、みんなが知っている結末と違う（？）。

・（ 絵本とみんなが知っている話と ）どっちが本当の結末なのか？

→絵本・知っている話・・・

⑥・元々の話は、この絵本の方だ（ 絵本の結末が本当で、みんなが知っている話は日本風にアレン

ジしてある ）。家畜に対する見方の違いが、お話の結末の違いにあらわれている。

・ところで、ヨーロッパの農業との関連で、日本でお馴染みの話には、これもある！

　▷【 アルプスの少女ハイジの絵 】

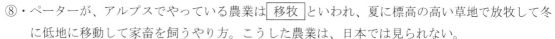

⑦・山でヤギを飼っている少年の名前は、何（ か、知っている ）？

　→ペーター・・・

⑧・ペーターが、アルプスでやっている農業は | 移牧 | といわれ、夏に標高の高い草地で放牧して冬に低地に移動して家畜を飼うやり方。こうした農業は、日本では見られない。

※・アニメ『アルプスの少女ハイジ』は現地取材に基づいて制作され、ヨーロッパでも放映されている。ただし、スイス人にとっては苦労の多い時代だったせいか、現地ではまだ放映されていない。

⑨・アルプスのあるスイスは、ヨーロッパの中央に位置しているため、（ ヨーロッパ ）北部とも南部ともつながりがある。ハイジはドイツ（ の都市フランクフルト ）に連れて行かれたこともあった（ おじいさんは、若い頃イタリアで傭い兵になっていた ）。「つながりがある」とは言っても、北部と南部では民族は違っている。

・【資料：1】のDの白地図には、そんな「ヨーロッパの民族の分布」が描かれている。①はヨーロッパの北西部に多い | ゲルマン系 |、②が南部に多い | ラテン系 |、③が東部に多い | スラブ系 | の民族だ。

※・【資料：1】のDの白地図の（　）の中に、それぞれの民族の名称を記入させる。そして、それぞれの民族を色分けさせる（ ①：ゲルマン系＝紫、②：ラテン系＝赤、③：スラブ系＝青 ）。

⑩・民族や文化の違いは、宗教にもあらわれている。

・ヨーロッパで信仰されている宗教と言ったら、何なのか？

　→キリスト教・・・

⑪・ただ同じキリスト教でも、地域により宗派が違っている。北ヨーロッパは | プロテスタント |。西ヨーロッパや南ヨーロッパは | カトリック |。東ヨーロッパは | 正教会 | という具合だ。

3　ライン川をさかのぼると、順番にどんな風景が見えるのか？

①・最後に、地形や地名を確認しておこう。

・【資料：2】の白地図に都市や自然の名称などを書き入れなさい！

※・【資料：2】の白地図に、次の都市や山・川を記入させる。主な都市名：ロンドン・パリ・ローマ・ベルリン・ブリュッセル。山や川など：ライン川・ドナウ川・アルプス山脈・ピレネー山脈・イベリア半島・スカンディナビア半島・シュバルツバルト

②・では最後に、ここまでの学習を振り返るために、確認テストをやってみる。【資料：3】に書かれているA～Dの文章は、実際の列車の進行の順序とは違っている。

・そこで、列車で旅をしたときに現れてくる風景を、正しい順番に並べ替えなさい！

　▷【 資料：3 】の問題を解く　※・正しい順序：C→B→A→D

③・次に、この列車のコースは、地図の中のア～エの4つのコースのどれなのか？

・この列車の旅の正しいコースを答えなさい！

　▷【 資料：3 】の問題を解く　※・列車のコース：ウ

④・ドイツ北部の都市からアルプス山脈への旅なので、この列車は、どっちの方角からどっち方角へと向かっているのか？

　→北から南

⑤・作物に目を向けると、Aはブドウ畑。ブドウは南部の作物。また、シュバルツバルトの位置が
わかっているので、アルプス山脈に近いこともわかる。Cは麦畑がある。麦はブドウの栽培地
よりも寒冷な北部でもできるし、シラカバやミズナラは北方の樹木だ。
・以上のことを考えると、順番は「C→B→A→D」となり、列車のコースは「ウ」が正解とな
る。

<参考文献>
川島孝郎「ヨーロッパ」『授業中継　最新世界の地理』地歴社
『三びきのこぶた』福音館書店

<板書例>

〈　４つのヨーロッパ　〉
　1　４つの地域
　　　西ヨーロッパ
　　　南ヨーロッパ
　　　北ヨーロッパ
　　　東ヨーロッパ

　　3　４つの農業
　　　　　酪農
　　　　　地中海式農業
　　　　　混合農業
　　　　　移牧

　2　４つの気候
　　　西岸海洋性気候
　　　地中海性気候
　　　亜寒帯
　　　高山気候

　　4　３つの民族と３つの宗教
　　　　　ゲルマン系　　　　プロテスタント
　　　　　ラテン系　　　　　カトリック
　　　　　スラブ系　　　　　正教会

❖授業案〈　４つのヨーロッパ　〉について

　まずは、ヨーロッパ州の１時間目の授業であるため、全体を俯瞰するような内容にしている。４つ
のヨーロッパの姿を、４つの白地図への同じようなパターンの作業をおこなわせながらつかませるや
り方を取っている。ただ、１枚の学習プリントの中に４つの白地図を載せているため、一つひとつの
白地図が小さくなってしまっている。それにより、生徒にしてみると書き込みや色塗り作業がやりに
くくなっている面はある。その事態を避けるために１枚の学習プリントに１つの白地図としてもよい
のだが、そうすると今度は、色塗りの作業に時間がかかってしまうことになる。どちらを取るのかと
いう問題に過ぎないが、現在は小さな白地図４枚の方で授業をおこなっている（どちらでもいいと思
うが、今の生徒は丁寧に色塗りの作業をおこなうため、小さな白地図の方が授業を進めやすい）。

　「３びきのこぶた」の話は、生徒に訊ねると「保育園のときに聞いたことがある」との答えが返っ
てくる。そのため、なかには本当の話を知っている（覚えている）生徒もいる。それでも、教師が絵
本を提示しながらの読み聞かせを始めると、全員が静かに聞いている。絵本の読み聞かせは、歴史の
授業でおこなうことがあるが、生徒の感覚や想像力を高める教材・教具として有効性が高い。

　なお授業の進み具合では、提言３の助言②～⑤は省いても構わない。実際、時間が不足しそうな場
合には、学習プリント〈世界の諸地域：14　ヨーロッパ州1-3〉は使用せず、提言３の助言①で終わ
らせることもある。

■ヨーロッパは、生活や文化によって大きく４つにわけられる。また、気候や農業、民族や言語に
　よっても地域区分ができる。

1：【 ヨーロッパの地域区分 】

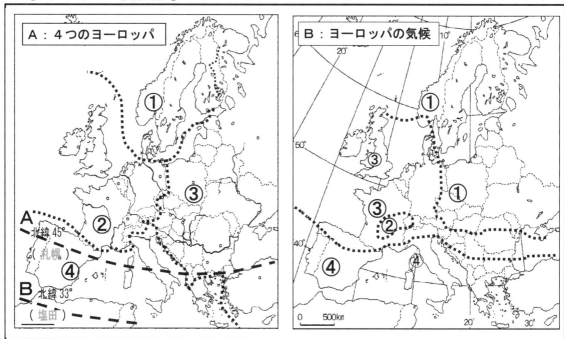

① （北）ヨーロッパ　　② （西）ヨーロッパ　　①(亜寒帯)性気候　　②(高 山)気候

③ （東）ヨーロッパ　　④ （南）ヨーロッパ　　③(西岸海洋)性気候　　④(地中海)性気候

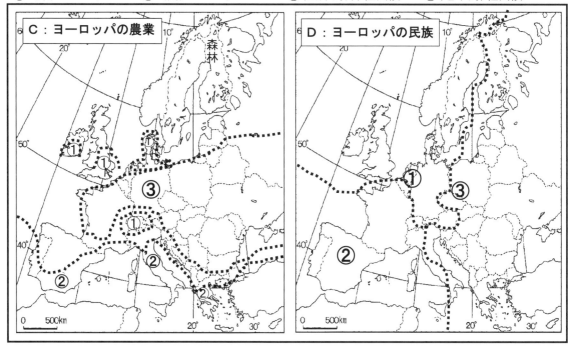

①(酪農)　②(地中海)式農業　③(混合)農業　　①(ゲルマン)系　②(ラテン)系　③(スラブ)系

※それぞれ白地図の「陸上部分のみを塗りわける」こと（ 海の部分は塗らないこと ）。

■ヨーロッパの主な都市の位置と地形（ 山脈・川・半島など ）を下の白地図の中に書き込み、その
　位置や広がりなどを確認しよう。

2：【 ヨーロッパの地名と地形 】

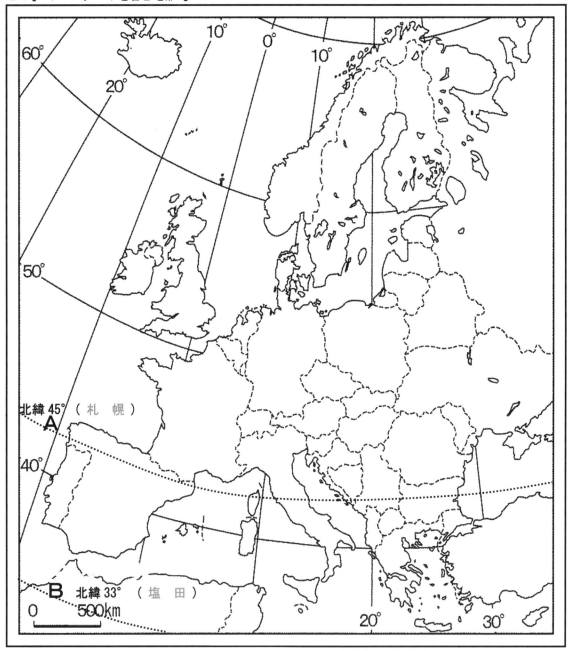

都市	：ロンドン　パリ　ローマ　ベルリン　ブリュッセル	※ 各都市の位置に●を書き込む
自然	：ライン川　ドナウ川	※ 川を青色でなぞる
	アルプス山脈　ピレネー山脈	※ 山脈の位置を赤色で書き込む
	イベリア半島　スカンディナビア半島	※ 半島を茶色でぬる
	シュバルツバルト	※ シュバルツバルトを緑でぬる

■夏に、ドイツ北部の都市ハンブルクを出発して、ライン川をさかのぼりながら列車の旅をする。
　するとその列車の車窓から見える風景は・・・。

3：【 ヨーロッパ・列車の旅 】

A：急な斜面にはブドウ畑が広がり、木の枠に縁取られた窓には、ゼラニュウムの赤い花を咲かせた
　家々が美しい。崖の上は、古城がライン川の流れを見下ろしている。進行方向の左手に見えるシ
　ュバルツバルトの山麓にはブドウ畑が点々と見え、山腹は黒々とした針葉樹林に覆われている。
　しかし、この針葉樹林も、酸性雨の影響で立ち枯れした樹木が多い。

B：車窓から工場の煙突が見えるようになった。ルールの工業都市・ドルトムントは近い。そう言え
　ば広島市内には一時ドルトムント電車が走っていたことがある。そのときはドイツ語の案内板を
　つけたまま走っていたものである。
　ルール地域は田園地帯であったが、19世紀になって、地下資源の石炭を製鉄業に利用するように
　なって急速に発展した。ライン川に沿ってヨーロッパ第一の工業地帯が広がっている。

C：緑の牧草地が続く大平原を列車は走っている。時折、白樺やミズナラの森に覆われた高まりが現
　れる。ブレーメンを過ぎてからしばらくは、単調な緑の平原が続く。やがて麦畑が見えてくる。

D：登山列車は、グングン高度を上げていく。標高 1,800m付近で針葉樹の森は終わりとなる。そこ
　からは、黄色や紫の"お花畑"と緑の絨毯のような"放牧地"が広がる。夏の間、谷間の村から
　連れてこられた牛たちが放牧されている。移牧がおこなわれているのだ。牛の首には、大きな鈴
　がつけられている。「カラン、カラン」と山々に鈴の音が響き渡っている。

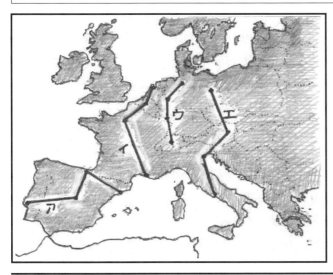

⇧上のＡ・Ｂ・Ｃ・Ｄは、列車の進行順序
　とは違っている。
　では、正しい順序はどうなるのか？

```
C → B → A → D
```

⇧この列車のコースは、左の地図のア～エ
　のうちのどれなのか？

```
ウ
```

ヨーロッパの山々を走り抜ける列車

[15] ヨーロッパのまとまり

◎日本とヨーロッパの出会いを導入に、16 世紀からヨーロッパは世界に進出して豊かになったことと
　その仕組みを押さえ、20 世紀以降の衰退傾向を EU としてまとまることで防げるのかどうか考える。

1　ヨーロッパ人はなぜ日本にやってきたのか？

①・明治維新で、日本は「近代化」をめざした。

　　・そのとき日本は、具体的には世界のどこをめざしたのか？（ 手本としたのか？ ）

　　→ヨーロッパ・ドイツ・イギリス・・・

②・中国や朝鮮、つまり「アジア」ではなく、なぜ「ヨーロッパ」を手本としたのか？

　　→・・・？

③・ヨーロッパに対するイメージとは、どんなものがあるのか？

　　→進んだ国・豊かな国・・・

④・多くの日本人は、アジア（ ・アフリカ ）よりもヨーロッパの方が、「 明るく 　華やか で、 豊
　　か で 進んでいる 」と言うイメージを持っている。

　　・それは、事実なのか？　それとも、単なる思い込みなのか？

　　→事実・思い込み・・・

⑤・そんなヨーロッパ人と日本人との最初の出会いは、何年のことだったのか？

　　→ 1543 年 　　※・生徒からの発言がなければ、すぐに答えを貼る。

⑥・（ 1543 年 ）それは、戦国時代の日本に「あるもの」が伝えられたとされている年だ。

　　・さて、その「あるもの」とは、何だったのか？

　　→鉄砲・・・

⑦・その（ 鉄砲が伝えられた ）場所は（ どこだったのか ）？

　　→ 種子島

⑧・（ 鉄砲を ）伝えた国は（ どこの国だったのか ）？

　　→ ポルトガル

⑨・ポルトガル人は、「鉄砲を伝えるため」に日本に来たのか？　たまたま日本に来たのか？

　　→たまたま来た・・・

⑩・では、ポルトガル人が、アジアへやってきた目的は、何だったのか？

　　→・・・？

2　ポルトガル人は、どうしてアジアへきたのか？

①・鉄砲を伝えたポルトガル商人に訊ねたら、たぶん「貿易のため」と答えただろう。ただし、当時
　　のポルトガル王国は、世界の半分を植民地にしようと目論む一大海洋帝国だった。そのため、ポ
　　ルトガル商人は（ 貿易だけではなく ）、植民地を広げる役割も担っていた。

　　・そのポルトガルは、どこにあるのか？

　▷【 地図帳Ｐ35 】

②・（ 地図で見てもわかるが ）ポルトガルは、小さな国だ（ 当時も人口 110 万人程の小国だった ）。

　　・そんな小さな国が、どうして世界的な海洋帝国になったのか？

　　→・・・？

③・ポルトガルは、ヨーロッパの中では、どんな位置にあるのか？

→西側・西の端・大西洋側・・・

④・（ヨーロッパの中でも）西の端にあるのは、有利だったのか？　不利だったのか？

　　→有利・不利・・・？

⑤・西の端にあり、大西洋に面していたのは、地中海を通らずにアフリカやアジアと貿易ができたため、有利だった。それは、1500年代の地中海貿易が、西アジアのオスマン帝国に抑えられていたからだった［ オスマン帝国が強大化し、地中海貿易に高額な関税をかけるようになった ］。ただし、ヨーロッパで古くから地中海貿易を盛んにおこなっていた国は、ポルトガルではなかった。

　・それは、どこの国だった（ か、覚えている ）？［ 歴史の最初の方の授業で出てきたけど・・？ ］

　　→ローマ・イタリア・・・

⑥・それがオスマン帝国のために、地中海での貿易が上手くいかなくなった。そこで、イタリアが注目した国が（ どこだったのか ）？

　　→ポルトガル・・・

⑦・ローマ帝国の時代から地中海貿易をおこなってきたイタリアは、ポルトガルに資金援助をしてアフリカやアジアとの貿易に力を入れるようになった。そしてそのことにより、小国だったポルトガルは一大海洋帝国に発展して、世界に進出していくことになった。

| 3　ヨーロッパの海外進出によって世界は１つになった？ |

①・同じように海洋帝国に発展した国に、スペインがあった。この２つの国は条約（ トルデシリャス条約・サラゴサ条約 ）をつくり、スペインはアメリカ大陸を中心に、ポルトガルはアフリカ・アジアを中心にして貿易拠点や植民地をつくっていった。

　・こうして1500年代＝16世紀には、世界は海を通じて１つにつながる時代へと変わっていった！

　▷〈 以下のようにカードを貼る！ 〉

　　　　　　　| ヨーロッパの海外進出 ⇒ 世界の一体化 |

②・こうしたヨーロッパの国々の動きにより、16世紀以降の世界は、大商人が投資する お金儲けが上手な国 と、資金がなく お金儲けが下手な国 に分かれていった。さらに、「お金儲けが上手な国」は、「お金儲けが下手な国」を植民地としていった。やがて「お金儲けが上手な国」は 先進国 と呼ばれ、「お金儲けが下手な国」は 開発途上国 と呼ばれるようになる。つまり、500年前に世界は１つにつながったが、同時にそれは世界が２つに分けられることでもあった。

　・そして、その延長線上に、現代の世界がある！

　▷〈 以下のようにカードを貼る！ 〉

　　　　　　　| ヨーロッパの海外進出 ⇒ 世界の一体化 |
　　　　　　　　　　　　　　　＝

| お金儲けが上手な国 | ⇒ | A | ⇒ | 先　進　国 | ＝ | ヨーロッパ | 、| 北アメリカ | など |
| お金儲けが下手な国 | ⇒ | B | ⇒ | 開発途上国 | ＝大部分の | アジア | ・| アフリカ | ・| 中南アメリカ |

③・現代世界は、「先進国」と「開発途上国」に分けられるが、その前段で重要なのが、AとBだ。

　・ 植民地 が入るのは、A・Bのどっち（ なのか ）？

　　→B・・・

④・Bが 植民地＝従属国 で、Aは、その 植民地を支配する国 となる。「お金儲けが下手な国」は、今では「開発途上国」と呼ばれている。

- 137 -

・では、その開発途上の国々は、先進国のように「豊かで進んだ地域」になれるのか？

　　→なれない・なれるかもしれない・・・

⑤・「お金儲けが上手な国」が、世界の国々を２つに分けた。これは、人間の仕事（産業）を２つに分けることでもあった。その２つの仕事とは、　お金儲けがしやすい仕事　と　お金儲けに向いていない仕事　だった。

　・〈カードを提示しながら！〉では、　農業　・　林業　・　漁業　・　鉱業　・　商業　・　貿易　・　工業　の仕事を「お金儲けがしやすい仕事」と、すぐには「お金儲けに向いていない仕事」に分けると、どうなるのか？

　　→農業は・・・

※・「農業は、どっち？」→・・・　・「林業は？」→・・・と、問答をしながら、生徒の答えに応じてカードを貼っていく（間違いがあった場合には、以下のように正解を貼っていく）。

お金儲けがしやすい仕事	＝	商業	貿易	工業
お金儲けに向いていない仕事	＝	農業	林業	漁業	鉱業

⑥・この中で、「お金儲けがしやすい仕事」はヨーロッパの国々が独占し、「お金儲けに向いていない仕事」は（植民地にした）アジア・アフリカ・中南アメリカに背負わせた。

　・これは、「仕事を分業しているだけ」にも見えるが、この分業のやり方は、平等なのか？　不平等なのか？

　　→不平等・・・

⑦・また、この分業での仕事は、植民地にされた国々が、自分たちで選んだものだったのか？

　　→違う・押しつけられた仕事だ・・・

⑧・16世紀以降の世界は、「お金儲けが上手な国」に都合がよい分業体制の下で一体化された。ただしこれは、お互いが依存し合う関係のため、いったんでき上がると、変えることは相当難しい。

　▷〈以下のようにカードを貼り説明する！〉

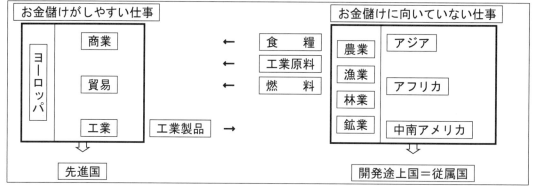

⑨・右のグループは現在、「開発途上国」と呼ばれているが、そう呼ばれている地域は、植民地時代に他の仕事ができない分業体制を押しつけられた。そのため、お金（＝新たな産業を興す資金）が貯められず、何百年たっても途上国（＝従属国）のままだ［16世紀以降の世界は、先進国と従属国が固定化した構造（＝近代世界システム）になっている］。

※・左のグループを現代においては「先進資本主義国」と呼ぶこともできる。ただし、資本主義的な生産は、自分の労働力しか売る物がない大勢の労働者と機械を使う大工場（産業資本）の出現が前提になっているため、資本主義の成立については、別に押さえておく必要がある。16世紀からの流れとしては、大雑把に言えば、交換価値（お金）を増やそうとする大商人の活動が世界的規模に拡大し、その「お金儲け」を最大の目的とする活動が、人間労働を支配するようになり、固定的な分業システ

ムに帰着する資本主義を生み出したということができる。

---

4 ヨーロッパに世界の富が集まる時代、日本はどうしたのか？

①・その［ 近代世界システムがつくりあげられた ］結果、世界の富はヨーロッパに集まるようになった。こうして、「明るく華やかで豊かで進んでいる」と言うヨーロッパのイメージもでき上っていったわけだ。日本は、明治維新で、そんなヨーロッパをめざした。

・と言うことは、明治からの日本は、具体的には何をおこなっていったのか？

→**他の国の支配・お金儲けがしやすい仕事についた・資本主義国をめざした・・・**

②・これは歴史で学ぶことだが、当時、日本には「別の道もある」と考えた人もいた。それは、「日本はアジアの一員だから、アジアの国々と手を組んで従属国から抜け出す」、「日本一国だけではなくて、アジア全体として発展していく」と言う道だった。

・では、日本は、その道を取ったのか？

→**取らなかった・・・**

③・現在の日本の状況から考えると、A：日本の取った道はそれで良かったのか？　それとも、B：他の道を取るべきだったのか？

・A：日本の取った道は、それで良かったのだと思う人［ 挙手 ］！

▷〈 挙手による人数の確認！ 〉

・B：日本は他の道を取るべきだったと思う人［ 挙手 ］！

▷〈 挙手による人数の確認！ 〉

④・この問題は歴史の授業で、深く考えていくことにする。

---

5 ヨーロッパの衰退が始まった。さあどうする？

①・繁栄を誇ったヨーロッパの国々も、20世紀になると衰え始めた。植民地の奪い合いが、大きな戦争へと発展してしまったからだった。その戦争により国の富は失われ、そして、植民地の独立を支持する ソ連の誕生 と アメリカ合衆国の成長 が重なり、さらに20世紀の後半には、植民地が次々に独立して、アジアでは日本が経済大国に成長してきた。

そこでヨーロッパの国々は、ソ連・アメリカ・日本に対抗するため、「ヨーロッパ地域としてまとまる必要がある」と考えるようになった。

・そこで登場してきたのが、これだ〈 ECSC＝欧州石炭鉄鋼共同体の地図の切り抜きを提示 〉！

▷【 その加盟国を合わせた地図 】

②・さてこれは、どこの国なのか？

→**・・・イタリア・・・？**

③・これは、現在ヨーロッパの国々がまとまるためにつくられている組織［＝EU］の元になった6カ国を合わせた形の地図だ。

・ヨーロッパが、20世紀に衰え始めた大きな原因には「戦争」があった。その戦争の原因には、兵器をつくるための石炭や鉄鋼の生産地をめぐる争いがあった。その反省から「ヨーロッパの石炭や鉄鋼の生産を共同で管理する」ことを目的に、 ECSC （ 欧州石炭鉄鋼共同体 ）が結成された。

・こうしてヨーロッパの国々が、共同し、まとまることにより、何をすることができるのか？

⇨ 再び戦争が起こらないようにすること

④・「再び戦争が起こらないように」とは、過去にヨーロッパの国々は、大きな戦争を、2つも経験

したからだった。

・その２つの大きな戦争とは、具体的には何戦争と何戦争だったのか？

→第１次世界大戦・第２次世界大戦・・・

⑤・第１次世界大戦と第２次世界大戦で亡くなったヨーロッパの人々の数は、それぞれ、次の中のどれが近いのか？

| 第１次世界大戦 | A：約　400万人 | B：約　800万人 | C：約1,200万人 |
| 第２次世界大戦 | A：約1,500万人 | B：約2,500万人 | C：約3,500万人 |

※・Aだと思う人［ 挙手 ］！・・・と、１つひとつ確認をしていく。　※・塩田町の人口＝約１万人

⑥・「ヨーロッパの国々が１つにまとまる」と、こうした戦争は、無くなる・・・？

→無くなる・・・

⑦・であれば、「ヨーロッパの国々が１つにまとまる」ことは、よいこと？　困ったこと？

→よいこと・・・

⑧・ヨーロッパの最初の共同体（ ECSC ）の加盟国６カ国は、1967年、経済分野以外も管轄する共同体を結成した。

・それは、何だったのか？

▷ E C

※・ECSC加盟６カ国は、1958年に経済統合をめざしてEEC（ 欧州経済共同体 ）を結成していた。EC（ 欧州共同体 ）は Economic（ 経済 ）が削除された名称。

⑨・そして、この組織が1993年には、何となったのか？

▷ E U

※・EU（ European Union ）＝欧州連合

⑩・それでは、現在のEUのもとになった６カ国とは、どこだったのか。

・【地図帳P45・46】をみて、【資料：１】の下の表の①（ 1952年の欄 ）に、その６つの国名を書き込みなさい！

▷【 資料：１ 】への書き込み作業

⑪・こうしてEUにまとまることによって、ヨーロッパの国々は戦争が無くなるだけではなく、何を持つことができるようになるのか？

▷ アメリカやソ連（ ロシア ）にならんで世界経済に大きな影響力を持つ

⑫・EUがつくられた目的は、小国のヨーロッパの国々が連合することにより平和な世界を築き、アメリカやロシアと対抗できて、大きな影響力を持つようになることだった。

しかし、そのためには、これまでは国毎に決めていたことを統一しなければならなかった。それは簡単にできることではなかった（ かなり細かいことまで決めないとヨーロッパは１つになれない ）。

| 6　ヨーロッパが１つになるために決められたことは？ |

①・たとえば、ここにあるタバコ〈 タバコの空き箱を提示する 〉！

・この日本のタバコは、EUで売ることが、できるのか？　できないのか？

→できない・できる・・・

②・この日本のタバコには、この部分に何と書かれているか知っている？

→ あなたの健康を害するおそれがありますので、吸い過ぎに注意しましょう （ もっとも、本来は中学生が知っているはずはない ）

③・この「注意書き」では、EU でタバコを売ることはできない。

　　・では、何と書けば EU で売ることができるのか？

> A：喫煙は、あなたにとって脳卒中の危険性を高めます。疫学的な統計によると、喫煙者は脳
> 　　卒中により死亡する危険性が非喫煙者に比べて約 1.7 倍高くなります
> B：喫煙は、あなたにとって肺ガンの原因の一つになります
> C：喫煙は人を殺す

※・Aだと思う人［ 挙手 ］！・・・と、1 つひとつ確認をしていく。

④・（ 「喫煙は人を殺す」 ）ここまで書かないと、EU でタバコを売ることはできない。EU では、こ
　　うした細かいことまで統一されている。

　　・でも、こうしたことを決めているのは誰なのか？

　→・・・？

⑤・EU の本部は、どこの国の、何という都市にあるのか？

　　⇨ ベルギーのブリュッセル

⑥・そのブリュッセルにある「欧州委員会」で決められる。具体的には、EU をつくるにあたって他に
　　どんなことを話し合ったのか。

　　・【資料：2】に載せてある内容で、実際に話し合ったと思うことについては○、こんなことまで
　　は話し合っていないだろうと思うことについては×を付けなさい！

　　▷ 【 資料：2 】の問題を解く

7　EU 結成により、どんな変化があったのか？

①・EU ができると、日常生活に変化が出てきた。具体的には、どんな変化があったのか。

　　・【資料：3】に載せてある 1〜6 の問題について、○か×かで、答えなさい！

　　▷ 【 資料：3 】の問題を解く

②・答えを確認してみる。「1」は○だ。人の移動を自由にする一環として、資格を共通化したもの。

※・医師に限らず、看護師・弁護士・建築士・運送業者・理容師などについても実施されている。

　　・「2」は○。原則として EU の人々は、パスポートの提示なしに自由に移動できる。

　　・「3」は○。ただし、ドイツで値上げされたのは「ビール」だけではない。EU 内の標準付加価値
　　税率は、スペインの 13％からデンマークの 25％まで大きな幅があった。そこで、標準税率の下
　　限が 15％に設定され、ドイツも 1993 年以降 14％から 1％増税し、税率アップがビールの値上げ
　　となった。

　　・「4」は×だ。マーストリヒト条約では、住んでいる他国での地方議会の選挙権と被選挙権が認
　　められている。

※・条約批准に先立ち、フランスでは、この「地方参政権は憲法に違反する」と言う判断が出された。そ
　　こで、条約批准のために「地方選挙の投票権・被投票権は、フランスに居住している域内諸国市民に
　　のみ付与することができる」と憲法の改正がおこなわれた。ただし、国政選挙の選挙権はない。

※・マーストリヒト条約：1957 年に結ばれた「欧州経済共同体（ EEC ）設立条約」はローマ条約と呼ばれ、
　　それは EC に継承されて EC 憲法とも呼ばれた。この条約が、1991 年 12 月オランダのマーストリヒト
　　で開かれた EC 理事会で「ヨーロッパ連合条約」として改正され、通称マーストリヒト条約と呼ばれて
　　いる。この条約によって EC 内の協力は、経済分野から政治分野に拡大され、EC などの上位概念とし
　　て EU（ ヨーロッパ連合 ）が設立された。

③・「5」は○。関税がなくなり、税関自体が 1993 年からなくなった（ このことにより、国境でのト

ラックの長蛇の列はなくなった ）。国境では、それまでの通関ではトラック１台当たり平均 30
種類以上の書類が必要だった。これに膨大な時間がかかっていた。

・「６」は×だ。

・EU 内で、両替なしで使える共通通貨を何というのか？

⇨ **ユーロ（ EURO ）**

④・当初、「エキュ」といわれた通貨の名称は、後に「ユーロ」と決定され、2002 年１月に紙幣と貨
幣が流通開始された。３月には旧各国通貨との併用期間が終了、ユーロが EU 加盟国唯一の法定
通貨となった。

※・*旧通貨との交換は各国ごとに無期限に、または 10 年等の期間を限っておこなわれている。*

⑤・こうした細かいことまで決めているので、人やモノやカネが国境を越えて行き交い、EU は世界経
済に大きな影響力を持つことができるようになった。

8　EU には、どんな問題があるのか？

①・（【資料：１】の）６つの国々から現在の EU は始まったが、その後も加盟国は増えていった。

・2000 年になると、EU に加盟している国の数は、何カ国になるのか？

→**15 カ国**

②・その 15 カ国には、どんな国々があるのか？

⇨ フィンランド・スウェーデン・デンマーク・イギリス・アイルランド・ドイツ・ベルギー・オランダ・ルクセンブルク・フランス・オーストリア・イタリア・スペイン・ポルトガル・ギリシャ

③・さらに 2004 年には、過去最大の 10 カ国が加盟した。

・その 10 カ国とは、どこの国だったのかわかる？

→エストニア・ラトビア・リトアニア・ポーランド・チェコ・スロバキア・ハンガリー・スロベニア・マルタ・キプロス‥

④・EU の加盟国は、【資料：１】の下の方に書いてあるので、【地図帳 P 45・46】を見て、プリントの
白地図に国名を書き入れなさい！

▷【 資料：１ 】の白地図への書き込み作業

⑤・2004 年の加盟国には、ソ連が崩壊するまで「ソ連の影響下にあった国」が多いのが特徴だ。EU
はそれらの国がある東側に拡大していった。すると、その動きに警戒感を高める国が出てきた。

・それは、どこの国だったのか？

→**ロシア**

⑥・EU 加盟と（ 軍事同盟である ）NATO 加盟をめざすウクライナでは、ロシアとの紛争が起きている。
EU は「ヨーロッパで再び戦争が起きないように結成された」のだが、その戦争は、ドイツとフラ
ンスとの間での戦争のことだった。第２次世界大戦で 2,000 万人以上の死者を出したソ連とは、
戦後になって対立がなくなったわけではない。

・そうした西側（ 欧米 ）と東側（ ソ連・東欧 ）の対立を何と言ったのか（ 知っている ）？

→ **冷戦** ・・・

⑦・その「冷戦は終結した」と言われているが、ロシアは、EU の東方拡大には警戒感を強めている。

・そのロシアの動きは、当然のこと？　おかしなこと？

→**当然・おかしい**・・・

⑧・ロシアは、軍備を拡大し、中国との関係強化を進めている。つまり、「ヨーロッパが１つにまと
まる」ことで大きくなることは、対立が大きくなることでもある。

・では、「ヨーロッパが１つにまとまる」ことは、よいことなのか？　困ったことなのか？

→困ったこと・よいこと・・・

⑨・2012 年に「ノーベル平和賞」を受賞した EU が「どうやって 平和の理念を実現するのか 」が問われる。

　・また平和に関して EU にはもう 1 つ、中東やアフリカからの 難民の急増 という問題が出てきている。この難民の人たちは、これまで植民地にされたり、戦争・紛争などでヨーロッパの国々に苦しめられた国や地域から逃げて来ている。

　・と言うことは、EU としては、難民の受け入れには、A：賛成すべき？　B：反対すべき？

　・A：EU は、難民受け入れには、賛成すべきだと思う人［ 挙手 ］！

　▷〈 挙手による人数の確認 〉

　・「（ 受け入れ ）賛成」の人に聞きますが、どうして賛成なのか？

　　→かつて苦しめたから・逃げてきた人を助けるのは当然・・・

　・B：EU は、難民受け入れには、反対すべきだと思う人［ 挙手 ］！

　▷〈 挙手による人数の確認 〉

　・「（ 受け入れ ）反対」の人に聞きますが、どうして反対なのか？

　　→外国の人が増える・怖い・・・

⑩・EU の中にも、賛成・反対があり、国により違っている。ドイツは、受け入れに賛成している。それは、少子高齢化の進む中、「難民は、国を支えてくれる労働力となってくれる」との考えもあるからだ（ この「少子高齢化問題」は日本も同じ。また、日本にも難民の人たちはやってくる。つまり難民については、日本も考えなくてはならない問題なのである ）。

　・「ヨーロッパが 1 つにまとまる」ことの賛否について、最後に 1 つ、イギリスの動きを例に考えてみる。イギリスは、2016 年 6 月に国民投票をおこない、 EU から離脱 することを選び、2020 年 1 月 31 日に正式に離脱した。

　・このときの意見が【資料：4】にあるが、「離脱派」＝ヨーロッパが 1 つにまとまることに反対の意見と「残留派」＝ヨーロッパが 1 つにまとまることに賛成の意見を読んで、どちらの考えが支持できるのか、班ではなしあってみよう！

　▷班でのはなしあい

※・時間があれば、班でのはなしあいの後、学級全体での討論につなげる。そしてヨーロッパの経験を東アジアの日本はどう受け止めるべきか考え合いたい。時間がなければ、班でのはなしあいの後は各自で意見プリントを書かせて終わる。

＜参考文献＞
川島孝郎「ヨーロッパ」『授業中継　最新世界の地理』地歴社
河原紀彦「国、それとも EU の仕事？」授業のネタ研究会中学校部会編『授業がおもしろくなる中学授業のネタ　社会①』日本書籍
馬場一博「EU と統合への歩み」授業のネタ研究会中学部会編『授業がおもしろくなる中学授業のネタ　社会④』日本書籍
佐藤敏彦「イギリスの EU 離脱に賛成か、反対か？」河原和之編『主体的・対話的で深い学びを実現する！100 万人が受けたい社会科アクティブ授業モデル』明治図書
河原和之「EU はなぜ統合されたのか？」『100 万人が受けたい！ 見方・考え方を鍛える中学地理』明治図書

＜板書例＞

```
〈 ヨーロッパのまとまり 〉
  1  ヨーロッパと日本                          3  EU（ ヨーロッパ連合 ）← EC
                                            ┌ 戦争を起こさない
                                            └ 大国に対抗する
  2  16世紀以降の世界
        先進国    －    従属国
         ‖           ‖
       ヨーロッパ  アジア・アフリカ・中南米    4  イギリスのEU離脱
```

❖授業案〈 ヨーロッパのまとまり 〉について

　この授業案では、「ヨーロッパの国々が1つにまとまるとは、どういうことなのか」を理解させるために、クイズ形式で細かいことを取り上げている。これまで各国で決めていたことが、EUの政策執行機関により決められ、不都合なことも生まれた現実を生徒につかませたいと考えたからだ。しかし、EUがつくられた背景の「再び戦争を起こさないため」も重要であり、授業の重点を次第に移してきたこともあり、前者の説明は長すぎると感じている。また最近は、世界の一体化が進む一方で、「イギリスのEU離脱」という、「ヨーロッパがまとまる流れとは真逆の動きが生まれるのはなぜなのか」を、自分たちの問題として考えられる授業案につくり直す必要も感じている。そのことについては、この授業案でも最後に取り扱ってはいる。しかし、もう少し授業案の内容を工夫しなければ、このままでは考えさせる時間が不足している。

　「EU構想の起源は16世紀のルネサンス期に誕生した『文芸共和国』に遡る」（ 補足資料1 ）と言うように、ヨーロッパのまとまりを思想史的に辿ることも可能だが、やはり16世紀にヨーロッパが世界史に華々しくデビューする起点となった大商人の活動の特質は押さえておきたい。ヨーロッパの海外進出により世界が一体化したことは確かだからだ。ただそのことで、当時のヨーロッパの大商人の歴史的行動の特質から「お金儲けが上手でお金儲けがしやすい仕事をする国」（ 先進国 ）と「お金儲けが下手でお金儲けに向いていない仕事をする国」（ 植民地・従属国 ）の2つに世界は分裂させられることになった。そして、そうした分業が固定化された世界システムとして一体化した。

　しかし20世紀になると、ヨーロッパの国同士の植民地争奪戦が激化し、各国の国力が毀損したことなどから、ヨーロッパは衰退に向かい始める。その反省から第2次世界大戦後は、戦争が起きないようにと共同を進める機運が高まり、やがてEUが結成され通貨も統合されて、ヨーロッパの統合は成功したかに見えた。しかしその一方で、ヨーロッパの域内ではお金儲けや金融支配が上手な国とそうでない国との格差が広がり、ヨーロッパ域外では、拡大するEUに警戒する動きが生まれ、欧米の軍事介入を受けた中東・アフリカから大勢の難民が流入する事態となっている。その後、イギリスがEUを離脱するなど、ヨーロッパの統合は行き詰まりを見せている。

　こうした動きを歴史的に見ると、「豊かなヨーロッパ」を生み出すきっかけとなった16世紀の海外進出のほとんどが「お金儲け」のみを目的として開始されたこと、そしてそれが、国民国家の形成と結びつきヨーロッパ以外の地域を植民地とすることを正当化したことがわかる。そのことが、回りまわって本国の格差拡大やアイデンティティの喪失や荒廃をもたらしている（ 補足資料2 ）。こうして、改めてヨーロッパ統合の理念が問われている。

　西方キリスト教に求める主張もあるが、それではイスラム教圏や東方キリスト教圏の人々に脅威を与えてしまう。EUを離脱したイギリスは、英語圏での新たな結束を試みるかもしれない。そうした動

向とEUがめざした平和の理念は、どう結びつくのだろうか。

　確実に言えることは、商取引の対象である商品は世界を1つにつないでいることである。「世界の一体化」はもう後戻りできないが、その商取引をおこなう人間によって商取引の目的が「お金儲け」に特化されることにより世界は分裂してしまった。これに対し、「ネイションの復活」（補足資料3）や「市民社会の強靭化」（補足資料4）が唱えられている。しかし、これらの方策は問題の発生点を押さえているとは言い難い。

　そこで改めて思い起こすべきこととして、日本列島に脈々と続いてきた「商人道」がある。補足資料5にある「三方よし」という言葉で受け継がれてきたものだ。「三方よし」とは、「売り手よし、買い手よし、世間よし」の意味である。商取引とは本来、売り手にとっても買い手にとってもトクで、しかもそれを通じて社会全体の厚生（生活や身体を豊かにすること）も改善されるとするものである。ここでは、商行為の目的は「お金儲け」に限定されていない。商行為は、「お金」の直接的やりとりの背後で現実に意味あるものにすると言う、「人間生活の豊かさの増進をはかること」を根本目的に含むものとしてとらえられている。それを「世間よし」と表現し、自覚的に商行為の目的としている。このことが、まさに16世紀の日本列島における貿易業務において、事実上「世間」を「世界の人々の生活」に読み替えて実践されていたことが、南蛮貿易商の家訓から読み取れる。この商人道を紹介した『商人道ノスヽメ』の著者であり経済学者の松尾匡氏は同書「あとがきにかえて」で、次のように述べている。

　「戦後の日本人は、一人も殺さず、一片の領土も奪わず、ただ世界中で頭を下げて、世界のお役に立つことで、焼け野原から今日の豊かさを築いたのだ。力を頼りにヒト様に優越しようとすることを固くいましめ、ただ世界中でヒト様のくらしを少しでもよくすることだけを考え、そうすれば必ず報われると信じてがんばってきた。そしてその通りに成功したのだ。これこそが『商人』である。『商人国家』で何が悪い。誇らしいことではないのか。」

　ヨーロッパ諸国は、かつての植民地支配を違法なものだったとは認めていない。そのため、日本列島に受け継がれてきた「商人道」を自覚的に継承することは、植民地支配を復活させないためにも重要な意味をもつと考えられる。日本史における商業の位置づけについては、網野善彦氏の著書に学び『討論する歴史の授業』でも扱っているので参照して欲しい。

■20世紀になるとヨーロッパに衰えが見え始めた。小国のままで個々にアメリカや旧ソ連、日本などに
　対抗していくのは難しい。そこでヨーロッパの国々は共同・連合の道を歩もうと、EUが誕生した。

1：【 EU加盟国 】　　※EU旗の12個の星はヨーロッパに共通する12カ月とか12時間のような完全性を表現。

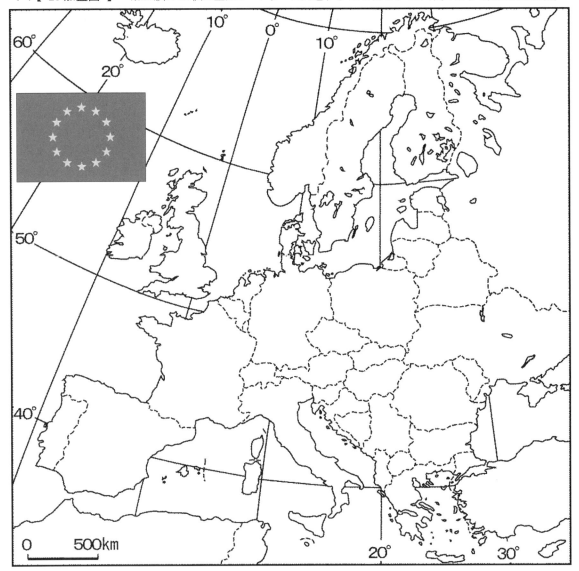

①	1952年	オランダ	ベルギー	ルクセンブルク	イタリア	フランス	西ドイツ	計6カ国
②	1973年	デンマーク	イギリス	アイルランド				計9カ国
③	1981年	ギリシャ						計10カ国
④	1986年	スペイン	ポルトガル					計12カ国
⑤	1990年	東西ドイツ統合						計12カ国
⑥	1995年	フィンランド	スウェーデン	オーストリア				計15カ国
⑦	2004年	エストニア	ラトビア	リトアニア	ポーランド	チェコ	スロバキア	計25カ国
		ハンガリー	スロベニア	マルタ	キプロス			
⑧	2007年	ブルガリア	ルーマニア					計27カ国
⑨	2013年	クロアチア						計28カ国
⑩	2020年	イギリスの離脱						計27カ国

地理　問題プリント　〈世界の諸地域：15　ヨーロッパ州2-2〉

■EUができるとき、どんなことが話し合われたのか？　また、EUができてから、どんなことが変わったのか？　以下の問題を例に考えてみよう！

2：【 ヨーロッパが１つになるために 】 それぞれの意見を読んで実際に話し合われた内容に○を！

1　ベルギーのビールには木イチゴが含まれているため、EU内では作ってはいけない。○か×か？
　　賛成意見：作ってはいけない。麦とホップ以外の原料を使ったものはビールとは言えない。
　　反対意見：別にかまわない。ビールにはいろいろな味があって当然だ。ジュースと同じだ。

2　曲がったバナナは、バナナとは認められない。○か×か？
　　賛成意見：あまりにも曲がっているバナナは、バナナという果物ではない。
　　反対意見：バナナとは曲がっているものだ（ まっすぐなバナナの方が気持ち悪い ）。

3　キュウリは、まっすぐなものだけをキュウリという。○か×か？
　　賛成意見：曲がったキュウリは、キュウリではない。
　　反対意見：まっすぐでも曲がっていても、味には関係ない。

4　苺については、楕円形をしたものだけを苺と呼ぶ。○か×か？
　　賛成意見：苺は楕円形が当たり前。苺というのは、全て楕円形だ。
　　反対意見：形が多少違っても、苺は苺だ。

番号	1	2	3	4
○or×	×	×	○	○

3：【 EUができて変わったこと 】　EU結成により変わったことに○・×をつけなさい

1　フランスで医師の資格を取れば、イタリアでも医師として働ける。○か×か？

2　EU内なら、どこの国でもパスポートなしで自由に行くことができる。○か×か？

3　ドイツでビールの値段が上がった。○か×か？

4　オランダ国籍を持つ人がフランスに住んでいれば、フランス大統領選挙に投票することができる。○か×か？

5　EU内の国への輸出入には関税がかからない。○か×か？

6　EU内の統一通貨のユーロ以外の通貨は使えなくなった。○か×か？

番号	1	2	3	4	5	6
○or×	○	△	○	×	○	×

地理 問題プリント 〈世界の諸地域：15 ヨーロッパ州 2-3〉

■2016 年 6 月、イギリスは国民投票により EU からの離脱を選び、2020 年 1 月 31 日に正式に離脱した。
　議会で決定するまで 3 年半かかったが、その間の議論を振り返ると EU のかかえる問題点も浮かび
　上がる。はたして、イギリスは EU の離脱を選んで正しかったのか？　それは間違いだったのか？

4：【 イギリスの EU 離脱についての賛成意見・反対意見を振り返る 】あなただったらどちらを選ぶ？

【 EU 残留派 】

・「お互いが援助し合う」ということが、EU の基本的な考え方のはずだ。その考え方に賛同したから EU へ加盟したはずだ。

・EU に加盟しているからこそ、5 億人規模の市場にイギリスの製品を売ることができるようになった。

・EU を離脱すると関税が復活して、EU 内での自由な貿易ができなくなる。そうなると、現在イギリスにある外国の企業は出て行ってしまう。

・移民労働者は、イギリス人のやりたがらない仕事をしてくれている。彼らへの社会保障費はわずかなものだ。

・EU を離脱すると、ヨーロッパを自由に移動して学んだり働いたりしたいと思っている若い世代の活動の場が狭められる。

・イギリスは最初、ヨーロッパの石炭や鉄鋼の共同管理にも反対していたのに、それが成功して経済も成長してくると参加するようになり、問題があらわれてきたら離脱するというのでは身勝手すぎて信用を失う。

・イギリスが EU を離脱すると、同じように EU を離脱する国が現れるかもしれない。そうなるとヨーロッパの平和が崩れ、再び戦争の危険性が高まる。

【 EU 離脱派 】

・離脱したら EU へ拠出している 1 兆 9 千億円はイギリス国民の社会保障に活用できる。

・EU 加盟国には、お金をもらっている（ 援助されている ）国がある。借金を抱えてしまったのは、その国の責任だ。

・EU 内では人の移動は自由だから、EU に加盟した東ヨーロッパから大勢の労働者がやってきて低賃金で働くようになった。そのため同じ職種のイギリス人は賃金が下がったり失業したりしている。その結果、経済格差はますます広がってしまった。

・移民受け入れで社会保障費がかさむ。

・EU のルールにしばられたくない。自分たちのことは自分たちで決めたい。

・国際金融センターのロンドンを抱えるイギリスは金融立国として、その機能を強めるために金融と貿易の自由化を進めるべきだ。EU の規制強化はその障害だ。

・EU を離脱することにより、イギリスの国としての威信を回復できる。イギリスは狭いヨーロッパだけでなく、新大陸とも広くつながる海洋国家だ。

・戦争の危険についていうなら、ロシアや中国との関係をどうするかのほうが重要だ。

←
ＥＵ
離脱
反対
派

→
ＥＵ
離脱
賛成
派

補足資料１：【 EU 構想の起源と葛藤 】

　EU 構想の起源は、16 世紀のルネサンス期に誕生した「文芸共和国」に遡る。その当時、ヨーロッパ各国の学者たちは、それぞれの学術研究の成果を、彼らの共通語であるラテン語でしたためて、頻繁な手紙のやりとりを行った。そうして形成されたクロスボーダーな「人文主義者のネットワーク」は、それから後も形態を変えながらヨーロッパにつねに存在し続けいる。…クーベルタン男爵の「近代五輪」構想も、「文芸共和国」のアイディアに由来している。共通するのは、「そういうこと」を考え出す人たちが、みな「貴族」だったということである。

　ヨーロッパにおいて、「貴族たち」は国民国家内部的な存在ではない。彼らはたいていの場合、自国の労働者階級よりは、他国の貴族たちに親しみを感じているし、自国語よりむしろ世界共通語で思想や感懐を語ることを好む。クロスボーダーな連帯を育むことができるのは、これらの「貴族たち」である。「一般市民」は自国の国境内に釘付けにされ、自国語だけを語り、自国の生活文化に胸まで浸かっている。この二極構造は、「文芸共和国」から EU まで本質的には変わることなくヨーロッパの政治と文化に伏流している。

　17 世紀、ウェストファリア条約を契機に国民国家システムが始まってからは、それぞれの国民国家は「自国益を最優先する立場と（本音）」と「ヨーロッパ全体の生き残りを優先する立場（建て前）」を二極として、その間のどこかに「おとしどころ」を求めるという仕方で国家運営をしてきた。

　英国の EU をめぐる国民投票では、富裕層・高学歴層が「残留」を求め、労働者階級や低学歴層が「離脱」を求めたという統計が公開されている。ヨーロッパ共同体に軸足を置く志向と、国民国家の威信や主権を優先する志向は、もともと食い合わせが悪いのだ。その調整がヨーロッパ列国における統治者の力量と見識の見せどころなのだが、英国のキャメロン首相は、それに失敗した。…残留派は EU に残ることのもたらす経済的「実利」を表に出して、EU に制約されない主権国家でありたいという政治的「幻想」に屈服した。

　転換期において統治者に求められるのは、見晴らしのよいヴィジョンであって、目先の銭金の話ではない。そのことを日本人も「他山の石」として学ぶべきだろう。ただ、「ヨーロッパ共同体」と「国民国家」の葛藤は、今に始まった話ではない。だから、これで終わるわけでもない。…

　カズオ・イシグロの『日の名残り』は第一次大戦後、敗戦国ドイツに救いの手を差し伸べようとする英国人貴族の「スポーツマン精神」が、武力と金しか信じない新興国アメリカの政治家によって打ち砕かれる物語だった。物語の中では、つねに理想は現実に打ち砕かれる。けれども、そのつど理想は甦ってきた。だからこそ EU も今、存在しているのだ。「文芸共和国」の構想は国民国家の発生より古い。この二つの原理の葛藤は、まだ長くかたちを変えて続くはずである。

（ ブログ「内田樹の研究室」2016 年 6 月 29 日 ）

補足資料２：【 イギリスのものは海外由来のものばかり 】

　イギリスの公共放送 BBC が、子ども向け番組で EU 離脱を皮肉ったとして、注目を集めた。話題になったのは、CBBC の人気番組「Horrible Histories(おそろしい歴史)」。学校で教わらない歴史の側面を、面白おかしく紹介するコメディー番組だ。イギリスが EU から離脱した 1 月 31 日に、公式アカウントで動画を Twitter に投稿した。

　動画は、「イギリスはヨーロッパを去る。行け、イギリス！」と男性が呼びかけて始まる。ヴィクトリア女王に扮した女性が、「イギリスのもの、イギリスのもの」と歌いながら、紅茶を頼み、砂糖を入れようとする。すると執事の男性が、「紅茶はイギリスのものではなく、インドから持ってきた

ものです」「砂糖はカリブ海から輸入されました」と矢継ぎ早に、「不都合な真実」を女王に告げる。ヴィクトリア女王は、世界中に植民地支配を広げた大英帝国時代を象徴する存在として知られる。紅茶の紹介では、インド支配の過程で多数の犠牲があったことや、カリブ海での砂糖生産には奴隷労働があったことなどにも触れる。

　真実を告げられ、女王の表情はだんだんと険しくなってきたところで、「イギリスのものはたくさんあると思っていたけど、実はあまりない」と告げられる。極めつけが、イギリス王室だ。執事から「女王も外国由来だ」と突きつけられると、女王もついに「それは正しい。夫はドイツ人だ」と明かす。「少なくとも私は、イギリスの名前を持つ」と女王が苦し紛れに言うと、男性は「ヴィクトリアはラテン語です」と、とどめを刺す。動画は「私たちの大好きなイギリスのものは、他のどこかから来たようだ」と歌い上げて終わる。

　この動画には、「反イギリス的なプロパガンダだ」と批判するコメントがつく一方で、「この国の真実と歴史を教えてくれてありがとう」とするコメントもついている。

（『ハフポスト日本版』2020 年 2 月 2 日 ）

補足資料 3 :【 EU で 1 人勝ちしたドイツ vs 諸国民のヨーロッパ 】

　ドイツは EU の東方拡大によって東ヨーロッパの安価な労働力を用いて競争力のある生産を行い、西ヨーロッパの消費と組み合わせ、貿易黒字を拡大してきた。その意味で、ドイツは EU のめざす国際化の体現者ともいえるが、他方で、EU 共通の利益を目指すという理念からはほど遠い。EU 内格差を利用して、自国の利益を図っているのである。たとえば、域内移動の自由と移民の流入は、出生率が 2 を上回るイギリス、フランスに対して、1.4 と EU の中心国では突出して低いドイツの出生率のもとで、ドイツの経済社会を維持するために欠かせない制度なのである。

　欧州貴族と言われる EU エリート層が政策決定権を持ち、その判断が加盟国に経済的利益を平等にもたらすのであれば、エリート政治の正当性も支持されたであろう。しかし実際、EU 貴族は、緊縮財政を押しつけられたギリシャ経済危機の時のように、金融資本の利益を優先しギリシャ国民をさらなる困難に追いやった。

　フランスの歴史・人類学者エマニュエル・トッドは、英国の EU 離脱を歓迎して、英国の EU 離脱はグローバリズムの終焉を予兆させるものであり、来るべき EU 崩壊の前奏であるとして、必要なのはネイションの復活であるという。トッドによれば、EU 離脱の動機は英国議会の主権回復以外の何物でもなかったことが国民投票の出口調査で示されているし、もはやヨーロッパは存在せず、ドイツ的ヨーロッパしかないと喝破している。イギリス人が離脱を決めたのは自由の観念が血肉化されているからであり、民主主義の基盤には、それを現実に機能させるために不可欠のネイションという枠組みが必要であり、人権もその枠組みを通して実現される。それゆえ英国人は、EU 離脱への道を選んだのだという。移民現象をコントロールする権利も領土的安全を求める権利もネイションという枠組みの中に含まれているのであり、移民の制限を排外主義とだけ片付けることは出来ない。

　英国の離脱によって、EU はドイツというネイション、西には英国、東にはロシアというネイションが存在することになった。この状況は、いずれ「諸国民のヨーロッパ」への平和的回帰になるだろうと、トッドは予測する。　　（ 丸山茂「BREXIT—グローバリズムの終焉」『現代の理論』第 10 号 ）

補足資料４：【 ドイツは、なぜ難民を受け入れるのか？ 】

　ドイツでは現在、住民の５人に１人が移民の背景をもっています。10代以下の若い層では、移民の背景をもつ人が人口の三分の一近くを占めます。このように移民が増えてくるにあたって最初の問題は、彼らがドイツ特有の「資格社会」に乗っていけないことでした。しかし、徐々に改善されてきました。およそ半数の人が卒業資格をもたない時代もありましたが、今は、移民の背景を持たない人で２％、移民の背景をもつ人で12％です。特筆すべきは、大学進学率です。移民の背景をもたない人の進学率44％に対し、移民の背景をもつ人の進学率は38％にまで迫ってきています。

　ドイツは憲法に、政治的迫害を受けた難民を保護する義務を規定している世界でも稀にみる難民受け入れに積極的な国です。歴史的に忘れてならないのが、ドイツは敗戦直後から1950年代の間、戦時中に労働力として連行され故国に帰らなかった元捕虜や元強制労働者など戦争難民、東欧諸国から追放されたドイツ系植民の子孫（被追放民）など、少なくとも約1,650万人の難民を受け入れたことです。当時は失業率が極度に低く、非常に人手不足の時代で難民受け入れの好条件はありましたが、それでも1,650万という人々を社会に統合させた経験をもつドイツにとって、一度に100万人の難民が来たとしても、決して新しいことではないとの意識がありました。

　ドイツを含めたヨーロッパと日本の難民政策の違いは、市民一人ひとりのもつ、コンパッションの力にあると私は思います。日本語では「共感」「同情」と訳されることが多いですが、もっと対等なニュアンスがあると思っています。ドイツのキリスト教の伝統は、保守勢力に反イスラームの口実に利用されるという側面がありますが、他方で、教会アジールの運動（ 教会が、庇護認定を却下された難民らを保護し、当局と交渉して、滞在資格の付与や再審査を求める ）にみられるように、リベラリズムと寛容の拠りどころでもあります。今回の難民受け入れでも、各地の教会が積極的にボランティア活動に取り組みました。

　そして難民は恩恵の対象ではなく、社会にとって将来に向けていい投資になると、発想を転換していることです。これは、行き過ぎれば難民の人たちを利用する、ある種、新自由主義的な発想をはらむ危険もあります。難民の方はモノではありません。単純に労働力として見なすのは反対ですが、人口減少、少子高齢化の問題を抱えている中で、広い意味で将来への投資であると意識する必要があると思います。ドイツでは、日本同様に少子高齢化、将来的な労働力不足という問題を抱えているので、今後も移民を受け入れて労働力を埋めていくしかないのです。ドイツ政府の中でも、日本の経産省にあたる経済省は、早くからこの大量の難民を貴重な人材候補と見ていて、難民の中に起業意欲をもつ人が多いことに目をつけると、難民の起業をアシストするプロジェクトを始めました。

　重要なことは、摩擦や衝突を恐れない姿勢です。例えば、難民が関わる事件が起きたらすぐにパニックになるのは、市民社会の脆弱さを表しています。偽装難民が多いと法務省がどれほど言っても、難民、移民の数は増え続けていくわけで、もう避けて通れません。問題に向き合い、日本の市民社会もドイツのように強靱化していく必要があって、そのためには経験を積まなければならないということです。受け入れる準備ができていないと言う人がいますが、それではいつになったら準備ができるのでしょうか。ドイツのように、まずはもっと難民の人たちを受け入れ、失敗を重ねながらも、ノウハウを蓄え、どのような受け入れ方や共生のしかたが望ましいのかを市民や行政が共有することです。それこそが「準備」です。摩擦があるのは当たり前ですから、それを恐れず乗り越えた先に、よりよい社会統合のかたちが見えるのではないでしょうか。

　　　　（ 久保山亮「ドイツはなぜ難民を受け入れるのか？」『難民支援協会・活動レポート』2016年8月26日 ）

補足資料５：【 日本の商人道 】

　経済学者の松尾匡さんは『商人道ノスヽメ』という著書の中で、中世史家・網野善彦の研究によって「（ 日本では ）従来思われていたよりもずっと多くの人々が、交易をなりわいとして食っていたことがわかってきたのである。それゆえ、あえてリスクを背負って冒険に乗り出し、見知らぬ人も含む幅広い人々と協力しあい、取り引きし、自分も他人も共によりよくなることを目指すという開放個人主義の原理は、この日本列島の地においても、太古から脈々と続いてきたのである。」（148ページ ）と指摘し、近世日本の「商人道」（ 商道徳 ）をいくつか例示しているのだが、その中から２つ紹介する。

　「まず取り上げたいのは、近江商人道の象徴的スローガン『三方よし』である。これは『売り手よし、買い手よし、世間よし』という意味である。商取引というものは本来、売り手にとってもトク、買い手にとってもトクで、しかもそれを通じて社会全体の厚生［ 生活や身体を豊かにすること ］も改善されるものなのだと言っているのだ。」

　「（ 遠い祖先は近江の出といわれる ）鎖国前の南蛮貿易商、角倉素庵が定めた角倉家の家訓『舟中規約』の現代語訳（ 吉田豊 ）を掲げておこう。…外国人が取引相手であるだけに、その普遍主義的性格が際立っているではないか。

　一、そもそも貿易の事業は、有無相通じることによって、他にも己にも利益をもたらすためのものである。他に損失を与えることによって、己の利益を図るためのものではない。ともに利益を受けるならば、その利は僅かであっても、得るところは大きい。利益をともにすることがなければ、利は大きいようであっても、得るところは小さいのだ。ここにいう利とは、道義と一体のものである。だからいうではないか。貪欲な商人か五のものを求めるとき、清廉な商人は三のもので満足すると。よくよく考えよ。

　一、異国とわが国とを比べれば、その風俗や言語は異なってはいるが、天より授かった人間の本性においては、なんの相違もないのである。おたがいの共通するところを忘れて、相違したところをふしぎがり、あざむいたり、あざけったりすることは、いささかもしてはならない。たとえ先方がその道理を知らずにいようとも、こちらはそれを知らずにいてよいものであろうか。人のまごころはイルカにも通じ、心ないカモメさえも人のたくらみを察する。天は人のいつわりを許したまわぬであろう。心ないふるまいによって、わが国の恥辱をさらしてはならない。

　もし、他国において、仁徳にすぐれた人と出会ったならば、これを父か師のように敬って、その国のしきたりを学び、その地の習慣に従うようにせよ。

　一、上は天、下は地の間にあって人間はすべて兄弟であり、ひとしく愛情を注くべき存在である。ましてや同国人同士においてはなおさらである。危険に会い、病におかされ、寒さや飢えに苦しむときは、ただちに助け合わねばならぬ。一人だけ、そこからのがれるようなことは、決してしてはならない。

　一、荒れ狂う大波は恐ろしいとはいえ、果てしない欲望が人を溺れさせるのに比べれば、まだしもである。人の物欲は限りないとはいえ、酒や色情が人を溺れさせることの恐ろしさに比べれば、たいしたことはない。同行者同士は、このことをよく戒めあって、誤りを正していかねばならぬ。

　古人もいっている。真の危険な場所とは、寝室や飲食の席にあるのであると。まことにそのとおりであって、大いにつつしまねばならぬ次第である。」

（ 松尾匡『商人道ノスヽメ』藤原書店、2009 年、118 ページ、154〜156 ページ ）

[16] フランスパンのふるさと

◎フランス人が「伝統のパン」を生みだすと自慢するフランス小麦は、どのようにして生産されているのか？　農民はどのように取り組んでいるのか探らせる。

1　フランス・パリの名所は？

①・【資料：1】にあるのは、ドイツ・フランス・イタリアの代表的な食事の例だ！

▷【資料：1】

②・A・B・Cは、それぞれどこの国の食事なのか？

　→A＝フランス・B＝ドイツ・C＝イタリア

③・それぞれの国の「主食」は、何なのか？

　→パン・パスタ・・・

④・パンやパスタの原料となる穀物は、何なのか？

　→小麦・・・

⑤・（日本の主食と言えば「米」＝稲だけど）ヨーロッパで穀物と言えば、「小麦」だ。
　　そんなヨーロッパの「穀物自給率」についての資料が、【資料：2】に載せてある。

　・学習プリントの指示に従って、色を塗りなさい！

▷【資料：2】への色塗り作業

⑥・色塗りの作業からわかるが、【資料：2】にある文章の（　）の中に入る言葉は何なのか？

　→（フランス）・（高）

⑦・そのフランスの首都は、どこなのか？

　→パリ・・・

⑧・そのパリの街の地図を見ると、名所が描かれている〈地図を提示〉！

　・さて、フランス・パリの名所には、どこがあるのか？

　→エッフェル塔・凱旋門・・・

⑨・エッフェル塔・凱旋門・ノートルダム寺院・ルーブル美
　　術館などが、観光スポットとしての名所だろう。

※・パリは20区に区分されており、中心の1区に観光スポットが集中している。富裕層は、パリの西部
　に住んでいる。パリには偏西風が吹いており、工場の煤煙が東部に流れていたためと言われる。

2　フランス人は、フランスパンをどうやって食べるのか？

①・ただ、日本人に一番馴染みがある「フランスのもの」と言えば、これだろう！

▷〈【本物のバゲット（フランスパン）】を提示！〉

②・このパンを、何（パン）というのか？

　→フランスパン・バゲット・・・

③・みんながパンを食べるときに、「つけるもの」や「塗るもの」には、何があるのか？

　→ジャム・バター・チーズ・・・

④・「つける」「塗る」だけでなく、パンに何か「乗せる」とか「挟む」などの食べ方もある。

　・たとえば、どんなもの（を乗せたり、挟んだりして食べているのか）？

　→ハム・ソーセージ・ベーコン・野菜・・・

⑤・パンにも、いろいろな食べ方がある。

・すると、パンの食べ方をまとめてみると、3つに分類ができる！

> A：ジャム・バター・チーズ・マーガリンなどを塗る
>
> B：野菜・ハム・ソーセージ・ベーコンなど挟む
>
> C：何もつけないで食べる

・では、フランスでは、このフランスパンを、どうやって食べている人が多いのか？

・これは、Aだと思う人[挙手]！

▷〈 挙手による人数の確認！ 〉

・いや、Bだと思う人[挙手]！

▷〈 挙手による人数の確認！ 〉

・どっちでもなく、Cだと思う人[挙手]！

▷〈 挙手による人数の確認！ 〉

・グループではなしあい！

▷ **班内のグループでのはなしあい**

※・ここからグループでのはなしあい → *指名発言による意見発表をおこなう*

---

③ フランス人は、どうしてフランスパンに何もつけないのか？

①・正解はC＝「何もつけない」。

・しかし、どうしてフランスでは、何もつけずにフランスパンを食べる人が多いのか？

> A：実は、中にバターなどの成分が入っているから
>
> B：何もつけないで、パンそのものの風味を味わうため
>
> C：何かつけるのは田舎者の食べ方（ フランス人は都会風 ）

・この3つの中で、正解はどれなのか。

・これは、Aだと思う人[挙手]！

▷〈 挙手による人数の確認！ 〉

・いや、Bだと思う人[挙手]！

▷〈 挙手による人数の確認！ 〉

・どっちでもなく、Cだと思う人[挙手]！

▷〈 挙手による人数の確認！ 〉

・グループではなしあい！

▷ **班内のグループでのはなしあい**

※・ここからグループでのはなしあい → *指名発言による意見発表をおこなう*

②・正解はB＝何もつけないで、「パンそのものの風味を味わう」。

・〈 食パンを提示して！ 〉たとえば、このパン。

・このパンは、フランスパンに対して何パンというのか？

→**イギリスパン・食パン・・・**

※・上部が山形か平らかがイギリスパンと食パンの違いとされる。
　　食パンとは、「主食」のパンからの命名。

③・このイギリスパンとフランスパンを比較してみる。

・この2つのパンの成分表は、こうなっている！

▷【 2つのパンの成分表 】

A		B	
小麦粉	100	小麦粉	100
水	050	水	050
塩	2	塩	1
麦芽	1	（パン酵母と	
砂糖	3	モルト）	1
粉乳	4		
パン酵母	1		

④・フランスパンの成分表は、［　A・B　］どっちなのか？

　　→B

⑤・と言うことは、フランスパンは、何の味を生かそうとしているのか？

　　→小麦（粉）・・・

⑥・しかし、Bのような成分だけで焼くと、パンはどうなるのか？

　　→・・・？

⑦・フランスパンを切ってみると、その断面は穴だらけになっている。

　　一方、イギリスパンの断面は、ぎっしりつまっている。

※・フランスパンは、かつてはパン酵母も使わなかった。今でも穴だらけにするには高度な職人技が必
　　要で、フランスのパン職人は「ブーランジェ」と呼ばれる国家資格になっている。

※・フランスでフランスパンと言っても通じない。フランス人は、「パン・トラディショネル」と呼んで
　　いる。これは「伝統のパン」という意味だ。

　・でも、フランス人自慢のこのパンは、本当に、そんなにおいしいのか？

　　→おいしい・それほどでもない・・・

⑧・どうすれば、味がわかるのか？

　　→実際食べてみる・試食する・・・

⑨・では、今から実際に食べてみよう！

　　▷〈　切り分けたバゲットを配る！　〉

※・各班から切り分けたバゲットを人数分取りにこさせる。

⑩・さて、フランスパンは、おいしいのか？　それほどでもないのか？

　　→おいしい

※・フランス人は、やわらかい真ん中の部分から、手でちぎって食べる。堅い外側は薄焼きせんべいのよ
　　うな食感を楽しみながら最後に食べる。

4　フランスは、小麦栽培に適しているのか？

①・〈　小麦畑の写真を提示しながら！　〉A～Dの4枚の中で、フランスの小麦畑の写真は、どれな
　　のか？

　　→A

②・では、Bは、どこの国の写真なのか？

　　→中国

③・では、Cは、どこの国の写真なのか？

　　→インド

④・では、Dは、どこの国の写真なのか？

　　→アメリカ

⑤・小麦の生産・世界ベスト3の国だ。

　・【地図帳P133】の【 ②世界のおもな産物 】の表をみると、小麦の生産高ベスト7がわかるの
　　で、学習プリントの【資料：3】の表に書き入れてみよう！

　　▷1位：中国　2位：インド　3位：アメリカ　4位：フランス　5位：ロシア　6位：オーストラリア　7位：カナダ

⑥・フランスは、［　小麦の生産高は、世界で　］何位なのか？

　　→4位

⑦・こうして「世界の小麦生産国」をみると、フランスを除くと、どんな共通点があるのか？

→（ フランス以外は ）大きな国ばかり・・・

⑧・そんな「大国にフランスが食い込んでいる」と言うことは、
　　　フランスは、それほど小麦作りに適した気候の国なのか？

　　→そんなことはない・そうだ・・・

⑨・ここに２つの雨温図がある！

　▷【 ２つの雨温図 】

⑩・［ Ａ・Ｂ ］２つの雨温図のうち、小麦が育ちやすい気候はどっちなのか？

　　→Ａ・・・

⑪・つまり、［ Ａ・Ｂ ］２つのうち、パリの雨温図はどっちなのか？

　　→Ｂ・・・

⑫・気候的に、フランスが小麦の生産に適している・・・わけ・・ではない。

5　フランスは、どうやって大量の小麦を栽培しているのか？

①・18世紀のことだが、 １粒の小麦を畑に蒔いたら収穫はどうなっていたのか。

　　・次の（　　　　　）の中に当てはまる数字は、何になるのか？

| 日　　本＝１粒　→　（　45　）粒 |
| フランス＝１粒　→　（　8　）粒 |

　　→8（ 粒 ）

②・何と、わずか８粒。だから小麦は贅沢品で、庶民は、あまりパンが食べられなかった。小麦の
　　　おかゆ＝オートミールを食べたりしていた。1789年、「フランス革命」が起きて、
　　　この状況が大きく変わった。土地が農民のものとなり、小麦の生産高がグ〜ンと
　　　伸びたからだ。でも、どうして大量の小麦を収穫できるのか。

　　・まず肥料だが、これはどんなものを使っているのか？

| Ａ：フランスなら化学肥料を中心に使っている |
| Ｂ：牛馬の糞尿などを使っている |

　　・これは、Ａだと思う人［ 挙手 ］！

　▷〈 挙手による人数の確認！ 〉

　　・いや、Ｂだと思う人［ 挙手 ］！

　▷〈 挙手による人数の確認！ 〉

③・正解は、この本（『ヨーロッパ農家訪問の旅』）に紹介されているから、読んでみる！

　▷〈 【 『ヨーロッパ農家訪問の旅』Ｐ157〜158 】を範読！ 〉

④・こうやってフランスは、食料を自分の国で作ることに意欲的に取り組んでいる。そのため、フ
　　　ランスをはじめドイツ・イギリスなどヨーロッパの国々は、 食料自給率 が高い。

※・食料自給率＝私たちが毎日食べている食べ物を、どれだけ自分の国で作っているのかの割合

　　・フランスは、100％を超えている。

　　・これは、何を意味しているのか？

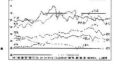
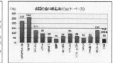

　→自国の食料は足りている・余るので輸出している・・・

⑤・では、日本の食料自給率は、どうなっているのか？

　→40％以下・38％・・？

⑥・「自給率が40％以下」と言うことは、何を意味しているのか？

　→自分の国の食料を半分もつくっていない・自分の国の食料が足りない・・・

⑦・これは、同じ先進国と言われるヨーロッパの国々とは、大きく違っている。

　・では最後に、ヨーロッパ全体の農業について、【資料：５】の作業をまとめて、今日の授業の終
　　わりとしよう！

　▷【 資料：５ 】への書き込み作業

<参考文献>

「ヨーロッパの農業１」羽田純一監修『まるごと社会科中学地理（上）』喜楽研
　安井俊夫「フランスパンのふるさと」『発言をひきだす社会科の授業』日本書籍

<板書例>

〈 フランスパンのふるさと 〉

１ ヨーロッパ人の食事　　　　　　　　　　　　　　　　　　　　　フランス革命（ 1789年 ）
　　パン　　　　　　　　　　　　　　　　　フランスパン
　　　　　←　小麦
　　パスタ

２ フランス　　　　　　　世界５位の生産

❖授業案〈 フランスパンのふるさと 〉について

　以前は、はじめからフランスパンを取り上げての授業案にしていた。しかし、その後少し構成を変
えて、まずは小麦に目を向けさせて、次にフランスパンへと話をつなげるようにした。その方が、ヨ
ーロッパの農業につなげることができるのではないかと考えたからだった。

　フランスパンは、授業で実際に食べさせている。アフリカの授業でも触れたが、授業中にモノを食
べるという行為を生徒は大変喜ぶ。しかもモノを食べることにより、授業の雰囲気は一気に和らぐ。
「授業内容は覚えていないけど、フランスパンを食べたことは覚えている」「あのとき授業でフランス
パンを食べたよね」などと、卒業生から聞くこともあるほどだ（ 生徒の記憶には、しっかりと残って
いる ）。

　フランスパンは前日に買いに行き、授業の前に生徒の人数分に切り分けておく。そのため、一人が
食べるフランスパンは、それほど大きいものにはならない。それでも生徒たちは、毎回、喜んで食べ
ている。イギリスパン（ 食パン ）も教室には持ち込むが、食べさせたことはない。「食べたい」と言う
生徒がいた場合には、「今日はフランスパンの授業だから」と言って食べさせない。「フランスパンの
授業だけど、ここで大事になるのは『小麦』だからね」と言って断っている。

　授業中にモノを食べさせるとは言っても、何でも全てを食べさせるわけではない。授業で必要だか
ら食べさせているのである。この授業では小麦に注目させて、最後はヨーロッパの農業でまとめる流
れにしている。その授業の流れの中に、フランスパンを食べさせる活動を入れているだけなのである
（ もちろん、生徒を楽しませる目的もあるが・・・ ）。

地理 学習プリント 〈世界の諸地域：16 ヨーロッパ州3-1〉

■フランスとは、どういう国なのか？ 花の都パリ、世界のトップをいくファッション、ベルサイユ宮殿・・・。華やかなイメージだが、農業などは、どうなっているのか？

1：【 ヨーロッパの食事 】　　　　　　　　　イタリア・フランス・ドイツのどこの国の食事？

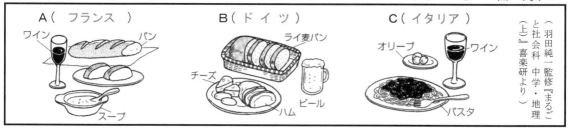

A（ フランス ）　　　　B（ ドイツ ）　　　　C（ イタリア ）

ワイン　パン　スープ

ライ麦パン　チーズ　ハム　ビール

オリーブ　ワイン　パスタ

（羽田純一監修『まるごと社会科 中学・地理（上）』喜楽研より）

2：【 ヨーロッパの穀物自給率 】

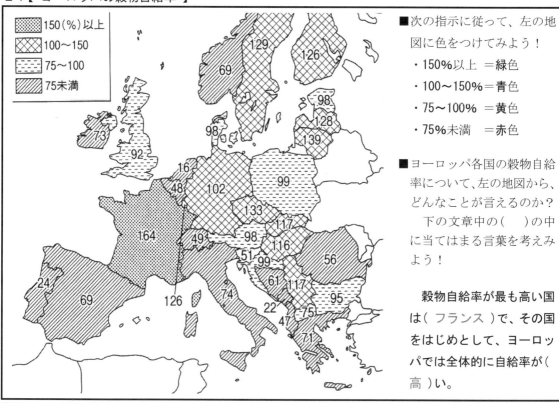

150（%）以上
100～150
75～100
75未満

■次の指示に従って、左の地図に色をつけてみよう！
・150%以上 ＝緑色
・100～150％＝青色
・75～100％ ＝黄色
・75％未満　 ＝赤色

■ヨーロッパ各国の穀物自給率について、左の地図から、どんなことが言えるのか？
下の文章中の（　）の中に当てはまる言葉を考えみよう！

穀物自給率が最も高い国は（ フランス ）で、その国をはじめとして、ヨーロッパでは全体的に自給率が（ 高 ）い。

3：【 世界の小麦の生産 】　　　　　　　　　　　　　　　　　世界ベスト7

① 中 国 16.3%	② インド 11.4%	③ アメリカ 9.9%	④ ロシア	⑤ フランス	⑥ カナダ	⑦ ドイツ	そ の 他

① 1位＝中 国　② 2位＝インド　③ 3位＝アメリカ　④ 4位＝ロシア
⑤ 5位＝フランス　⑥ 6位＝カナダ　⑦ 7位＝ドイツ

A　B　C　D

■ヨーロッパの国々では、自分の国で自分の国の国民が食べる食料をどうしているのか？　また、ヨーロッパの農業地帯は、どのようにわけられるのか？　作業をしながら確認をしていこう！

4：【 フランスの農家 】　　　　　　　　　　　　　　　　　　　　　（『ヨーロッパ農家訪問の旅』より）

▷ アンリー・バイヤールさん(78)
- ・家族：妻(72)　長男(会社員)　次男(別農場経営)　　・雇人：男性4人
- ・農地：小麦110㌶　てんさい 60㌶　牧草地 10㌶　　　　・家畜：肉牛10頭

▷ ピエール・ベルダンさん(46)
- ・家族：妻(45)　長男(英国在住)　次男(兵役中)　長女(学生18)　次女(16)　三女(14)
- ・農地：小麦 25㌶　牧草地100㌶　　　　　　　　　　　・家畜：肉牛182頭　羊100頭

　バイヤールさんの家は、なかなか豪華なもの。部屋がいっぱいあって数え切れない。家具も目を奪われるほどのもの。広い庭には孔雀が遊んでいるのにビックリ。昼食になって、また驚いた。重厚なダイニングルームに入るとメイドがテーブル上の古風な鈴の合図に従って、次々とフルコースの料理を運んでくる。何よりもビーフステーキのうまかったこと。あんな肉料理は後にも先にも食べたことがない。

　一方、ベルダンさんの奥さんは、何でも手作りだ。ジャム、パン、ケーキ、ピクルス・・・みんな自家製だ。乳牛が一頭いて、牛乳、チーズ、バター、これまた全て手作りのものである。午後のお茶のとき出されたケーキは、実においしかった。

5：【 ヨーロッパの農業 】

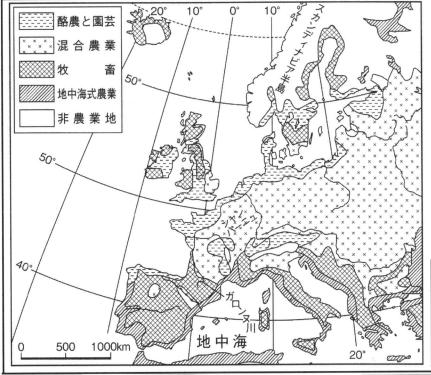

凡例：
- 酪農と園芸
- 混合農業
- 牧畜
- 地中海式農業
- 非農業地

□次の指示に従って、左の白地図に色をつけてみよう！
- ・酪農と園芸 ＝緑
- ・混合農業　 ＝青
- ・牧　　畜 ＝黄
- ・地中海式農業＝赤

■白地図を色分けして塗っていくと、ヨーロッパの農業について、どんなことがわかるのか？

混合農業(穀物)
混合農業(家畜)

酪農

地中海式農業

園芸農家

- 159 -

[17]先進国（**?**）・ロシア

◎ロシアの国土や自然について、時差やいろいろな写真をもとにつかませる。その後、ロシアの歴史に触れながら、現在のロシアについて貿易を中心に考えさせる。

1　どうして、ロシア国内には10時間もの時差が生じるのか？

① ・〈 世界の核保有国の図を提示して！ 〉 この地図を見ると、世界で核兵器を

持っている国と、その（ 核兵器の ）数がわかる。

・世界で一番多くの核兵器を持っている国は、どこだと思う？

　→**アメリカ・ロシア・北朝鮮・・・**

② ・（ 世界でも多くの核兵器を保有している ）アメリカとロシアについては、その数を消している

が、それぞれ、どれくらいの数（ の核兵器 ）を持っているのか？

　→**アメリカ=6,800・ロシア=7,000・・・**

③ ・ロシアは、アメリカと並んで大きな軍事力を持つ国（＝軍事大国 ）である。ロシアは軍事力だけ

ではなく、国土そのものも大きい。

・では、国土面積は、日本の何倍なのか？

→ 45倍

④ ・45倍も大きいと、日本との違いもいろいろと出てくる。

・たとえば、日本が12時のとき、「ロシア」は何時なのか？

　→**12時・３時・・・**

⑤ ・【資料：１】を見ると、答えがわかる！

　▷【 資料：１ 】

⑥ ・（ 日本が12時のとき ）「ロシア」は何時なのか？

　→**・・・？**

⑦ ・「ロシアは何時」とは、答えられない。

・なぜなら、ロシア国内には、何があるからなのか？

　→**時差・・・**

⑧ ・ロシア国内には、「時差」があるため、いくつもの標準時がある。

・では、全部で、いくつの標準時があるのか？

　→**11**

⑨ ・そうなると、ロシアの東と西では、何時間の「時差」があるのか？

　→**10時間・・・**

⑩ ・そのため（ 日本が12時のとき ）、「ロシアは何時」とは答えられないわけだ。

・でも、どうして１つの国の中で、10時間もの「時差」があるのか？

　→**国土が広いから・大きい国だから・・・**

⑪ ・単に「国が大きい（ 広い ）」だけでは「時差」は生じない。

・もう一度聞くけど、ロシア国内には、どうして「10時間」もの「時差」があるのか？

　→**東西に長いから・・・**

⑫ ・ロシアは、単に「大きな国」というだけではなく、「東西に広い国（ 大きな国 ）」なのである。

そのため、１つの国で10時間もの時差が発生する。

2　シベリアは、どれほど寒いのか？

①・「東西に広い」だけではなく、全体的に「北」に位置していることもロシアの特徴だ。

　　・と言うことは、ロシアの国土の大部分は、何という気候帯なのか？

　　⇨ 亜寒帯（ 冷帯 ）

②・そのため、国土の大部分には、何が広がっているのか？

　　⇨ タイガ 　〈 タイガの写真を提示！ 〉

③・それが、さらに北の北極海沿岸に行くと、何も見られるのか？

　　⇨ ツンドラ 　〈 ツンドラの写真を提示！ 〉

④・ところで、東西に広いロシアでは、東と西では、どちらが寒いのか？

　　→東・西・同じくらい寒い・・・

⑤・東のシベリアは「極寒の地」といわれる程寒い。では、どれくらい寒いのか。

　　・【資料：2】にシベリアの町にある温度計が載せてあるが、何度を示しているかわかる？

　　▷【 資料：2 】&【 拡大コピー 】

⑥・「−68℃」にもなっている。

　　・こんなに寒いと、犬も、こんな具合になる！

　　▷【 犬の写真 】

⑦・当然、人も！

　　▷【 人の写真 】

⑧・魚屋さんも、日本とは売り方が違っている！

　　▷【 魚屋の写真 】

⑨・日本とは、何が違うのか？

　　→魚が立てて売ってある・・・

⑩・どうして、そんな（ 「立てて魚を売る」なんて ）ことができるのか？

　　→寒くて魚が凍るから・・・

⑪・さすがに、これは寒過ぎる。東のシベリアの寒さは凄まじい（ 実は、シベリアの寒さについては、以前の授業で「ヤクーツク」の町を取り上げていた ）。

3　ロシアには、どんな歴史があるのか？

①・こんな寒いところには、（ 国の ）首都はつくられない。

　　・では、ロシアの首都は、どこなのか？

　　→モスクワ・・・

②・モスクワは（ ロシアの ）西にある。【地図帳】で「モスクワ」を探して印をつけよう！

　　▷【 地図帳 】P 55・56

③・その首都・モスクワにある施設だ！

　　▷【 聖ワシリイ大聖堂の写真 】

④・この施設は、何なのか？

　　→ディズニーランド・・・？

⑤・ディズニーランドは、これだ！

　　▷【 フロリダのディズニーワールドの写真 】

⑥・似ているようにも見えるが、これはモスクワの赤の広場にある「聖ワシリイ大聖堂」。その右側

に写っているのが、ロシア連邦大統領府のクレムリン（旧ロシア帝国の宮殿）。

・〈 聖ワシリイ大聖堂を指しながら！ 〉こうした施設があるのは、ロシアでは、何という宗教を信仰しているからなのか？

▷ 正教会

⑦・モスクワには（ 聖ワシリイ大聖堂だけでなく ）、世界的に有名な建物が多い。

・たとえば、この建物は、何なのか？

▷【 エルミタージュ美術館の写真 】

⑧・「美術館」にしては、あまりにも大きい。それは、この建物が、もともとは貴族の別荘だったからだ。

・そのため、建物の中は、こうなっている！

▷【 エルミタージュ美術館の内部の写真 】

⑨・こうして残された建物からもわかるように、かつてロシアは、 ロシア帝国 と呼ばれていた国だった。

・（「帝国」）ということは、誰が治めていた国だったのか？

→皇帝・国王・・・

⑩・その皇帝の支配に苦しめられていた人々が、 1917年 に ロシア革命 を起こし、「社会主義」の国がつくられた。

・その国の名前が、何だったのか？

▷ ソビエト連邦

4 世界には、どんな指導者がいるのか？

①・そのソビエト連邦の国旗がこれだ！

▷【 ソ連の国旗の写真 】

②・この国旗には、何が描かれているのか？

→ハンマーと鎌・・・

③・この「ハンマー」と「鎌」は、何をあらわしているのか？

→ハンマー＝労働者、鎌＝農民・・・

④・ソビエト連邦は皇帝の国ではなく、労働者や農民の国だった。そんな国が、ロシア革命によってつくられた。

・そのロシア革命の指導者が、誰だったのか（ 知っている ）？

→ レーニン 〈 レーニンの写真を提示！ 〉

⑤・レーニンは、「レーニン廟（びょう）」の地下に、現在も眠っている！

▷【 レーニンの遺体の写真 】

⑥・でも、どうして1917年のロシア革命の指導者・レーニンの遺体が、そのままの形で存在しているのか？

→・・・？ ※・死後、特殊な保存処理がおこなわれ、レーニン廟で永久展示されているため。

⑦・しかし、そんな社会主義の国も、経済が上手くいかなくなったり、体制に反対する者を弾圧するなどしたため、人々の信頼を失い、東西冷戦の終わりとともになくなった。そして、ソ連を構成していた国々は独立して、 CIS を結成した。

・この「CIS」とは、何なのか？

→・・・？

⑧・「CIS」とは、 Commonwealth of Independent States の略称（ 公用語はロシア語だから、これ
　は英語で表現したもの ）で、 独立国家共同体 と訳されている。EUの前身である「EC」をモデ
　ルにしたと言われている。ロシア中心に統合を進めようとしたが、ウクライナなどはEUとつな
　がろうとする動きをみせており、まだ安定していない。

　・ところで、CISの中心であるロシアの大統領は、次のうちの、どの人なのか（ 知っている ）？

　▷【 各国の指導者の写真 】

※・写真を１枚ずつ提示しながら、「（ ロシアの大統領は ）この人？」→「この人の名前は？」とくり返
　していきながら、プーチン大統領を答えさせる、と同時に各国の首相・大統領等も紹介する。

---

⑤　ロシアの輸出品は、何が多いのか？

①・【資料：４】に、現在のロシアとEUとの関係をあらわした地図がある！

　▷【 ロシアとEUを結ぶパイプラインの地図 】

②・この地図を見ると、ロシアとEUとは、（ 原油や天然ガスの ）パイプラインで結ばれていること
　がわかる。

　・では、原油や天然ガスは、このパイプラインによって、ロシアからEUに送られているのか？　それ
　とも、EUからロシアへ送られているのか？

　→ロシアからEU・EUからロシア

③・答えを知るために、ロシアに関するグラフを見てみよう。

　　【資料：６】には「世界の農産物の生産」についての円グラフがある。

　・それぞれ、ロシアを赤く塗りなさい！

　▷【 資料：６ 】の３つの円グラフのロシアの部分への色塗り作業

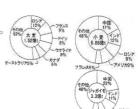

④・ロシアとは、どんな国だと言えるのか？

　→農産物の生産が多い国・・・

⑤・次に【資料：７】の「地下資源」に関する４つの円グラフのロシアの部分を赤く塗りなさい！

　▷【 資料：７ 】の４つの円グラフのロシアの部分への色塗り作業

⑥・Aの円グラフに書かれている地下資源は、何なのか？

　→原油・・・

⑦・Bの(円)グラフに書かれている地下資源は、何なのか？

　→鉄鉱石・・・

⑧・C(の円グラフ)に書かれている地下資源は、何なのか？

　→石炭・・・

⑨・D(の円グラフに書かれている地下資源)は、何なのか？

　→天然ガス・・・

⑩・つまり、ロシアは、どんな国だと言えるのか？

　→地下資源の豊富な国・・・

⑪・そのため、輸出品では、何が多いのか？

　　→地下資源・農産物・・・

⑫・【資料：8】の「輸出品目」で、地下資源や工業原料となるものを赤で塗りなさい！

　　▷　【 資料：8 】の輸出品目で原油・天然ガス・石炭・木材・ニッケルへの色塗り作業

6　ロシアは、先進国なのか？　発展途上国なのか？

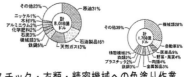

①・ところで、ロシアの輸入品には、何が多いのか？

　　→工業製品・・・？

②・【資料：8】の「輸入品目」で、工業製品を青で塗りなさい！

　　▷　【 資料：8 】の輸入品目で機械類・自動車・医薬品・金属製品・鉄鋼・プラスチック・衣類・精密機械への色塗り作業

③・つまり、ロシアの貿易の特徴は、何と言えばいいのか？［ 何を輸出して、何を輸入

　　　しているのか？ ］

　　→資源を輸出して、（ 工業 ）製品を輸入している・・・

※・輸出と輸入の合計金額は、輸出の方が断然多い。

④・【資料：8】の輸出相手と輸入相手を見ると、ロシアの貿易相手は、どこなのか？

　　→EU・・・

⑤・つまり原油や天然ガスは、パイプラインを使って、どっちからどっちへ送られているのか？

　　→ロシアからEUへ・・・

⑥・貿易で、「各国が得意とする商品を輸出し合うこと」を 国際分業 という。そして、その「国
　　　際分業」では、先進国と発展途上国との間の貿易は、 垂直分業 と呼ばれる関係にあった。

※・ 先進国 とは、 工業が発達して、経済が発展している国 と言われる。 発展途上国 は、 産業構
　　造での第1次産業の比重が高く、経済的発展の途上にある国 　と言われる。

　　・「垂直分業」とは、 発展途上国が原材料を輸出して、その原材料を基に先進国が工業製品をつ
　　くって輸出すること 。

　　・この考え方で言えば、ロシアは、先進国なのか？　発展途上国なのか？

　　→発展途上国・先進国・・・？

⑦・原油や天然ガスは、パイプラインを使って、どっちからどっちへ送られているのか？

　　→ロシアからEUへ・・・

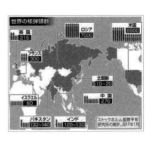

⑧・では、ロシアは、先進国なのか？　発展途上国なのか？

　　→発展途上国・・・？

⑨・でも、核兵器を世界で一番多く持っている国は、どこだったのか？

　　→ロシア

⑩・と言うことは、ロシアは「先進国」ではないのか？

　　→・・・？

⑪・ロシアは、「先進国」なのか？　それとも、「発展途上国」なのか？

　　・A：やはり、ロシアは先進国だと思う人［ 挙手 ］！

　　▷〈 挙手による人数の確認！ 〉

　　・B：いや、ロシアは発展途上国だと思う人［ 挙手 ］！

　　▷〈 挙手による人数の確認！ 〉

　　・はたして、どっちだと言えばいいのか。ただ、こうして見ていくとロシアとEUには軍事的な対

立もあるが、経済的には結びつきが強いこともわかる。

7　ロシアと日本の関係は、どうしていくべきなのか？

①・最後に、ロシアと日本の関係を見てみよう。

　　・貿易では、日本はロシアから何を輸入しているのか？

　　⇨ サケやイクラなどの魚介類、建築用の木材など 　※・「イクラ」はロシア語で「魚の卵」という意味

②・その貿易は、どこの港を通じておこなわれているのか？

　　⇨ 函館港や新潟港

③・北海道の根室市の花咲港にも、カニやエビが水揚げされている。

　　・と言うことは、ロシアと日本との関係は、上手くいって、いるのか？　いないのか？

　　→上手くいっている・・・？

④・2008年には、ロシアへは、新潟空港を含め4都市から直行便があった。しかし、2011年には、
　　直行便は成田からしか出ていない。※・2019年から直行便が急増している。

　　・と言うことは、ロシアと日本との関係は、上手くいって、いるのか？　いないのか？

　　→上手くいっていない・上手くいっている・・・？

⑤・ロシアと日本の関係は、上手くいかないと困る。それは、ロシアと日本との間には、解決しな
　　ければならない問題があるからだ。

　　・その問題とは、何なのか？

　　→ 北方領土 問題 ・・・

⑥・「北方領土」とは、どこの島々をいうのか？

　　→ 歯舞群島 ・ 色丹島 ・ 国後島 ・ 択捉島

⑦・日露間には、「北方領土」という領土問題がある。

　　・この問題を解決するには、どうすればいいのか？

　　→（ 投げかけのみ ）・・・？

<参考文献>
大谷猛夫『中学校の地理教育　世界編』地歴社
「ロシアってどんな国？」「クイズで考えるロシア」羽田純一監修『まるごと社会科　中学地理(上)』
　喜楽研
伊藤彰芳「EUの貿易② EUと中国・ロシア・日本」『東大のクールな地理』青春出版

<板書例>

〈 先進国(?)・ロシア 〉

1　広大な国土　※日本の45倍
　　　11の標準時＝東西に広い

2　亜寒帯
　　タイガ（ 針葉樹林帯 ）
　　ツンドラ

3　歴史
　　　ロシア帝国 －（ ロシア革命 ）→ ソビエト連邦
　　　　→ ＣＩＳ（ 独立国家共同体 ）

4　貿易
　　　資源を輸出して、製品を輸入

5　日露関係

❖授業案 〈 先進国（？）・ロシア 〉について

　ロシアは広大な上に、ロシア革命とソビエト体制の崩壊という大きな変化を経験した国でもある。また、ロシアはときどきニュースで取り上げられることもあるが、授業で、何をどう扱うのか悩む国でもある。かなり以前、ソ連という国だった頃には授業で取り扱った記憶はあるが、それは社会主義国家として東ヨーロッパとのつながり（ あるいは、まとまり ）としての単元での授業だった。

　では、いま現在は、どんな内容の授業案をつくるのかとなると、なかなか考えつかなかった。最終的には、ヨーロッパの単元での授業なので、パイプラインを通じてのヨーロッパとの結びつきに目をつけることになった。またこのことにより、〈 ヨーロッパのまとまり 〉の授業でロシアとEUの軍事的な対立を取り上げていたが、実は両者の間には経済的には結びつきがあり、世界は一面的には考えられないことを理解させることにもなった。

　ところが、「資源を輸出し、製品を輸入する」貿易の姿に疑問が生じた。そのため、「ロシアは先進国なのか」との発問になったわけである。ただ、そのことを授業の中心に置くことには無理があるように感じている。ロシアは、資源も独自の科学技術（ 特に核や宇宙分野 ）も持っている。その上でシベリアなどの開発を進めるパートナーを求めている。今後は、こうした点を中心とした授業案に変えていくよう構想中である。

■かつてソビエト連邦と呼ばれていた国は、現在どうなっているのか？ ＣＩＳには、どんな国が
　参加しているのか？ その中でも一番大きなロシア連邦とは、どんな国なのか？

1：【 時差 】　　　　日本が12時のとき、ロシアは何時？ →（　　　）時　　　2：【 温度計 】

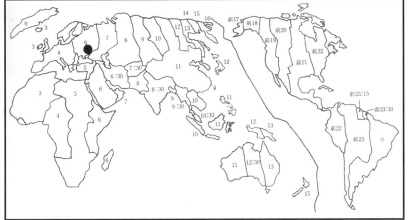

3：【 ロシア 】　　　　　　　　　　　　　　ＣＩＳ(Commonwealth of Independent States)

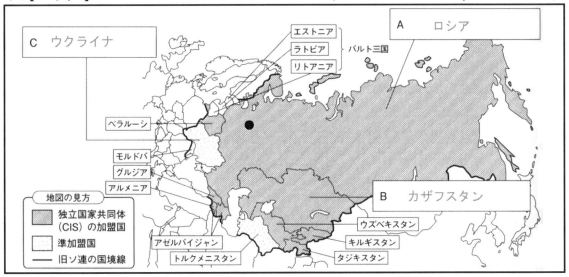

4：【 EUとロシアを結ぶパイプライン 】

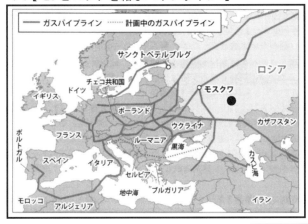

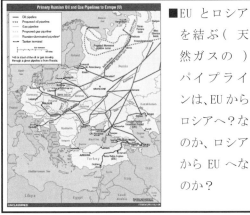

■EU とロシア
を結ぶ（ 天
然ガスの ）
パイプライ
ンは、EU から
ロシアへ？な
のか、ロシア
から EU へな
のか？

■ロシアの農産物の生産はどうなっているのか？　貿易では、何を輸出して何を輸入しているのか？
　そして、貿易の相手国は？　などと現実を見ていくと、ロシアは先進国なのかどうか？

6：【 農産物の生産 】

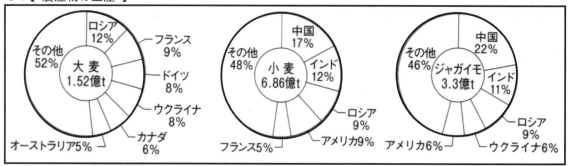

7：【 地下資源の生産量・埋蔵量 】

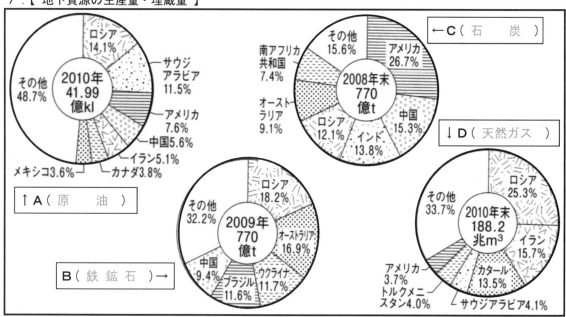

8：【 ロシアの貿易 】

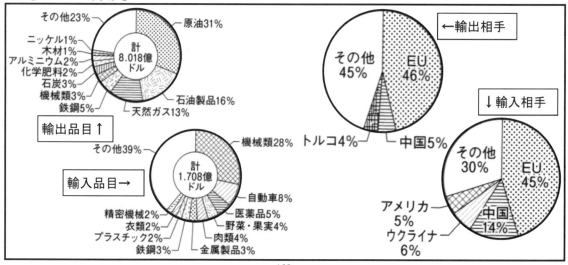

2. 世界の諸地域／全25時間

（4）北アメリカ州／全2時間

[18] アメリカ合しゅう国
[19] 合衆国の産業

❖　単元「世界の諸地域／(4)北アメリカ州」について　❖

　北アメリカ州とはいっても、アメリカ合衆国1国を取り上げたのみの授業となっている。それも、アメリカ合衆国の具体的な生活を紹介するという感じの授業内容である。

　アメリカ合衆国の産業については、農業と工業で合わせて1つの授業案としている。日本との関係で考えると、もっと時間をかけて詳しく取り扱ってもよい。実際、以前はアメリカの銃規制の問題とか世界の警察としてのアメリカの存在などの内容を授業で取り扱っていたこともあった。そのため、今はトランプ大統領を取り上げるといいのではないかとも考えた。しかし、あくまで地理の授業として考えた場合には、そこに深入りするのも違うように思えて、最終的には、アメリカ合衆国の自然や歴史、人々の生活や産業などについてあっさりとした授業内容にした。

[18]アメリカ合しゅう国

◎アメリカ合衆国国民の合理的な暮らしや、国の歴史について簡単に紹介する。そして、広い国土・領域を持つことも具体的に理解させる。

1　アメリカでは、どんな食事をしているのか？

①・「日本人の主食」と言ったら、何なのか？

　→ご飯・米・・・

②・では、その主食を元に思いつく「日本人がよく食べる料理」と言えば、何があるのか？

　→味噌汁・お寿司・・・

③・では、「アメリカ人がよく食べる料理」と言ったら、何を思いつくのか？

　→肉・ハンバーガー・ポテト・・・　

④・〈 コカコーラの空瓶やケンタッキーフライドチキン・マクドナルドの空き箱を提示して！ 〉

　　A：アメリカ人は、こうしたものばかりを食べていると思う人［ 挙手 ］！　

　▷〈 挙手による人数の確認！ 〉

　・B：いや、もう少し、きちんとしたものを食べていると思う人［ 挙手 ］！

　▷〈 挙手による人数の確認！ 〉

⑤・「アメリカ人がよく食べる料理」には、インスタント食品が多い。有名なのが「テレビディナー」と呼ばれる冷凍食品だ。プラスチックのトレイに、いくつかの冷凍食品が配列されていて、それを「レンジで解凍するだけでOK」、TVを見ながらでも「料理」して食べられる。

　・つまり、これだと、何がかからない？　

　→料理の手間・時間・片付け・・・

⑥・また、〈 実物を見せながら！ 〉食器も紙コップに紙の皿、そして、プラスチックのフォークにスプーンという家庭も多いらしい。その方が、便利だからだ。

　・（ それは ）どんな点で（ 便利なのか ）？

　→軽い・場所を取らない・使ったら捨てればいい・・・

⑦・だから、食事の材料を買いに行くスーパーの店内も、
　　日本とは違っている！

　▷【 スーパーの店内の写真 】

⑧・さて、日本のスーパーとは、何が違っているのか？

　→カートが巨大・商品が大量にきれいに並べてある・・・

⑨・こうしたことは、「できるだけ食事は簡単に」と言う考え方からきている。

　・【資料：1】にある写真A・B・Cは、それぞれ何なのか？（（　　　）の中に入る言葉は何なのか？ ）

　→A＝シリアル、B＝ハンバーガー・ポテトフライ、C＝ピザ　

⑩・このA・B・Cは、何の順番で載せてあるのか、わかる？

　→A＝朝食　→　B＝昼食　→　C＝夕食・・・

⑪・こうした食事は、確かに「手軽で簡単」だ。しかし、こんな食事が毎日続くと、どうなるのか？

　→太ってしまう・肥満になる・・・

2　合理的なアメリカ人の生活に憧れる？

①・栄養の偏りも出てくるからだろうから、その（ 肥満の ）心配は大きい。

・ところで、「簡単」といえば、アメリカでは自動車免許を取るのも「簡単」にできる。しかも安い。

・日本の場合、自動車の免許証を取るのに、いくらぐらいかかると思う？

→・・・？

②・だいたい、20〜30万円ぐらいかかる。それがアメリカでは（ 自動車免許を取るのに ）、23ドルくらいでいい。

・「23ドル」とは、1ドルを110円として考えると、日本円ではいくらなのか？

→**1ドル＝110で換算すると2,530円**

※・*授業時の為替レートについては、事前に調べておく。*

③・でもどうして、そんなに安い費用で自動車の免許が取れるのか？

→・・・？

④・アメリカの南部や中西部（ の農業地帯 ）に住んでいる人には、村の中心街まで行くのに、数十kmもの距離がある（ たとえば、塩田町から佐賀市に買い物に行く[約35km]ようなものだ ）。これでは歩いて行くには、あまりにも・・・遠すぎる。

・そこで、必要になるのが（ 何 ）？

→**自動車**

⑤・つまり、自動車はアメリカ人にとっては「足そのもの」。

・そうした自動車に頼った社会を何社会というのか？

⇨ 車社会

⑥・自動車免許が「簡単に、安く取れる」理由は、ここにある（ 「難しく、高かった」ら、毎日の生活に困ってしまう ）。ところで自動車があっても、毎日、遠くまで買い物に行くと、かなりのガソリン代がかかる。そこでアメリカ人は、スーパーマーケットなどで1週間分ぐらいの食料をまとめ買いをする。

・そのため、各家庭には、こんなものが必要になる！

▷【 大型冷蔵庫の写真 】

⑦・これは、何なのか？

→**大型の冷蔵庫・・・**

⑧・こうして見ていくと、アメリカ人は、かなり合理的で便利な暮らしをしていることがわかる。

・Ａ：こんなアメリカ人の暮らしに、あこがれるという人[挙手]！

▷〈 挙手による人数の確認！ 〉

・Ｂ：いや、あまりあこがれは感じないという人[挙手]！

▷〈 挙手による人数の確認！ 〉

⑨・暮らし方の違いは、日本人とアメリカ人の考え方や感覚の違いも関係している。

・たとえば、合理的なアメリカ人の暮らしには、こんなものも必要になる！

▷【 コンテナゴミ箱の写真 】

⑩・これは、家庭の、何の写真なのか？

→**コンテナゴミ箱・大型のゴミ箱・・・**

⑪・どうして、こんなに巨大なゴミ箱が、家庭に、必要なのか？

→**それだけ大量のゴミが出るから・・・**

⑫・「何でも手軽に、簡単に」とやってしまうと、ゴミも大量に出る。

・そうすると、ゴミ出しのときに大変になることが（ 何なのか ）？

→ゴミの分別・仕分け・・・

⑬・アメリカでのゴミの分別状況を、ファストフード店内のゴミ箱で確認してみると・・・！

▷【 ファストフード店内のゴミ箱の写真 】

⑭・こうした（ ゴミの分別はしてない ）ところにも、日本人とアメリカ人の考え方の
　　違い、感覚の違いが出ているのだろう。

| 3　アメリカの学校生活は、日本とどう違っているのか？ |

①・ところで、「車社会」と言われるアメリカでは、自動車の免許は、何歳から取れるのか？

　　→18歳・15歳・・・？

②・州によって多少の違いはあるが、たとえばルイジアナ州では、15歳で仮免許（ 縦型 ）、16歳で
　　本免許（ 横型 ）が取れるようになっている。15歳で自動車の免許が取れる、そんなアメリカの高
　　校には、日本（ の高校 ）にはない施設がある。

　・さて、それは何なのか？

　　→生徒の駐車場・・・

※・ここで、「仮免許証と本免許証は、どうやって区別できるようにしているのか」を発問してもよい。

③・（ 自動車通学の高校生はいない ）日本とアメリカでは、学校の施設や決まりにも違いがあるわけ
　　だ。たとえば、アメリカでは、 教科書を持たないで学校へ行っても怒られない 。

　・これは、本当か？　ウソか？

　　→ウソ・本当・・・

④・ 授業中に、勝手にトイレに行っても怒られない 。

　・これは、本当か？　ウソか？

　　→ウソ・本当・・・

⑤・アメリカの 子どもたちは、３時頃に学校から家に帰る 。

　・これは、本当か？　ウソか？

　　→本当・ウソ・・・

⑥・アメリカの子どもたちは、「教科書を持たないで学校へ行く」。

　・それは、どうしてなのか？（ アメリカには、教科書がないのか？ ）

　　→・・・？

⑦・アメリカでは「教科書は学校に置いておくもの」だから（ 持って帰らない ）。学校では、授業時
　　間と休み時間の区別はあいまいだから、子どもたちは「トイレには行きたいときに行く」。そし
　　て「３時頃には帰る」。あとは、家でゆっくりくつろぐ。お父さんも、６時頃には帰ってくる。
　　天気のいい夜には、家族でドライブイン映画館に行ったりもする。日本とアメリカの学校では、
　　こうした違いがある。「違う」といえば、夏休みなどの期間も違っている。

　・（ アメリカの夏休みは ）どれくらいあるのか？

　　→・・・

⑧・冬のクリスマスに２週間（ 日本での冬休み？ ）。春のイースター（ 復活祭 ）に１週間（ 日本での
　　春休み？ ）。夏には、３ヵ月の夏休みがある。子どもたちだけで４～８週間のサマー・キャンプ
　　に行くこともあり、家族そろってキャンピングカーで旅行することもある。どうだろう。

　・Ａ：やはり、こんなアメリカ人の生活にあこがれるという人［ 挙手 ］！

▷〈 挙手による人数の確認！ 〉

・B：いや、そんなにあこがれは感じないという人［ 挙手 ］！

▷〈 挙手による人数の確認！ 〉

4　どうして、アメリカ合「衆」国と書くのか？

①・ところで、「アメリカ」「アメリカ」と言っているけど、これは正式な国の名前ではない。

・アメリカの正式な国名は、何というのか（ 知っている ）？

→ユナイテッド・ステーツ・オブ・アメリカ・・・

②・【資料：2】に、そのアメリカの5ドル紙幣が載っている。

・このお金に、アメリカの正式国名が書かれている！

▷【 資料：2 】

③・さて、何と書いてあるのか？

　→・・・THEUNITED STATES OF AMERICA・・・

④・ UNITED STATES OF AMERICA （ ＝USA ）。これを、そのまま日本語に翻訳すると、 アメリカ 合州国 となる。「合州国」とは、「州が集まって一つのまとまりを持った国」という意味。その ため、英語表記をそのまま翻訳すると、 アメリカ合衆国 と書くのは間違いになる。

・では、どうしてアメリカ合衆国と「衆」の字を使うのか？

　→・・・？

⑤・たとえば、〈 3人の白人の写真を提示して！ 〉 ここに写っている人たちは、 何人なのかわかる？

　→（ 3人の ）白人・アメリカ人・・・

⑥・では、〈 3人のヒスパニックの人の写真を提示して！ 〉 この人たちは（ 何 人なのかわかる ）？

　→・・・ヒスパニック・・・

⑦・〈 3人のネイティブアメリカンの写真を提示して！ 〉 この人たちは？

　→・・・ネイティブアメリカン・・・

⑧・〈 チャイナタウンの写真を提示して！ 〉 この町は、どこの国（ の写真なの か ）？

　→アメリカ（ の中華街 ）・・・

⑨・これらの写真は、全てアメリカ人で、アメリカの町を写したものだ。アメリカはいろいろな民衆 ・人種が集まってつくられた国、移民の国でもあるため、アメリカ合衆国と「衆」の字を使う。 こうしたアメリカ合衆国の歴史は、その国旗にあらわされている。

・〈 実物を見せながら！ 〉 このアメリカの国旗は、何と呼ばれているか（ 知っている ）？

　→・・・星条旗・・・

⑩・この星条旗の13本の紅白のすじ（ 条 ）は、何をあらわしているのか？

　→独立時の州の数

⑪・「13州で独立した」と言うが、どこの国から独立をしたのか？

　→・・・イギリス・・・

⑫・それは、何年何月何日のことなのか（ 知っている ）？

　→・・・1776年7月4日・・・

5　アメリカ合衆国には、どんな歴史があるのか？

①・しかし、アメリカの歴史の中では、〈　南部旗を提示して！　〉このような国旗が使われたことも
　　あった。この国旗は、アメリカ国内が南北にわかれて戦った「南北戦争」の
　　ときのもの。
　　・でも、何だって（　アメリカは　）国内で「戦争」などおこなったのか？
　　→・・・？

②・アトランタ付近、つまりアメリカの南部では、かつて「綿花」の大農園が開かれていた。しかし
　　（　綿花栽培には　）白人だけでは、労働力が不足していた。そこで、アフリカから「黒人」を連れ
　　て来た。
　　・何として（　連れてきたのか　）？
　　▷ 奴隷

③・アメリカの南部では、黒人奴隷を使って綿花を栽培し輸出していた。そして、そのかわりに、い
　　ろいろなものを輸入していた。つまり南部は、黒人奴隷さえしっかり確保していれば、それだけ
　　で１つの国としてやっていけた。でも、南部の、そうした動きに対立した地域があった。
　　・それは、どこだったのか（　南部ではなくて・・・　）？
　　→北部・・・

④・北部は、工業が発達していた。だから、南部が工業製品を輸入してしまうと、その製品が売れな
　　くなる。そこから対立が生まれ、南部と北部の戦争となった。
　　・これが・・・（　何戦争　）？
　　→南北戦争

⑤・ところで、1776 年にイギリスから独立する以前のアメリカには、誰も住んでいなかったのか？
　　→住んでいた・・・
⑥・その人たちのことを何と呼んでいるのか？
　　▷ ネイティブアメリカン

6　アメリカの国土は、どれくらい広いのか？

①・そうした歴史を持つアメリカだが、現在の州の数は、星条旗の「星」の数であらわしてある。
　　・さて、いくつあるのか？
　　→50・・・
②・独立当時から比べると、かなり増えて広くなっている。
　　・たとえば、面積は世界で何番目ぐらいだと思う？
　　→３番目
③・その面積は、936 万km²。
　　・日本の面積は、どれくらい？
　　▷ 約 38 万km²　　※・アメリカの人口＝2億8,480万人
④・つまりアメリカの面積は、日本の約何倍ぐらいになるのか？
　　▷ 約 25 倍
⑤・アメリカの国土面積は、かなり広い。アメリカの中央部を流れるミシシッピ川だけでも、その長
　　さは北海道の北の端から九州の南端までの距離になる。ただし、アメリカは南北に、つまり（　地
　　図上で　）縦に長いだけでなく、東西つまり横にも長い。日本のように南北に長い国では問題はな

いが、これだけ横に広いと、国の東と西で、何が生じるのか？

　　→時差・・・

⑥・そのため、アメリカ国内には、いくつの時間帯があるのか？

　　→・・・４つ

⑦・「１つの国に、４つの時間帯がある」と、どうなるのか？

　　→・・・？

⑧・実際のようすについて【資料：３】に載せてあるので、その問題を考えてみよう！

　▷【 資料：３ 】

⑨・さて、（　　　　）の中には、どんな数字が入るのか？

　　→朝の（ ３時 ）と朝の（ ４時 ）

⑩・国土が東西に広いと、１つの時間帯だけでは困るため、（ 国内に ）４つの時間帯が設定されている（ しかしそのために国内でも時間のズレが生じ、不便なことも出てくる ）。また、アメリカ合衆国には州に準じる領域が海外にもあり、その地域まで含めると更に範囲は広くなる。

　・どれくらいになるのか、地図で確認してみよう！

　▷ プエルトリコ島 ・ バージン諸島 （以上カリブ海）・ グアム島 ・ 北マリアナ諸島 ・ サモア 諸島 ・ ミッドウェー諸島 ・ ウェーク島 ・ ジョンストン島 ・ パルミラ島 （以上太平洋）

※・各島の名前のカードを貼り、地図帳で見つけさせ赤丸で囲ませていく。授業時間との関係で全部ではなく、この中からいくつかを探させることでもよい。

　・では、最後にアメリカの地形の全体的な姿をつかんでから、今日の授業を終わることにしよう。

７　アメリカの国土は、どれくらい広いのか？

①・これは、南北アメリカ大陸の形を切り取ったものだ！

　▷【 南北アメリカ大陸の切り抜き 】

※・北アメリカ大陸と南アメリカ大陸の形を切り抜き、それぞれ両面にマグネットテープを貼り、表にも裏にも使えるようにする（ マグネットテープが見えにくいように、切り抜きは黒く塗る ）。

②・一人、前に出てきて、この北アメリカ大陸と南アメリカ大陸の形と位置を、正確になるように黒板に貼って欲しい！

※・前に出てきて黒板に貼る希望者を募るか、希望者がなければ指名して、黒板に貼りに来させる。

　▷【 南北アメリカ大陸の切り抜き 】を正しい位置と形に貼る作業

※・両面貼れるようにしているため表裏がわかりにくく、その上、南北アメリカ大陸の位置関係（ つながり方 ）も簡単にはわからないため、なかなか正解できない。

③・全員は前に出てきてはできないため、個人で、この作業をやってもらいます。

　　教科書や地図帳などは見ないで、【資料：４】の空欄の四角の中に、南北アメリカ大陸の略図を描いてもらいます。南北アメリカ大陸の形が分からない場合には、【資料：４】の下の地図を参考にしなさい。

　・では、正しい答えになるように、南北アメリカ大陸の略図を描いてみなさい！

　▷【 資料：４ 】への作図作業

※・たぶん、描けない生徒が多いだろうから、すぐに助言④をうつ。

④・（ なかなか難しいようなので ）、今度は【資料：５】の空欄の四角の中に、教科書や地図帳を見て、正しい位置になるように、南北アメリカ大陸の略図を描いてみなさい！

　・なお、【資料：５】に描かれている縦の線は「西経80度」として考えること！

▷【 資料：5 】への作図作業

⑤・正解は、こうなる！

▷〈 西経 80 度の線を引き、【 切り抜き 】の真ん中になるように貼る！ 〉

⑥・この「西経 80 度」の線は、何のために引いたのか、わかった？

　→南北アメリカ大陸の位置関係を知る目印・・・？

⑦・南アメリカ大陸は、北アメリカ大陸の真南にあるわけではない。南アメリカ大陸は、
　　かなり東側（ 右 ）にずれている。そのずれの目安になるのが、「西経 80 度」の経線だ。
　・では、引き続き【資料：5】に描いた南北アメリカ大陸の略図に、地図帳を見て、次の線を書き
　　加えなさい！

　　| 西経 100 度の経線 |、| 赤道 |、| 北回帰線・南回帰線 |、| 北緯 34 度の緯線 |。

▷【 資料：5 】への作図作業

⑧・西経 100 度の経線は、アメリカ合衆国を東西にわける中心線だ。
　・では、北緯 34 度の緯線は、何の線なのか？

　→塩田町と同じ緯線・・・

⑨・私たちの塩田町とほぼ同じ緯度になる緯線だ。では、最後に、【資料：6】にアメリカ合衆国の
　　自然を書き入れて終わりにしよう。
　・【資料：6】に書かれている指示に従って、地形を書き入れ、色鉛筆で色を塗りなさい！

▷【 資料：6 】への作図作業

<参考文献>

渡辺淳「高校生クリスの自動車通学」『中高生のためのアメリカ理解入門』明石書店

「調理の消えたアメリカ」若木久造ほか編『くらしと知恵が見える世界地理』わかたけ出版

<板書例>

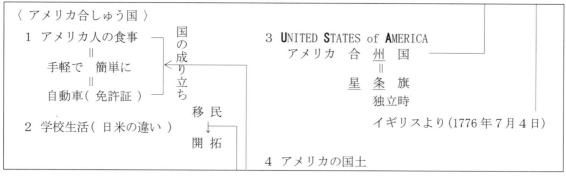

〈 アメリカ合しゅう国 〉

1 アメリカ人の食事
　　＝
　手軽で　簡単に
　自動車（ 免許証 ）

2 学校生活（ 日米の違い ）

国の成り立ち

移　民
↓
開　拓

3 UNITED STATES of AMERICA
　アメリカ　合　州　国
　　　＝
　　　星　条　旗
　　　独立時
　　イギリスより（1776 年 7 月 4 日）

4 アメリカの国土

❖授業案〈 アメリカ合しゅう国 〉について

　この授業案は、アメリカ人の生活と歴史を中心に考えてみた。生活面では、食事や学校の様子など、生徒の興味を引きやすいだろう思われる内容を取り上げている。歴史では、アメリカ合衆国の国旗（ ＝星条旗 ）を見せながら授業を進めている。生徒に提示する星条旗は少し大き目の旗でもあるため、生徒の注目を集めやすい。これは、沖縄に行ったときに、米軍の払い下げの店に売ってあったのを見つけて買ってきた旗である。また 5 ドル紙幣は以前、銀行で替えたもので、これも生徒に見せると注目をしてくれる。具体的な事実・モノを使って、アメリカ合衆国について学ばせるようにしてみた。

　なお、この授業案も提言が 7 つもあるため、2 時間扱いになることを前提に授業をおこなっている。

地理 学習プリント 〈世界の諸地域：18 北アメリカ州 1-1〉

■アメリカ人は、どんな生活をしているのか？　何を食べているのか？　自動車の免許証は？　学校は？　また、どんな歴史を持っているのか？

1：【 アメリカの食べ物 】　　　　A→B→Cの順番に何が写されているのか？　□の中に答えを！

A　シリアル　　　→　　B　ハンバーガー　　　→　　C　ピザ

2：【 アメリカの正式国名 】

3：【 時は金なり？ 】　　　　　　　　　　　　ビジネスマンにとっては、「時は・・・」

　アメリカは国土が広いから「時差」もある。3時間の時差は、まことに仕事がしにくいもので、朝
ＦＡＸを読んでロサンゼルスの担当者と話そうと思っても、まだロサンゼルスは出社時間前。ロサン
ゼルスが出社時には、当方が昼食時間。当方が外出から帰るころは、ロサンゼルスが昼食時間となる。
ロサンゼルスが外出から戻ったころには、当方は夜のレセプションといった具合で、メモがむなしく
机の上に何度も置かれてしまうのである。

　3時間の時差など何でもないようだが、出張の時　これが意外ときつい。ワシントンからロサンゼル
スに出張して夜12時までお酒につき合うと・・・、体は、すでに朝の（ 3 ）時である。逆に、ロサン
ゼルスから戻り　朝の7時起きとなると、体の時間は、まだ朝の（ 4 ）時。とても昼食を取る気にはな
れない。「時は金なり」と言うが、時の間を移動するビジネスマンには、『時は「疲労」なり』でもあ
る。

（ 日商岩井広報室編『地球報告』 ）

■南北アメリカ大陸を書いてみよう。　アメリカ大陸は、どんな位置にあるのか？　まずは、略地
　図を書いてみよう！　そのとき、どんなことに気をつけて書けばいいのだろうか？

4：【 南北アメリカ大陸（ その1 ）】　　　　　　　　　　頭の中にあるアメリカ大陸は？

北アメリカ
大　　陸

南アメリカ
大　　　陸

■南北アメリカ大陸を書いてみよう。　アメリカ大陸は、どんな位置にあるのか？　次に地図帳を
　開いて、南北アメリカ大陸を見ながら書いてみよう！

5 :【　南北アメリカ大陸（　その 2　）】　　　　　　　　　地図を見ながらきちんと書こう！

地理 学習プリント〈世界の諸地域：18 北アメリカ州 1-4〉

■広大な国土を持つアメリカの自然は、どうなっているのか？ 山（ 脈 ）や川には、どんなものが
あるのか？ また、気候は日本と比べると、どうなんだろうか？

6：【 アメリカの自然 】 　　　　　地図帳を見て山や川のある位置に名前と一緒に書き込もう！

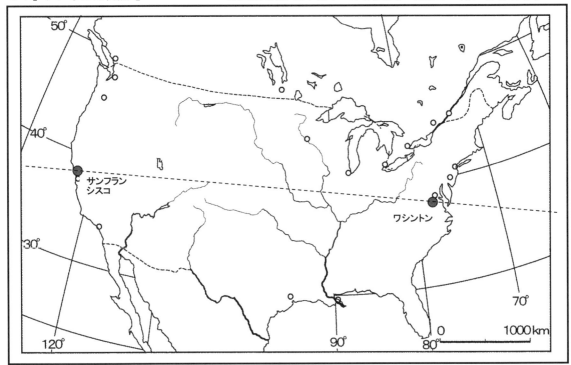

・シェラネバダ山脈 ・ロッキー山脈 ・アパラチア山脈 ⇦ 山脈の位置を□で書き込む
・メキシコ湾 ・五大湖 ・ミシシッピ川 ・リオグランデ川 ⇦ 湾・湖・川を青色でなぞる
・グレートプレーンズ ⇦ 広がりを緑で薄くぬる ・プレーリー ⇦ 広がりを黄緑で薄くぬる
・北回帰線 ・西経 100 度 ・北緯 34 度 ⇦ おおまかな位置を曲線で書き入れる
・ニューヨーク ・ロサンゼルス ・ボストン ・マイアミ ⇦ 各都市の位置に●を書き込む
・アメリカ合衆国 ⇦ 薄く赤で縁取る ・カナダ ⇦ 薄く青で縁取る
・メキシコ ⇦ 薄く緑で縁取る

7：【 サンフランシスコ － ワシントンの断面図 】 　　①～⑥の名称を下から選び書き入れなさい

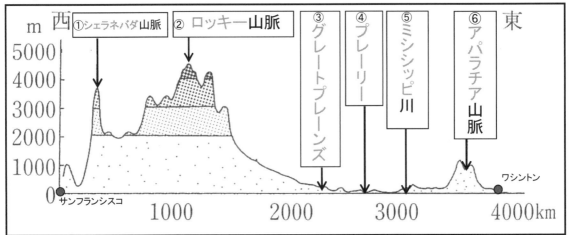

・シェラネバダ山脈・ロッキー山脈・アパラチア山脈・グレートプレーンズ・プレーリー・ミシシッピ川

[19] 合衆国の産業

◎アメリカ合衆国の農業の３つの特徴をいろいろな作業を通してとらえさせ、工業については、その製品の特徴や工業地域の変遷から転換期にあることをつかませる。

1　アメリカの農業の特徴は、何なのか？（　その１　）

①・〈 野菜の模型を１つずつ提示しながら！ 〉これは、何だろう！

　　→ジャガイモ・トウモロコシ・トマト・ピーマン（ パプリカ ）

②・さて、これらの、野菜（ ということ ）以外の共通点は、何なのか？

　　→・・・アメリカ大陸原産・・・？

③・アメリカ大陸から世界に広まっていった作物は多い（ とは言っても、ここにあるのは「南」アメリカ原産の野菜だが・・ ）。今日は、アメリカ合衆国の産業の、まずは農業についてみていく。アメリカ合衆国の農業の特徴は、３つある。

　・まず１つ目の特徴が、【資料：１】に書かれている！

　▷【 資料：１ 】

④・【資料：１】のグラフの１つのマス目が 1,000 万トンをあらわしている。それは、日本の「ある作物」の１年間の生産量と同じ。　※最近は約 800 万トン

　・さて、その「ある作物」とは、何なのか？

　　→米・・・

⑤・つまり、ここでは日本の米の１年間の生産量と比較して、アメリカの作物の生産をみてみることになる。

　・「小麦」「大豆」「トウモロコシ」の１年間のアメリカでの生産量がわかるように、マス目を塗りつぶしなさい！

　▷【 資料：１ 】への色塗り作業

※・小麦＝6,219 万トン → 約６マス、大豆＝6,484 万トン → 約 6.5 マス、トウモロコシ＝２億 3,606 万トン → 約 23.5 マスとなる。トウモロコシについては、横にそのまま塗っていくとマスの数が足りないが、「工夫して、グラフ全体を使って塗るように！」との指示を出し、とにかく生産量がわかるようにさせる。

⑥・今の作業からわかる「アメリカの農業の特徴」は、何なのか？（ 「日本と比べて、どうだ」と言えばよいのか？ ）

　　→生産量が多い・大量生産がおこなわれている・・・

⑦・それが、アメリカの農業の１つ目の特徴だ。

　・と言うことは、アメリカで農業をやっている人の割合は、全ての労働者の中でも、50％以上なのか？　50％以下なのか？（ どっちなのか？ ）

　　→50％以上・・・？

⑧・答えを、【資料：２】を使って確認してみよう。

2　アメリカの農業の特徴は、何なのか？（　その２　）

①・【資料：２】に描かれているのは、アメリカで働いている全ての労働者だ（ 農業をやっている人だけではなく、漁業をやっていたり、会社や工場で働いている人など様々な人たちだ ）。人間一人＝100 万人をあらわしていて、全部で約１億５千万人が描かれている。

・では、予想で構わないので、この中で「農業をやっている人全員」を、赤○で囲みなさい！

▷【 資料：2 】への○囲み作業

②・この約1億5千万人の労働者の中で、「農業をやっている人」は360万人。割合でいうと2.6%。
　そのため、3.5体分だけを赤○で囲めばよい。これは、日本で農業をやっている人＝349万人と
　ほぼ同じ人数になる。「農業をやっている人」の人数は、日本とアメリカは同じくらいなのに、
　農作物の生産量は圧倒的にアメリカの方が多い。

　・どうして、そんなことになるのか？

　→・・・

③・その理由を知るために、次に【資料：3】を使って確認してみる。【資料：3】には、「1㎢当た
　り、何人の人が農業をやっているのか」が描かれている。1㎢あたり、中国では543人で、日本
　では79.3人。では、アメリカでは何人なのか。

　・（ 農業をやっている人の ）人数分の人間を（ 予想でいいので ）、書き込んでみなさい！

▷【 資料：3 】への描き込み作業

④・答えは、1.91人。日本とアメリカでは、農業をやっている人の人数は同じでも、面積を同じくし
　て比べてみると、圧倒的にアメリカの方が少ない。

※・資料の数字は古いが、日本の農業人口は激減しているため、日米で人数が変わらなかった時代のデー
　タを使って考えさせている（ 2017年のアメリカの労働人口は1億6,032万人、うち農業人口は260万
　人。日本は182万人 ）。

　・ではどうして、そんなに少ない人数で、大量の農作物の生産ができるのか？

　→機械を使っている・機械化されている・・・

⑤・「機械を使っている」と言う点では、日本も同じ。

　・では、何が違っているのか？

　→・・・？

⑥・この写真を見れば、わかるはず！

▷【 大型コンバインの写真 】

⑦・どうして農業機械が、こんなに大きいのか。

　・それは小麦畑、大豆畑、トウモロコシ畑を見るとわかる！

▷【 小麦畑・大豆畑・トウモロコシ畑の写真 】

⑧・アメリカの農業は、「広大な農地」に、「大型の機械」を使っておこなわれている。それが、アメ
　リカの農業の2つ目の特徴だ。

　・大きな機械には、こんなものもある！

▷【 センターピボットの写真 】

⑨・この機械を、何というのか？

⇨ センターピボット

⑩・このセンターピボットの半径は800mもある。つまり、このセンターピボット
　は、1つで直径1,600mもの大きな畑なのである。

3　アメリカの農業の特徴は、何なのか？（ その3 ）

①・では最後に、（ アメリカの農業の ）3つ目の特徴。それは、アメリカでは、「自分たちが食べた
　い作物」ではなく、「儲かる作物」を作っていることだ。

・では、他の国との競争に負けずに、「儲かる作物」をつくる方法とは何なのか？

　　→・・・

②・その方法とは、その土地に適した作物を、大量につくること。だから、アメリカでは、その土地の自然環境に合った農作物をつくっている。

　・そんな農業のやり方を、漢字４文字で何というのか？

　☞ 適地適作

③・広大な土地に、その土地に一番適した作物をつくるわけだから、当然、生産も増える。

　・では、「どの地域に」「どんな作物をつくっているのか」を、【資料：４】の白地図への色塗り作業で確認してみよう！

　▷ 【 資料：５ 】への色塗り作業

④・（ 色塗り作業が終わったら ）【地図帳】P59 を見て、【資料：４】の白地図に「西経 100 度」の線を赤鉛筆で書き入れなさい！

　▷ 【 資料：５ 】へ西経 100 度の線を書き入れる

⑤・こうして（ 西経 100 度の ）線を書き入れると、何がわかるのか？

　　→・・・

⑥・この「西経 100 度」は、年間降水量 500mm を分ける線になっている。年間降水量が 500mm 以上あると、畑での作物栽培ができるが、（ 年間降水量 500mm ）以下だと、できない。

　・そのため、西経 100 度より西側の地域は、何として利用されているのか？

　☞ 牧草地

⑦・その「牧草地」では、何が盛んなのか？

　☞ 放牧

⑧・では、作物栽培ができる西経 100 度より東側の、東海岸や五大湖周辺では、何が盛んなのか？

　☞ 酪農

⑨・それより南の地域で、家畜の餌となるトウモロコシの栽培がおこなわれている。

　・では、アメリカの南部では開拓がはじまった頃から、広大な畑で、何が栽培されてきたのか？

　☞ 綿花

⑩・ただし、現在は綿花に代わって、何や何の栽培が増えているのか？

　☞ 大豆やとうもろこし

⑪・アメリカでは、わずかな種類の作物を大量に生産する「企業的大農業」がおこなわれている。そのため、畑も「工場」と同じように「農場」と表現されている。こうした農業のやり方は、日本（ の農業のやり方 ）とは根本的に違っている。

　・たとえば、【資料：６】の文章を読んでみよう！

　▷ 【 資料：６ 】で日本の農業のやり方と違う点に線引き作業

⑫・日本には、「コンバインクルー」のような仕事をしている人は、いない。もちろん、アメリカにも（ 日本のように ）家族で農業をやっているところもある。しかし、その数は、年々減少してきている。

　・どうして、そうなるのか？

　　→・・・

⑬・企業的大農業では、大量生産をして輸出しているため、低価格でもやっていける。しかし、低価格になると、家族農業では、とてもやっていけない。そうした大量生産の農産物を、多くの国が

アメリカから輸入している。

・そのため、アメリカは何と呼ばれているのか?

⇨ 世界の食料庫

---

4 アメリカの工業には、どんな特徴があるのか?

① ・アメリカ合衆国の産業の2つ目は、工業についてみていく。

・【資料:7】のA～Iの写真に写っているものは、それぞれ何なのか?

→・・・

A:ファスナー B:安全ピン C:電話機
D:掃除機 E:洗濯機
F:パソコン G:テレビ H:シェーバー I:トースター

※・Aは何? →ファスナー ・Bは? →安全ピン・・・という具合に、Iまで訊ねていく。

② ・このA～Iまでの共通点とは、何なのか?

→・・・?

③ ・(アメリカ原産ではなく)、「アメリカで発明された工業製品」。

・そんなアメリカの工業を代表する製品2つをあらわしたグラフが

これだ!

▷【 2つの円グラフ 】

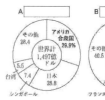

④ ・Aは、20世紀に鉄鋼を材料として生産が始まった工業製品だ。

・さて、それは何だったのか?

⇨ 自動車

⑤ ・Bは、シリコンバレーに、その関連企業が集まっている。

・それは、何の関連企業なのか?

⇨ ICT

⑥ ・ICTと自動車では、アメリカで昔からつくられてきたのは、どっちなのか?

→自動車・・・

⑦ ・では、自動車の生産のために工場を建てるとしたら、〈 地図を提示しながら! 〉A～Eの、ど
こがいいのか?

・グループではなしあい!

※・ここからグループ内でのはなしあい → 各班からの発表。

⑧ ・自動車の工場が建てられたのは、Aの地域だった。

・特に、自動車の生産が盛んになったのは、「デトロイト」の町だった!

▷【 地図帳P53・54 】で、デトロイトを見つけて印をつける

⑨ ・でも、どうして「A」の地域に自動車の工場が建てられたのか?

→・・・?

⑩ ・自動車をつくるために必要な地下資源には、何があるのか?

→鉄鉱石・石炭・鉄・・・

⑪ ・デトロイトの近くに、鉄鉱石や石炭の鉱山があったのか?

→・・・?

⑫・ メサビ という鉱山がある！

▷【 地図帳P53・54 】で、「メサビ」を見つけて印をつける

⑬・鉄鉱石を溶かすための石炭は、どこにあるのか？

▷【 地図帳P53・54 】で、「アパラチア炭田」を見つけて印をつける

⑭・ところが、アメリカの工業地域は、約50年で大きく変化している。

5　新しいアメリカの工業地域には、どんな企業があるのか？

①・【資料：4】に、「アメリカの地域別工業生産額の変化」をあらわしたグラフがある！

▷【 資料：4 】&【 アメリカの地域別工業生産額の変化 】のグラフ

1967年				2006年			
中西部 35.0%	北東部 29.1%	南部 22.8	西部 13.1	（ 南 ） 部 38.6%	(中西)部 30.5%	(西) 部 16.1	(北東) 部 14.3

②・1967年と2006年を比べてみると、工業生産額の多い地域に変化があることがわかる。

・では、2006年の（　　）の中に入る地域は、順番に、どうなるのか？

※・「1位の38.6%は、どこなのか？」と、順番に訊ねていく。

③・つまり、アメリカの工業の中心は、南部と西部に移動している。

・どうして、そんなことになっているのか？

A：北西部の資源が減少したから。	B：豊富な石油資源があるから。
C：南部・西部が安い労働力が手に入るから。	D：メキシコからの移民労働者を雇えるから。
E：航空機産業には広大な敷地が必要だから。	
F：ICT産業は温暖な気候と清潔な自然環境が必要だから。	

・さて、答えは、この中で、どれなのか？

→・・・

④・これら全ての理由がからんで、アメリカの工業の中心は移動した。ただ「南部・西部」という が、具体的には、北緯37度より南の地域に、先端技術産業が発達している。

・この地域は、何と呼ばれているのか？

⇨ サンベルト

⑤・また、特に高度な技術の開発が進められているのは、どこなのか？

⇨ シリコンバレー 　※シリコン＝ケイ素＝半導体の原料。バレー＝谷

⑥・そこ（ シリコンバレー ）には、どんな企業があるのか！

▷【 シリコンバレーの地図 】

⑦・この地図に書かれている企業(＝会社)の中で、「名前を聞いたことがある」ものには、何がある？

→ Google ・ Apple ・ Facebook ・ intel ・・・　※マイクロソフトの本社はシアトルにある。

⑧・「グーグル」や「アップル」・「フェイスブック」・「インテル」などは、何産業の会社なのか？

→ICT産業・・・　　※最新の情報が集積するため日本の自動車メーカーも研究拠点を置いている。

⑨・こうしたアメリカ合衆国のICT企業は、24時間連続で仕事をおこなうため、どこの国と結びついていたのか？

→インド・・・

<hr>

<u>6　デトロイトなどの五大湖周辺の工業地帯は、どうなるのか？</u>

①・アメリカの工業地域の変化により、古くからの工業地帯である五大湖周辺は、どうなったのか？

　　　　| Ａ：ますます衰退　　　　Ｂ：そのままの状況　　　　Ｃ：巻き返しに転じた |

※・ここからグループ内でのはなしあい　→　各班からの発表。時間がなければ挙手による確認のみ。

②・工業で伸びているのは、やはり ICT 産業だ。

　　・このアメリカ合衆国の ICT 産業は、国内と国外とでは、どっちに多くの投資をしているのか？

　　→国外・・・

③・インドと結びついていることからもわかるように、「国外」への投資が多い。投資は、インド以
　　外では、「世界の工場」と呼ばれている国へも多い。

　　・それって、どこの国なのか？

　　→中国

④・中国へ投資して、中国で大量に造らせた製品をアメリカに輸入している。これでは、五大湖周辺
　　の工業地帯は巻き返しをするどころか、現状維持さえ難しい（答えは、Aだ）。

　　・そのため、現在、五大湖周辺は何と呼ばれているのか（知っている）？

　　→・・・

⑤・ラストベルト　と呼ばれている。

　　・ラストベルトには、　ミシガン州　・　オハイオ州　・　ウィスコンシン州　・　ペンシルベニア州
　　などが含まれる。

　　・地図帳で場所を確認してみよう！

　　▷【　地図帳Ｐ55・56　】

⑥・ところで、この「ラストベルト」とは、どんな意味なのか？

　　→・・・最後の地帯・・・？

⑦・「ラストベルト」の「ラスト」は　Last　（最後）ではなく、　rust　（錆び）のこと。つまり、
　　Rusut Belt　＝　錆びついた工業地帯　と言う意味になる。

　　・では、ラストベルトは、このまま錆びついて、衰退していくだけなのか？　もう、何も生み出さ
　　ないのか？

　　→（投げかけのみ）・・・？

⑧・最近アメリカでは、　ラストベルトが〇〇〇〇大統領を誕生させた　と言われるようにもなった。

　　・この〇〇〇〇に入る言葉は、何なのか？

　　→トランプ（大統領）・・・？

⑨・これ（「ラストベルトがトランプ大統領を誕生させた」）は、どういう意味なのか？

　　→・・・？

⑩・トランプ大統領の公約は、　〇〇〇〇ファースト　だった。

　　・この〇〇〇〇に入る言葉は、何なのか？

　　→アメリカ・・・

⑪・「アメリカファースト」とは、「アメリカが第1」と言う意味。つまり、「アメリカ合衆国は、ア
　　メリカ製品を買い、アメリカ人を雇え」、まず「アメリカを第1に考える」と言うことでもある。
　　トランプ大統領は、「（メキシコには申しわけないが）自動車産業の海外移転はさせない」と、

今また言っている。

・こうしたトランプ氏の公約を支持したのは、誰だったのか？

→ラストベルトの人々・・・

⑫・失業や低賃金の生活に苦しむラストベルトの多くの人々は、2016年の選挙では「アメリカファースト」を掲げて、保護貿易 と 国内への投資 を呼びかける共和党のトランプ氏に投票した（つまり、「トランプ大統領を誕生させた」と言うわけだ）。

・そんな経済状況のアメリカは、今後どうなっていくのか。それにより日本は、そして世界は、どんな影響を受けていくことになるのだろうか？

→（投げかけのみ）・・・

※・山縣宏之氏は、次のように分析している。「2016年の大統領選挙ではラストベルト州は、分厚い製造業労働者階層の存在から、伝統的に民主党大統領候補を選んできたが、トランプ支持（共和党）に転じた。歴史的な転換である。…産業構造高度化とそれに伴う就業構造の分極化が進んだものの、高賃金産業は大都市圏に集中し…製造業労働者の待遇が悪化…、製造業労働者の不満の蓄積が背景にあったものと考えられる。」（「トランプ現象の経済的背景」『大原社会問題研究所雑誌』No.725。なお山縣氏は別のレポートで、「トランプ政権の労働力訓練政策」も考察している。どちらもインターネットで読める）

<参考文献>

加藤好一「世界の食糧倉庫」「モデルTからICへ」『世界地理授業プリント』地歴社

<板書例>

〈合衆国の産業〉

1 農業 － 世界の食糧倉庫　　　　　　　　2 工業
　　大量生産 → 輸出　　　　　　　　　　　　自動車 ＝ デトロイト　五大湖－ラストベルト
　　　大型の機械化　┐企　　　　　　　　　　　　と
　　　広大な農地　　│業的　　　　　　　　　ＩＣＴ ＝ シリコンバレー　　－サンベルト
　　　適地適作　　　┘大農場

❖授業案〈合衆国の産業〉について

　アメリカ合衆国の産業として、農業と工業を1時間の授業で扱うように授業案をつくってみた。そのため、かなりテンポよく進めないと時間不足になる。

　前半の農業については、資料を使っての作業が中心となるが、色塗りや丸囲みの作業に時間を取り過ぎないようにしている。後半の工業についても、地図帳を使ったり、資料への書き込みの作業があるが、あまり時間をかけずに進めるようにしている。また、話し合い活動も全ての班から発言させるのではなく、「意見が出せる班（は手を挙げて）！」との指示で、いくつかの班からの発言で進めるなどの方法を取るようにしている。それでも、時間が足りなくなりそうだと思われたら、無理に1時間で終わるのではなく、2時間扱いでもかまわない。

　「自動車生産のための工業をどこにつくったのか」を話し合わせると、必ず「自動車の輸出に便利だから」と海岸部（＝B・C・D）の答えが出てくる。そうした話し合い活動の中から出てきた意見をいかしながら、デトロイトの場所を説明することもできる。

■アメリカ合衆国では、どんな農産物が、どんな地域で、どのようにして作られているのか？　また
　日本の農産物とアメリカの農産物とは、どんな関係にあるのか？

1：【 アメリカの農産物の生産量 】　　1マス1000万トン＝日本の（　米　）の取れ高ほぼ1年分

小麦													↓
大豆													
とうもろこし													

・**小麦**（6219万トン）＝黄色　　・**大豆**（6484万トン）＝緑色　　・**とうもろこし**（2億3606万トン）＝青色

2：【 アメリカの労働人口（ 1996年 ）】　　　　　　　人間1人＝100万人（ 労働人口は15歳以上 ）

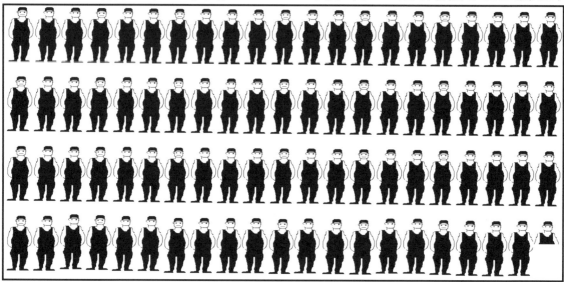

上のアメリカの労働人口のうち「農業で働く人の数」を予想し、赤○で囲んでみよう！　　　3.5人

3：【 1㌶の農地あたりの農業者数 】　　　　　　　アメリカの農業者数は？　　1.91人

・中国：　534人	・日本：79.3人	・アメリカ：（　　　　）人

・1平方km（1000㍍×1000㍍）の農地あたりのアメリカの農業者の数を予想して、その人数を（ 👤 ）
　で書き入れよう！（ 1996年の状況 ）　※人間1人＝10人

4：【 アメリカの地域別工業生産額の変化 】

1967年				2006年			
中西部 35.0%	北東部 29.1%	南部 22.8	西部 13.1	（ 南 ）部 38.6%	（中西）部 30.5%	（西）部 16.1	（北東）部 14.3

■アメリカ合衆国では、どんな農産物が、どんな地域で、どのようにして作られているのか？　また
　日本の農産物とアメリカの農産物とは、どんな関係にあるのか？

5：【 アメリカ合衆国の農業地域 】

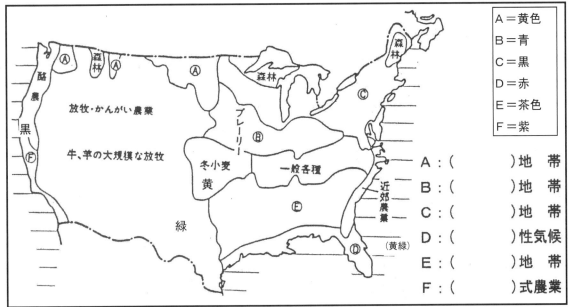

```
A＝黄色
B＝青
C＝黒
D＝赤
E＝茶色
F＝紫
```

A：（　　　　　）地　帯

B：（　　　　　）地　帯

C：（　　　　　）地　帯

D：（　　　　　）性気候

E：（　　　　　）地　帯

F：（　　　　　）式農業

6：【 コンバインクルーの生活 】

　「コンバイン」とは農産物の刈り取りをおこなう大型機械のことである。アメリカ合衆国には、その運転のみを専門におこなう「コンバインクルー」と呼ばれる労働者がいて、その数は 50 万人といわれている。

　彼らは、次々といくつもの農場の小麦の刈り取りを請け負う。そして、暖かい地方から出発して北の地方へと小麦の収穫期を追って移動していくのである。5 月頃テキサス州の農場を出発すると、カナダとの国境近くの春小麦の刈り取りが終わるのは 9 月になるという。家族中心でおこなう日本の農家では考えられないことである。

7：【 アメリカの生活品？ 】

※A～Ｉに描かれているものは何か？
またA～Ｉに共通することは何か？

補足資料：【 トランプ大統領の就任演説（ 抜粋 ）】

　我々アメリカ国民は今日、アメリカを再建し、国民への約束を守るための、国家的取り組みに加わった。今日の式典は非常に特別な意義を有する。なぜなら、今日、我々は単に、ある政権から別の政権に移行するのみならず、権限をワシントンD.C.から諸君に、アメリカ国民に返すからである。

　余りにも長い間、ワシントンの小さなグループが政府の恩恵にあずかる一方、国民が代償を払ってきた。ワシントンは栄えてきた——だが、人々はその富を共有していない。政治家は繁栄してきた——だが、職は失われ、工場は閉鎖されてきた。支配層は己を守ってきたが、国民を守ってはこなかった。こうした全てが変わる——まさに今、ここから始まるのである。これは、諸君の日である。諸君の祝典である。そして、このアメリカ合衆国は、諸君の国なのである。

　2017年1月20日は、人民が再びこの国の統治者になった日として記憶されるであろう。

　忘れられていた国民は、もはや忘れられたりしない。世界が未だかつて見たことのないような歴史的運動の当事者となるべく、数多の人々がやって来た。この運動の中心には、重要な信念がある。すなわち、国家は市民に奉仕するために存在するという信念である。

　アメリカ国民は、児童のために素晴らしい学校を、家族のために安全な地域を、そして己のために良い仕事を望んでいる。だが、余りにも多くの市民にとって、現実は異なっている。過密地区では母親と児童が貧困にあえいでいる。錆びついた工場が墓石の如く国中に点在している。教育制度に大金を費やしても、若く優れた生徒らは知識を得られずにいる。そして犯罪やギャング、薬物が余りにも多くの命を奪い、可能性を国から奪ってきた。こうしたアメリカの殺戮は、今ここで終わる。我々は1つの国である——そして、彼らの苦痛は我々の苦痛である。

　本日私がなした宣誓は、全てのアメリカ国民に対する忠誠の宣誓である。何十年もの間、我々は、アメリカの産業を犠牲にして、外国の産業を富ませてきた。他国の軍隊を支援する一方、嘆かわしいことに我が軍を消耗させてきた。他国の国境を守る一方、自国の国境を守ることを拒んできた。そして、海外で何兆ドルも費やす一方で、アメリカの社会基盤は荒廃し衰退してきた。他国を富ませる一方、我が国の富や力、そして自信は地平線の彼方に消えていった。取り残される数多のアメリカの労働者を顧みもせず、工場は次々に閉鎖し、この国を去っていった。

　だが、それは過去のことである。今、我々は未来のみを見据えている。今日ここに集った我々は、全ての都市、全ての外国の首都、そして全ての権力機関に対し、新たな命令を発する。本日からは、新たな展望が我が国を統治する。本日からは、ひたすらアメリカ第一である。

　貿易、税制、移民、外交に関する全ての決定は、アメリカの労働者とアメリカの家族を利するために下される。諸外国による略奪、即ち我々の製品を作り、我々の企業を奪い、我々の雇用を破壊するといった行為から、国境を守らねばならない。保護こそが、偉大な繁栄と力をもたらすのである。

　私は全身全霊で諸君のために戦う——諸君を決して失望させはしない。我々は雇用を取り戻す。国境を取り戻す。富を取り戻す。そして我々の夢を取り戻す。我々は、新たな道路、幹線道路、橋梁、空港、トンネル、そして鉄道を、この素晴らしい国の各地に造る。

　我々は、人々を生活保護から脱却させ、再び仕事に戻す。アメリカ人の手で、アメリカの労働力で、我が国を再建する。我々は2つの簡潔な原則を守る。即ち、アメリカ製品を買い、アメリカ人を雇う。我々は、世界の国々に友好と親善を求める。ただし、自国の利益を最優先する権利があらゆる国にあるとの理解のもと、これを実行する。

　デトロイトの郊外で生まれた児童も、風に吹きさらされたネブラスカで生まれた児童も、同じ夜空を眺め、同じ夢で心を満たし、同じ全能の創造者によって命を与えられている。だからこそアメリカ人の諸君よ。住む街が近くとも遠くとも、小さくとも大きくとも、山や海に囲まれていようとも、この言葉を聞いてもらいたい。すなわち、諸君は二度と無視されなどしない。

　共に、我々はアメリカを再び強くする。我々はアメリカを再び豊かにする。我々はアメリカを再び誇り高くする。我々はアメリカを再び安全にする。そして共に、我々はアメリカを再び偉大にする。

（ https://ja.wikisource.org/wiki/%E3%83%89%E3%83%8A%E3%83%AB%E3%83%89%E3%83%BB%E3%83%88%E3%83%A9%E3%83%B3%E3%83%97%E3%81%AE%E5%A4%A7%E7%B5%B1%E9%A0%98%E5%B0%B1%E4%BB%BB%E6%BC%94%E8%AA%AC ）

田中　龍彦（たなか　たつひこ）

　　1959年　佐賀県に生まれる

　　1983年　佐賀大学教育学部小学校教員養成課程卒業

　　1983年４月より佐賀県内公立中学校教諭

　　2020年３月定年退職

　　現　　在　白石町立有明中学校教諭（再任用）

　　住　　所　〒849-1411　佐賀県嬉野市塩田町大字馬場下甲1956

活動する地理の授業①——　シナリオ・プリント・方法

2020年６月10日初版第１刷発行

　　　　　　　　　　　　　　　　著　者　　田 中 龍 彦

発行所　地 歴 社　　　東京都文京区湯島2-32-6（〒113-0034）

　　　　　　　　　　　　　Tel03（5688）6866／Fax03（5688）6867

　　製本所／坂田製本　　　　ISBN978-4-88527-238-7 C0037

◎地歴社の本　　　　　　　　　　　　　　　　　　　　　　（本体価格）

討論する歴史の授業①〜⑤ シナリオ・プリント・方法　田中龍彦　各2300円

続・討論する歴史の授業 物語る授業と授業案づくり　田中龍彦　2300円

新・世界地理授業プリント　加藤好一　2000円

新・日本地理授業プリント　加藤好一　2500円

学びあう社会科授業〔上中下〕　加藤好一　各2000円

やってみました地図活用授業 小学校から高校まで　加藤好一＋ゆい　1200円

地理授業シナリオ〔上〕謎解きプリント付き　春名政弘　2500円

新・モノでまなぶ世界地理／日本地理　小田忠市郎　各2000円

中学校の地理30テーマ＋地域学習の新展開　大谷猛夫＋春名政弘　2000円

〔授業中継〕最新世界の地理 国際感覚を育てる楽しい授業　川島孝郎　700円

日本の産業と地域再発見〔上〕工業と環境はどう変わったか　豊田薫　2500円

日本の産業と地域再発見〔中〕第三次産業と暮らしはどう変わったか　2500円

日本の産業と地域再発見〔下〕農林水産業と食生活はどう変わったか　2500円

新・歴史の授業と板書　大野一夫　2000円

探究を生む歴史の授業〔上下〕プリント・資料付き　加藤好一　各2300円

歴史授業プリント〔上下〕生徒をつかむ　加藤好一　各2000円

歴史授業シナリオ〔上下〕"愛情たっプリント"付き　白鳥晃司　各2500円

日本史授業シナリオ〔上下〕　わかる板書付き　河名勉　2500円

新・日本史授業プリント 付・ビデオ学習と話し合い授業　松村啓一　2600円

資料で学ぶ日本史120時間　小松克己・大野一夫・鬼頭明成ほか　2500円

子どもの目でまなぶ近現代史　安井俊夫　2000円

学校史でまなぶ日本近現代史　歴史教育者協議会　2200円

〔授業中継〕エピソードでまなぶ日本の歴史①②③　松井秀明　各2200円

エピソードで語る日本文化史〔上下〕　松井秀明　各2000円

アウトプットする公民の授業 展開・資料・板書　山本悦生　2200円

新・公民の授業80時間 子ども・教材研究・資料と扱い方　大野一夫　2000円

新・公民授業プリント　加藤好一　2500円